"¿Qué ocurrió con los apóstoles después de la resurrección de Cristo? La mayoría simplemente se esfumó de la historia. ¿O sí? En esta obra clásica, Steuart McBirnie investigó todas las fuentes disponibles para seguir el rastro de la vida de estos hombres de fe. Lea las biografías de los seguidores más íntimos de Cristo . . . ¡y reciba ánimo en su fe!"

— **DR. CHARLES DYER**
Preboste y Decano de Educación, Moody Bible Institute

EN BUSCA DE LOS
DOCE APÓSTOLES

Los Doce

¿Hacia dónde viajaron? ¿Dónde predicaron? ¿Sufrieron el martirio? ¿Qué ocurrió realmente con los doce apóstoles de Jesús?

El Dr. McBirnie ha seguido claves de casi 2000 años de antigüedad para ensamblar la inspiradora historia de los discípulos. No es una historia de huesos y reliquias, sino la dramática narración acerca de hombres que conocieron al Salvador, escucharon la Palabra inspirada por Dios y, llenos de coraje, llevaron el mensaje hasta los extremos del mundo romano.

EN **BUSCA** DE LOS
DOCE APÓSTOLES

WILLIAM STEUART MCBIRNIE
B.A., B.D., M.R.E., D.R.E., PH.D., O.S.J., F.R.G.S.

Tyndale House Publishers, Inc.
Carol Stream, Illinois

Library of Congress Cataloging-in-Publication Data

McBirnie, William Steuart, date.
  [Search for the twelve apostles. Spanish]
  En busca de los doce apóstoles / William Steuart McBirnie.
    p. cm.
  Includes bibliographical references.
  ISBN-13: 978-1-4143-2398-5 (sc)
  ISBN-10: 1-4143-2398-0 (sc)
  1. Apostles. I. Title.
  BS2440.M4418 2008
  270.10922—dc22   2008037975

Impreso en los Estados Unidos de América

15 14 13 12 11 10 09
 7   6   5   4   3   2   1

ÍNDICE

Les anunciamos al que existe desde el principio, a quien hemos visto y oído. Lo vimos con nuestros propios ojos y lo tocamos con nuestras propias manos. Él es la Palabra de vida.

1 JUAN 1:1

La gran aventura
de cierto tipo de investigación

Mientras investigaba la información contenida en este libro, mi búsqueda de las historias de los doce apóstoles me llevó a muchas bibliotecas famosas, como las de Jerusalén, Roma y el Museo Británico en Londres. Durante años pedí prestado o compré cada libro que encontré sobre el tema de los doce apóstoles. No caben en un estante de un metro y medio.

Viajé tres veces a la isla de Patmos y a los lugares donde se encontraban las siete iglesias del libro de Apocalipsis. Dediqué un día entero (sin fruto) al ascenso hacia las altas y nevadas montañas del Líbano, por entre los famosos cedros y otros sitios, para verificar un rumor de que San Judas había sido originalmente enterrado en alguna pequeña aldea libanesa en las cercanías. No había sido así.

He visitado personalmente muchos de los sepulcros que, según la tradición, contienen los huesos de los Doce; no es que considere que tengan algún valor espiritual, sino que deseaba averiguar, en mi condición de historiador, cómo habían llegado al lugar donde se encuentran, con la expectativa de hallar en esos sitios tradiciones que no hubieran sido incluidas en los libros de historia. Esta búsqueda me llevó desde Alemania a Italia, a Grecia y a casi todos los países del Medio Oriente.

Con gran gentileza, el Vaticano me extendió un permiso para tomar fotografías en todas las iglesias de Roma y de cualquier lugar de Italia. Partes de los restos de los cuerpos de algunos de los apóstoles están preservados en esa tierra histórica.

El asombroso descenso a los profundos subsuelos de la Basílica de San Pedro para fotografiar los huesos del apóstol Pedro, que descansan en un antiguo cementerio pagano de Roma, fue una experiencia especialmente memorable. ¡Sin haberlo visto es imposible imaginar un templo tan grande y sólido como el de San Pedro asentado con firmeza sobre un cementerio lleno de tumbas familiares bellamente preservadas cuya antigüedad se remonta al siglo I antes de Cristo!

Fui en siete oportunidades a Petra, en Jordania, y tres veces a Antioquía, en Turquía. También visité Babilonia e hice cuatro viajes a Irán investigando la historia de las misiones de los apóstoles en esos lugares.

Por supuesto, tuve algunas desilusiones. Por ejemplo, hasta la fecha no se han encontrado los restos de Juan en ningún lugar. Entré en su tumba en Éfeso hace muchos años. Después de siglos de descuido, recientemente las autoridades sellaron la tumba y la cubrieron con un piso de mármol. Aunque el cuerpo de Juan haya desaparecido, se cree que existen partes de los restos de todos los demás apóstoles, y yo los he visto.

Los visitantes a las tierras bíblicas pasan con frecuencia a pocos metros de auténticas reliquias de los apóstoles, sin enterarse de ello. Yo había realizado veintiséis viajes a Jerusalén antes de enterarme que la cabeza de Jacobo el Mayor y varios huesos de los brazos de Jacobo el Justo, además de una parte de la calavera de Juan el Bautista, son veneradas en dos templos de esa ciudad. Y debo añadir que hay fuentes históricas fuertes que confirman su autenticidad.

Sin embargo, este libro no es una obra sobre huesos. Es un libro acerca de personas vivas a las que Pablo describió como los fundadores de las iglesias (ver Efesios 2:19-20). Nos interesamos en los huesos de los apóstoles porque podrían ser indicadores de los lugares donde los Doce llevaron adelante su ministerio o de los sitios donde sufrieron el martirio.

Permítame ahora encarar frontalmente la típica actitud protestante de escepticismo en lo que concierne a los restos apostólicos en iglesias y ermitas. Solía pensar que las así llamadas "reliquias" eran fraudes piadosos, resultado de la religiosidad ferviente y supersticiosa de la Edad Media. Quizás algunas lo sean, pero después de que uno se acerca a todo este asunto con una perspectiva escéptica, y luego, con cierta renuencia, se ve forzado a reconocer la alta posibilidad de su autenticidad; se transforma en una experiencia enervante pero conmovedora.

Supongo que la práctica de venerar los huesos apostólicos resulta repugnante para quien, en su condición de cristiano evangélico, no encuentra mérito celestial alguno en el acto de orar ante el sarcófago en el que descansan estos restos. Además, a una mente literal no le produce ningún placer contemplar los ornamentos brillantes y sin gusto que habitualmente engalanan a estos relicarios.

Pero cuanto más lee uno la historia de los apóstoles, y el destino de sus reliquias, y cuanto más se interioriza en la historia y en lo que (para nosotros) resultan conductas extrañas de nuestros ancestros cristianos en la era prenicena y post nicena, tanto más coherente se torna la preservación cuidadosa de las reliquias apostólicas. Para muchos de aquellos que vivían en esa época y no tenían acceso a la lectura, ¡una reliquia apostólica constituía un estímulo visual a la *fe*!

> Para muchos de nuestros antepasados cristianos que no tenían acceso a la lectura, una reliquia apostólica era un estímulo visual de la fe.

Digamos claramente que este libro es una aventura en la erudición, no en el dogmatismo. Soy absolutamente consciente de que es imposible ofrecer pruebas indiscutibles de cada detalle que aquí he registrado. Pero cuando un investigador compara entre sí una gran cantidad de fuentes, cuando él mismo visita los lugares que menciona, y cuando descubre nueva documentación que no se halla en los libros, o que no se encuentra comúnmente, entonces adquiere la "sensación" de que algo es probable o posible.

Este libro ha sido el resultado de un esfuerzo cada vez más amoroso. A medida que avanzaban los años me sentí cada vez más comprometido emocionalmente. En varias ocasiones, durante la laboriosa investigación, los viajes difíciles, y la interminable tarea de escribir y reescribir, he tenido oportunidad de intercambiar opiniones con estudiosos que han escrito sobre alguno de los apóstoles, y he encontrado no sólo una amable disposición a analizar mis conclusiones, sino también a aceptarlas en reemplazo de aquellas que habían sostenido hasta entonces.

¿De qué manera puedo expresar una palabra adecuada de reconocimiento hacia tantas personas que fueron tan amables colaborando conmigo, y sin las cuales no habría podido completar esta investigación? La señora Pitzer, mi secretaria, tomó este proyecto como propio y lo preservó de peores errores de los que todavía pueda tener. Mis alumnos de California Graduate School of Theology en Glendale, California, colaboraron, y en el libro aparecen con frecuencia citas de sus investigaciones. Puedo decir lo mismo del matrimonio Schonborn, y de la doctora Miriam Lamb, jefa de investigación en nuestro Centro para Estudios Norteamericanos. La señora Florence Stonebraker, Betty Davids y Richard Chase colaboraron, y la traducción del italiano la realizó la señora Marie Placido.

En Jerusalén, las bibliotecas de la American School of Oriental Research, la iglesia copta, el Patriarcado de los armenios (Iglesia de San Jacobo), la Ecole Biblique de los Dominicos fueron muy generosos al poner sus archivos a disposición del estudio. En Roma, la colaboración total de monseñor Falani permitió abrir muchas puertas que estaban cerradas. ¡Cuán amables fueron ellos, lo mismo que muchos otros!

Por supuesto, si existiera errores, no son de ellos, sino míos. Es de esperar que, si existe algún error atroz, un lector amable me escribirá al respecto, a fin de corregir el dato en futuras ediciones.

Una última palabra acerca del estilo de este libro: en un primer momento pensé en orientarlo hacia los estudiosos, anotando en detalle la documentación de cada fuente mencionada. Pero ese procedimiento da como resultado un libro tan denso que temía que pocas personas lo leyeran. Para mi desánimo, comprobé que la mayoría de los estudiosos "críticos" prácticamente no se interesa por la historia post bíblica de los apóstoles.

Entonces pensé en escribir el libro en forma de narración, con pocas citas y escasa consideración de las fuentes. Pero en ese caso, los estudiosos pasarían el libro por alto, por considerarlo carente de fundamentos y de interés hacia los asuntos de la historia y de la crítica.

En mi condición de pastor principal de una iglesia activa, evalué la posibilidad de escribir para pastores. Estos ministros podrían apreciar una ayuda para una serie de sermones sobre los apóstoles, que podrían resultar atractivos para las personas a las que todos estamos intentando persuadir para que asistan a la iglesia. No he abandonado por completo este enfoque, pero no me dediqué a sermonear. Hasta se me ocurrió que una novela histórica podía ser un formato viable. Pero tiendo a pensar como historiador y como predicador, y me falta imaginación para escribir una novela. Además, lo que este libro tiene para ofrecer es análisis, hechos y, así lo espero, *verdad*.

De modo que finalmente el libro se presenta como una interpretación o un análisis crítico de cada parte de conocimiento que encuentro sobre el tema de los doce apóstoles. En gran medida lo escribí para adquirir yo mismo familiaridad con los apóstoles, compartir ese conocimiento, obtener algunas conclusiones y compartirlas con el mayor número posible de personas: estudiosos, miembros de iglesia, jóvenes, historiadores, pastores y todos aquellos que, como yo, sienten la necesidad de encontrar maneras de hacer que la era apostólica se vuelva más viva para nosotros en la actualidad.

Deseo sinceramente que el lector lo encuentre tan interesante e inspirador al leerlo como yo lo encontré al escribirlo.

WILLIAM STEUART MCBIRNIE

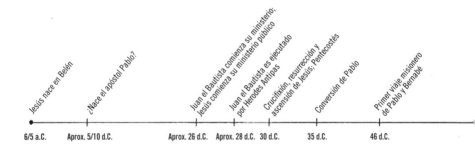

Jesús nace en Belén · ¿Nace el apóstol Pablo? · Juan el Bautista comienza su ministerio; Jesús comienza su ministerio público · Juan el Bautista es ejecutado por Herodes Antipas · Crucifixión, resurrección y ascensión de Jesús; Pentecostés · Conversión de Pablo · Primer viaje misionero de Pablo y Bernabé

6/5 a.C. Aprox. 5/10 d.C.   Aprox. 26 d.C.   Aprox. 28 d.C.   30 d.C.   35 d.C.   46 d.C.

Introducción

Lo que sigue en este libro es lo que puede conocerse a partir de un estudio exhaustivo y crítico de la información bíblica, histórica y tradicional acerca de los apóstoles. El autor ha procurado reducir lo legendario a lo probable o posible, respaldándolo con los datos históricos conocidos acerca del estado del mundo en el primer siglo y los documentos subsiguientes de la historia de la iglesia, la historia local y los escritos no religiosos relevantes.

Hay mucha más información disponible sobre los apóstoles de la que un estudiante casual podría imaginar. Hace diez años desarrollé una monografía titulada *What Became of the Twelve Apostles? [¿Qué fue de los doce apóstoles?]* Se distribuyeron diez mil copias. En esa publicación hice las siguientes observaciones:

> Algún día, un investigador crítico debería dar una buena mirada al caudal de leyenda que nos llega desde los primeros años medievales, y aun desde los últimos días del imperio romano. Sería necesario tratar de separar el embrión histórico del matorral de fantasías que uno encuentra en esos relatos. En otras palabras, es necesaria una crítica más seria de las leyendas medievales, y esa misma crítica debería aplicarse a la historia de la iglesia primitiva.
>
> Me desilusionan los escritos de los historiadores contemporáneos de la iglesia que pasan por alto la etapa de la iglesia primitiva y dicen de ella lo que ya se ha dicho en cientos de

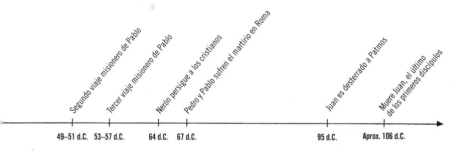

Segundo viaje misionero de Pablo

Tercer viaje misionero de Pablo

Nerón persigue a los cristianos

Pedro y Pablo sufren el martirio en Roma

Juan es desterrado a Patmos

Muere Juan, el último de los primeros discípulos

49–51 d.C.   53–57 d.C.   64 d.C.   67 d.C.   95 d.C.   Aprox. 106 d.C.

libros sobre la historia de la iglesia que han sido publicados en los últimos cuatro siglos. ¡Ha pasado tanto tiempo desde que vi algún dato nuevo acerca de la era apostólica y la era de los primeros padres en algún libro sobre la historia de la iglesia que me sorprendería enormemente si encontrara alguno! Pero quizás alguien algún día encuentre una base probable de la verdad en medio de la leyenda; y más aún, tal vez con el descubrimiento de nuevos manuscritos estemos en condiciones de armar una historia más cabal que la que tenemos ahora.

Como son pocos los que se han ocupado de producir un estudio crítico acerca de los Doce, he sentido el desafío de hacerlo, en beneficio del interés renovado en la iglesia apostólica.

La fuente de nuestro material en aquella primera publicación estaba, en general, al alcance de cualquiera que se tomara el trabajo de consultar los libros clásicos sobre el tema, tales como historias de la iglesia, literatura de sermones, enciclopedias, etc., además de realizar observaciones en algunos viajes a Roma, a Atenas y a la Tierra Santa. Pero aquel libro resultó lamentablemente limitado, incompleto y penosamente carente de investigación original.

Visité Medio Oriente veintisiete veces y luego dediqué diez años a la investigación, lo cual arrojó mucha luz sobre la vida de los doce apóstoles. Buena parte de las percepciones me llegaron en pequeñas porciones, un poco aquí, un poco allá. No había considerado la posibilidad de escribir un libro a continuación de la monografía, pero la importancia y el volumen del material que reuní en las sucesivas visitas a los lugares de ministerio y de muerte de los apóstoles, además de sus tumbas o lugares de entierro, han fortalecido mi convicción de que *debía* ofrecer este estudio ampliado.

Aquí, en este libro, está integrada la información relativa a la historia de los apóstoles.

Ningún investigador se atrevería a sugerir que cualquier cosa que haya escrito es la última palabra sobre algún tema, ni que sus escritos sean la historia completa. Sin embargo, estas son las metas hacia las cuales nos hemos movido.

Percibiendo la era apostólica

Hay varias ideas que el lector debe tener presente constantemente a medida que avance a lo largo de los capítulos.

Los cristianos primitivos no escribían historia como tal.

El interés en los apóstoles aumenta y disminuye en distintos momentos de la historia cristiana. Por ese motivo, en algunas épocas hay más información disponible que en otras. Se hacen descubrimientos históricos, y luego la información duerme en libros agotados hasta que renace el interés en otro momento y la saca nuevamente a la luz.

Al principio de la era apostólica, los propios apóstoles y sus seguidores estaban demasiado ocupados en hacer historia como para molestarse en escribirla. Por lo tanto, los registros son fragmentarios. Más aún, hasta la época de los padres prenicenos, la historia no se escribía como tal. Ni siquiera el libro de los Hechos, escrito por Lucas, era una obra de historia general, sino un documento polémico con el propósito de mostrar el surgir del movimiento cristiano gentil desde su matriz judía, con la autoridad y aprobación divina. ¡Sin duda Lucas quería defender y legitimar el ministerio de Pablo, su mentor! Los temas, los actos del Espíritu Santo, la inclusión de los gentiles en la redención de Dios, la gradual disminución del papel de los judíos en las iglesias, la universalidad del cristianismo eran todas preocupaciones de Lucas. ¡Probablemente ni se imaginó que estaba escribiendo la principal fuente de historia de la iglesia! Por lo tanto, para un historiador de la iglesia primitiva, Lucas es a la vez la fuente grata de la mayoría de su conocimiento, y la razón de su desesperación ante lo fragmentario de su naturaleza.

Hubo períodos de silencio en la historia cristiana primitiva.

Después de Lucas y de los otros escritores bíblicos (en particular Pablo, quien nos dejó una cantidad considerable de información sobre la actividad apostólica temprana), hay períodos de silencio. Es como si el movimiento cristiano hubiera entrado en un túnel, activo, pero por un tiempo invisible.

Esto no es tan extraño como podría parecer. En primer lugar, los cristianos primitivos no tenían la sensación de estar construyendo un movimiento *para todos los tiempos*. Desde su perspectiva, bien podría ocurrir que el regreso de Cristo tuviera lugar durante su generación. Hablaban de ello con frecuencia, de modo que posiblemente estaban cada día a la expectativa del regreso de Cristo . . . al comienzo.

Puede verificarlo estudiando cuidadosamente la diferencia en el tono entre Primera y Segunda Tesalonicenses. En la primera carta, Pablo parece meditar largamente sobre la *inminencia* de la Segunda Venida. En la segunda carta, reprende a aquellos que están demasiado ansiosos, y les recuerda acerca de ciertos acontecimientos que deben preceder o acompañar a la Segunda Venida.

Es como si hubiera evaluado la enorme tarea de evangelismo mundial y se hubiera percatado de que se prolongaría más de una generación. No es que Pablo hubiera perdido su fe en la Segunda Venida, sino que equilibraba su fe con su sentido práctico. En todo caso, lo cierto es que el movimiento cristiano primitivo estaba en un túnel y fuera de la vista, en lo que respecta al registro de la historia. Estaban haciendo, no escribiendo.

Los apóstoles no fueron considerados por los cristianos primitivos como materia de biografías.

Nosotros consideramos a los doce apóstoles como fundadores de iglesias, pero al comienzo los cristianos primitivos veían a los Doce como líderes, como hermanos y como amigos entrañablemente amados. Debió transcurrir un tiempo hasta que sus descendientes espirituales consideraran a los apóstoles como padres del movimiento global de la iglesia. Al principio su autoridad residía en la unción del Espíritu Santo, no en las declaraciones *ex cathedra* sobre doctrina.

> *Nosotros* consideramos a los doce apóstoles como fundadores de iglesias, pero al comienzo los cristianos primitivos veían a los Doce como líderes, como hermanos y como amigos.

Es verdad que el primer concilio de apóstoles en Jerusalén produjo una declaración autoritaria concerniente a la admisión en el movimiento cristiano de los gentiles convertidos. Sin embargo, esa decisión no parecía tener la autoridad eclesial que hoy le asignamos. En realidad, podríamos desear que hubieran realizado más pronunciamientos de ese carácter; por ejemplo sobre la herejía, sobre las formas de gobierno eclesial, sobre asuntos sociales, etc. Sin embargo, no hubo mucho más que los apóstoles produjeran en forma *colectiva*. Simplemente se dedicaron a proclamar en forma individual lo que habían escuchado decir a Jesucristo.

A medida que se dirigían hacia diversos lugares del mundo, sin duda llevaban consigo la autoridad de su apostolado, pero *ellos* no eran la *iglesia*. Fundaron congregaciones que eran iglesias. En aquella época el *eclesiasticismo* que apareció más tarde en formas sumamente organizadas y autoritarias era prácticamente desconocido. Los apóstoles eran evangelistas y pastores, no funcionarios eclesiásticos. Sus historias son las historias de evangelistas, no de clérigos. La historia no se ocupa de los evangelistas en la proporción que lo hace de las autoridades. Por lo tanto, conocemos poco acerca de sus trayectorias antes o después de la dispersión de la iglesia en Jerusalén en 69 d.C., fecha en la cual la mayoría de ellos había salido de Jerusalén para llevar adelante su misión y muchos de ellos habían muerto.

La historia secular ignoró en gran medida al cristianismo durante los primeros siglos.

Casi toda la historia de los primeros siglos de la era cristiana que se ha conservado hasta hoy es de carácter secular, militar o política. Josefo no prestó demasiada atención al cristianismo, aunque menciona la muerte de Jacobo. La historia romana, con excepción de los escritos de Plinio el Joven, casi no tomó nota del cristianismo hasta mucho después de la era apostólica. Son hombres de la iglesia, como Eusebio y Egesipo, quienes nos dan más detalles de los viajes y de la historia de los Doce.

Salvo algunas excepciones, los primeros cristianos eran personas de condición humilde. ¿Quién escribe la historia de los humildes? Por lo tanto, tenemos muy poca información acerca del cristianismo en general en los documentos de la historia secular, con excepción de la valiosa información acerca del *mundo* en el que vivían los apóstoles. El lector promedio, sin embargo, se sorprendería de cuánto conocimiento se dispone de la historia de esa época. Ya se conoce bien la historia romana, y los arqueólogos vuelcan a diario más información a partir de las excavaciones que sacan a la luz objetos de aquella extraordinaria época.

Para el estudiante ávido de los asuntos romanos, el mundo de los apóstoles puede resultarle tan familiar como el mundo de cien años atrás. Esto no nos revela la historia completa de cada apóstol, pero sin duda nos transmite aquello que era posible y aun probable, como también lo que era improbable o imposible.

Durante la era apostólica el mundo romano era un ámbito

relativamente seguro, cuyos ciudadanos viajaban extensamente y con frecuencia. En la Carta a los Romanos, escrita por Pablo mientras estaba en Corinto, leemos muchos nombres de las personas que conocía en Roma, una ciudad que hasta ese momento no había visitado. Lea los viajes de Cicerón, sesenta años antes de Cristo. Recuerde las invasiones romanas de César a Britania, cinco décadas antes del nacimiento de Jesús, y las de Claudio en 42 d.C.

El Imperio Romano era una familia de naciones con un idioma común, bajo la protección de un solo gobierno, con caminos que conducían a cualquier lugar desde Britania a África, desde lo que ahora es Rusia a Francia, de la India a España. En Romanos Pablo expresó el deseo de evangelizar España, que había sido conquistada por Roma mucho antes de que César la invadiera en 44 a.C.

> Durante la era apostólica el mundo romano era un ámbito relativamente seguro, cuyos ciudadanos viajaban extensamente y con frecuencia.

En la era de los apóstoles, había una vasta región aguardándolos, civilizada, unida, y vinculada por el transporte y por la lengua. En ese enorme escenario, y más allá de él, podemos visualizar con facilidad el trabajo de amplio alcance que hicieron los apóstoles. Sin embargo, los historiadores romanos ignoraron al cristianismo en sus primeros tiempos.

La "búsqueda de los Doce" fue, al principio, política o eclesiástica. Mucho después de la era apostólica, surgió un conflicto entre el sector romano y el sector griego del cristianismo en cuanto a lo que llamaban la "Primacía." El Papa la reclamó para sí y lo mismo hizo el líder de las iglesias orientales. Un asunto, por ejemplo, era el del arte cristiano. El grupo romano usaba imágenes tridimensionales (estatuas, etc.) como objetos de veneración religiosa. Los griegos orientales preferían íconos: imágenes bidimensionales. Había otras diferencias, entre ellas el traslado de la capital del imperio romano de Roma a Bizancio, que era principalmente una lucha del poder político que condujo al gran cisma que dividió al cristianismo oriental y occidental, en forma paralela a la división del Imperio Romano.

En ese momento, y aún antes, a medida que se profundizaba el cisma, ambas partes buscaron la identificación apostólica con sus respectivas instituciones religiosas.

Por ese motivo se realizó una exhaustiva búsqueda de las reliquias de los apóstoles. El emperador Constantino quería construir en Constantinopla lo que él llamó "La Iglesia de los Doce Apóstoles." Su intención era albergar allí los restos de los apóstoles (huesos o fragmentos de sus cuerpos). Tuvo éxito en lo que respecta a Andrés, Lucas y Timoteo. (Estos dos últimos, aunque no pertenecían a los Doce, eran muy cercanos a ellos.) Aparentemente Constantino consideró que debía dejar los huesos de Pablo y de Pedro en Roma, aunque es posible que haya tenido planes para los huesos de Pedro.[1]

Construyó con entusiasmo una basílica en Roma en honor a los huesos de Pablo. Pero se podría especular que la Iglesia de Roma era reticente a desprenderse de los huesos de Pedro. Aparentemente Constantino no insistió en el asunto, pero construyó un templo en el lugar donde descansaban los restos del apóstol, tal vez con la expectativa de poder trasladar luego su cuerpo a Constantinopla. De todas maneras, no vivió lo suficiente como para reunir las reliquias de los apóstoles para su Iglesia de los Doce Apóstoles. Ese templo quedó vacío, con excepción de su propia tumba. (¡Se cuenta con alguna evidencia de que su propósito era colocar los restos de los apóstoles alrededor de su propio mausoleo, en doce nichos, dejando a su cuerpo en el centro como "El Decimotercer Apóstol"!) Eusebio relata la historia en "Los Últimos Días de Constantino":

> El emperador consagró todos estos edificios con el anhelo de perpetuar la memoria de los apóstoles de nuestro Salvador ante los hombres. Sin embargo, tenía otro motivo para erigir este edificio (es decir, La Iglesia de los Apóstoles en Constantinopla), una razón al principio no conocida, pero que luego se hizo evidente para todos. En efecto, había elegido un lugar para sí

mismo, antes de su muerte, anticipando con extraordinario fervor de fe que su cuerpo compartiría el honor con los apóstoles, y que, aun después de su muerte, al igual que ellos, sería objeto de la veneración que se les rendiría en este lugar, y con esa intención convocaba a los hombres a reunirse para adorar ante el altar que había colocado en el centro.

De acuerdo con esto hizo que se colocaran doce ataúdes en este templo, como pilares sagrados en homenaje y memoria del grupo apostólico, en medio de los cuales colocó su propio ataúd con seis a cada lado. De esta manera, como ya dije, había provisto con prudente antelación un lugar honorable para el descanso de su propio cuerpo después de la muerte, y habiendo tomado en secreto esta decisión mucho antes, ahora consagraba el templo a los apóstoles, convencido que este tributo a su memoria daría una gran ventaja a su propia alma. Dios no lo desilusionó respecto a lo que tan ardientemente esperaba y deseaba.[2]

Al hacer planes para la Iglesia de los Apóstoles, Constantino había soñado con la posibilidad de descansar allí para siempre rodeado por los Doce, y no ser él tan sólo uno de ellos, sino un símbolo y quizá un sustituto de su líder. Durante los meses de construcción del templo, sus enviados habían estado atareados en Palestina recolectando supuestas reliquias de los apóstoles y de sus compañeros, para ser colocadas en el templo, cerca de su féretro, aguardando la resurrección general.[3]

Robert M. Grant describió los últimos días de Constantino en su libro *Augustus to Constantine: The Thrust of the Christian Movement into the Roman World* [*De Augusto a Constantino: El avance del movimiento cristiano en el mundo romano*]:

En la Pascua de 337 d.C., el emperador dedicó la Iglesia de los Santos Apóstoles en Constantinopla, pero muy poco después le sobrevino una dolencia fatal. Concurrió en vano a los baños termales de Helenópolis, y luego procedió a confesar sus pecados en la Iglesia de los Mártires. Preparó su testamento en Ancyrona, cerca de Nicomedia, y legó el imperio a sus tres hijos; y en presencia de un grupo de obispos del lugar, fue bautizado por aquel obispo con el que había batallado con frecuencia: Eusebio de Nicomedia. Confió su testamento a este prelado, además de la instrucción de entregárselo a Constancio, César de oriente. Ataviado con una túnica blanca, propia de un neófito, Constantino murió en Pentecostés, el 22 de mayo.

... A la llegada de Constancio, el féretro fue trasladado a la Iglesia de los Santos Apóstoles y ubicado entre los sarcófagos dedicados a los Doce. En presencia de una enorme multitud, los obispos llevaron a cabo un esmerado funeral con una eucaristía de réquiem.

... Sin embargo, su cuerpo no descansó en un mausoleo flaviano ni con alguno de los grandes emperadores paganos que lo precedieron, sino, por su propia elección, entre los monumentos de los doce apóstoles.[4]

El proyecto fue iniciado pero no se completó. Sin embargo, es cierto que *sí* se hizo una búsqueda para encontrar los restos de los apóstoles, y esta *búsqueda* oficial posiblemente fue la causa que precipitó la realización del inventario de los restos o reliquias apostólicas.

Después de esta fecha, surgió la práctica de *venerar las reliquias*. La admiración supersticiosa que provocaban esas reliquias fue exagerada. Los restos de los apóstoles y los de otros "santos," y las diversas reliquias sagradas tales como los fragmentos de "la verdadera cruz" se convirtieron en objetos de gran demanda. Se decía que habían ocurrido sanidades con sólo tocar o besar esas reliquias y, naturalmente, adquirieron gran valor para la iglesia y para los gobiernos en la Edad Media.

En cuanto al conocimiento de la vida de los apóstoles, esta búsqueda de reliquias fue de ayuda, pero también perjudicó a la verdadera historia. Las reliquias más importantes, entre ellas los restos de los apóstoles, nos dan indicio de los lugares donde murieron y fueron enterrados y, en consecuencia, por asociación o por tradición, indican el emplazamiento de sus ministerios. Tal vez en los próximos capítulos habremos rastreado con éxito la historia de alguna de aquellas reliquias o restos apostólicos, hasta su ubicación actual.

Por otro lado, debemos reconocer que quizás algunas de esas reliquias no sean auténticas, ya que las ilusiones o los errores pudieron haber guiado equivocadamente a los creyentes devotos de otras épocas menos analíticas que la nuestra. Además, sin duda influyó el hecho de que el prestigio de la iglesia, la supremacía política y, a menudo, mucho dinero estaban comprometidos en la tarea de obtener lo que se consideraba como reliquias apostólicas genuinas.

Los partidarios del este y del oeste durante el gran cisma de la iglesia sin duda procuraban aprovechar su posesión de las reliquias como prueba de la bendición de los apóstoles y de Dios *sobre ellos,* dando testimonio del hecho de que *ellos* tenían las reliquias originales y, con frecuencia, milagrosas en *su* exclusiva posesión.

Afortunadamente esa competencia fue perdiendo fuerza a lo largo de los siglos. En tiempos recientes, el Papa Pablo VI devolvió a Grecia la cabeza de San Andrés, para que fuera albergada en una nueva iglesia construida en el lugar de su martirio en Patras, Grecia, bajo la custodia de la Iglesia Ortodoxa Griega. Este fue un gesto altamente conciliatorio de parte del Papa, ya que al haber sido martirizado en Grecia, San Andrés es de sumo valor para la iglesia griega. Disminuye el número de reliquias apostólicas conservadas en Roma, pero aumenta enormemente las posibilidades de unidad entre Roma y Atenas, cualquiera sea el valor que le asignen aquellos que están involucrados.

Si uno puede atravesar el laberinto de la historia de las reliquias y rastrear los hechos reales hasta llegar a la tradición apostólica genuina en los lugares en los que fueron martirizados y enterrados, tendremos una esperanza firme de que esto nos allane el camino para confirmar y aun recibir más luz sobre la historia del trabajo apostólico. Esto es lo que intentamos hacer hasta donde nos fue posible. Reconocemos que la tarea y sus resultados están disponibles para la interpretación y para la crítica académica.

Ahora entendemos mejor las motivaciones de los apóstoles.
Hay una gran verdad acerca de los apóstoles que es irrefutable. Ha sido fortalecida por cada fragmento de tradición y de historia que hemos tenido la oportunidad de estudiar. La verdad es que la mayoría de los apóstoles tomó seriamente la gran comisión de Jesús (registrada en Mateo 28) y salió a evangelizar a las naciones con el mensaje cristiano "en toda Judea y Samaria, y hasta los confines de la tierra." La historia de los apóstoles es principalmente la historia de la *evangelización* en la iglesia primitiva.

Ellos dejaron un ejemplo inconfundible e inquebrantable para todos los cristianos que siguieron. Desafiaron por igual a reyes y a plebeyos. No se convirtieron en clérigos asalariados, sino que a menudo trabajaron con sus propias manos para sostenerse, para que por todos los medios a su alcance pudieran compartir las buenas noticias de Jesús. La mayoría de ellos, como Pablo, procuraba predicar a Cristo "donde Cristo no sea conocido, para no edificar sobre fundamento ajeno."

> Para llegar a ser un apóstol de Jesús, una persona debía haber estado con él por largo tiempo, presenciando sus enseñanzas.

Había una estrategia apostólica para la misión.
La vida de los apóstoles, especialmente la de Pablo, pone de manifiesto un concepto inusual y brillante para la estrategia misionera. Siempre se dirigían en primer lugar a las grandes ciudades ubicadas sobre las rutas comerciales. Desde esos centros sus discípulos y convertidos viajaban hacia los pueblos del interior y allí fundaban iglesias que a su vez fundaban otras después. Los apóstoles conocían la clave de las ubicaciones estratégicas y la importancia de delegar responsabilidad a otros, y de esta manera se multiplicaban de una manera más rápida que algunos de los emprendimientos misioneros modernos.

Los apóstoles eran hombres de iglesias

Sobre todas las cosas establecían *congregaciones*. Parte de la evangelización moderna está tan alejada de las iglesias que son estas las que deben sostener los esfuerzos evangelizadores, en lugar de que estos esfuerzos integren a los convertidos a las iglesias y den impulso a nuevas congregaciones. Los apóstoles no se manejaban así, y esta es la razón por la cual la evangelización apostólica perduró, mientras que la evangelización moderna "populista" se diluye rápidamente.

Los apóstoles comunicaban a los convertidos la responsabilidad de *transformarse* en iglesia. Sin duda esta es una lección que necesitamos reaprender hoy. Pablo fue quien escribió que *Cristo amó a la iglesia y se entregó por ella* (Efesios 5:25, NVI).

¿Por qué los Doce?

Los apóstoles de Jesucristo son héroes cuyos retratos, tal como los cristianos han llegado a conocerlos, van "más allá de su vida." La partícula honorífica "San" que los católicos griegos y los católicos romanos asignaron a los Doce (y de allí a un aluvión de sucesores) fue en parte la razón para que se los terminara considerando semidioses. Pero mucho antes del momento en que se integró el Nuevo Testamento en un solo volumen, con el carácter de Canon, las figuras de los Doce habían ganado un respeto superior. En el libro de Apocalipsis Juan habla de la Nueva Jerusalén, que tendrá los nombres de los Doce grabados en sus cimientos. (De paso, esa mención resuelve la polémica en cuanto a si, después de la traición de Judas Iscariote, Matías fue realmente aceptado por los demás apóstoles como uno de los Doce.)

¿Por qué eligió Jesús solamente doce apóstoles principales? Obviamente en correspondencia con las doce tribus de Israel. Él mismo, como el nuevo y eterno sumo sacerdote, representaría a la tribu sacerdotal número trece, *Leví*. La función de los apóstoles era la de ser testigos de la resurrección de Jesús y de sus enseñanzas. Por este motivo, como lo confirma el reemplazo de Judas por Matías, era preciso que un apóstol hubiera estado con Jesús un tiempo prolongado, y que hubiera sido testigo de sus enseñanzas.

Pablo sostuvo firmemente que él también era un apóstol, ya que su conversión, su llamado y su instrucción vinieron directamente de Jesús, y que podía mostrar en abundancia las *señales* propias de un apóstol. A pesar de ello, no hay evidencia alguna de que haya sido admitido en el círculo original de los Doce. Es probable que algunos de los apóstoles originales nunca hayan llegado a confiar plenamente en él, y hasta Pedro admitió que no siempre entendía los comentarios de "nuestro amado hermano Pablo" (2 Pedro 3:15).

El libro de Hechos y los Doce

En un sentido muy importante, el libro de los Hechos, que es el primer libro de historia cristiana, es el relato de la manera en la que el cristianismo, que al principio era una secta dentro del judaísmo, abrió su puerta a los gentiles, y cómo en poco tiempo llegó a ser principalmente una fe de los gentiles. De principio a fin, el libro de los Hechos muestra al cristianismo como un movimiento minoritario entre los judíos, pronto rechazado por la mayoría de los judíos, y gentilizado a medida que una persona ilustrada como Pablo se transformaba en el líder del movimiento cristiano en Europa. Por un tiempo, Pedro se mantuvo como el líder judío cristiano más destacado, pero después del primer siglo el cristianismo gradualmente fue decayendo entre los judíos.

El libro de Hechos registra cuidadosamente cómo Pedro, al principio obviamente en contra de su voluntad, fue un apóstol reacio hacia algunos gentiles, aunque a la vez se esforzaba por mantener al cristianismo lo más cercano posible al judaísmo. El diseño del libro de Hechos está presentado con tanta lógica y cuidado como lo haría el expediente de un abogado. Demuestra de manera concluyente que la meta del cristianismo era perder el carácter judío excluyente, y eso fue lo que logró. Debía ser mucho más que una secta o un partido más dentro del judaísmo, como lo eran los fariseos, los saduceos o los esenios.

Los que esperan que el libro de los Hechos presente la historia completa del cristianismo primitivo se verán frustrados. Eso se cumple sólo de manera incidental y fragmentaria. Su principal argumento es que Dios mismo fue quien soltó al cristianismo de sus raíces judías y le dio un carácter universal. Para hacerlo usó primero a Pedro y luego a Pablo. Los otros apóstoles cumplieron papeles secundarios en la historia de Hechos, ya que no se trata de una historia de los apóstoles sino del surgimiento del cristianismo entre los gentiles.

Aunque este énfasis sea valioso y liberador, es inevitable que el lector de la Biblia pronto quede atrapado, tal vez de manera inconsciente, en el ministerio particular de Pablo. Aunque al comienzo Pedro se destaca más, luego desaparece y el libro de Hechos continúa con la historia de Pablo y sus amigos: Timoteo, Lucas, Bernabé, Silas y otros. El libro muestra que Pedro y los Doce iniciaron el cristianismo, y después bendijeron el ingreso de los gentiles creyentes en la iglesia, y luego menciona una y otra vez el hecho de que sólo *algunos* judíos en el mundo romano aceptaron a Cristo. A medida de que otros rechazaban a Cristo, en cada ocasión se ve a Pablo dirigirse a los gentiles, quienes parecían más dispuestos a recibir el evangelio que la mayoría de los judíos.

Se necesita esta percepción histórica para entender por qué contamos con tanta información acerca de Juan y de Pedro, y todavía más acerca de Pablo, mientras que conocemos muy poco acerca de los otros apóstoles.

> Aunque se presentan de manera exagerada y fantástica, las leyendas y tradiciones son por lo general ampliaciones de la realidad, y es muy posible que no sean exageraciones sino hechos reales.

El cristianismo romano y griego pronto llegó a destacarse por encima del cristianismo judío. Los cristianos occidentales en el Imperio Romano atesoraron y preservaron los escritos de Juan, de Pedro y de Pablo, los tres apóstoles que trabajaron entre los gentiles. Los otros apóstoles no escribieron mucho, con excepción de Mateo. Pero en su Evangelio no surge con claridad la personalidad de Mateo. Si hubo algún escrito producido por algún otro de los Doce, se ha perdido.

Marcos fue ayudante y escribiente de Pedro, pero no era considerado como apóstol sino como un auxiliar apostólico, como lo eran Timoteo, Tito, Epafrodito, Lucas, Bernabé, Silas, Aquila, Priscila y Erasto. En Hechos Lucas escribió acerca de Pablo, y en su Evangelio acerca de Jesús y de los apóstoles. Lucas no era uno de los apóstoles originales. En consecuencia, el Nuevo Testamento tal como lo conocemos es producto de Mateo, apóstol, Pedro, apóstol, Juan, apóstol, y Pablo, apóstol. Otros escritores del Nuevo Testamento, tales como Marcos y Lucas, no eran apóstoles sino ayudantes de ellos; y Judas y Santiago no estuvieron entre los primeros seguidores de Jesús, sino eran hermanos del Señor, que sólo creyeron en él después de la Resurrección de Cristo.

En cuanto a la historia de los apóstoles después de los primeros años en Jerusalén, excepto las breves referencias que encontramos en el libro de los Hechos, debemos buscar información en las Epístolas, en Apocalipsis, en las historias, tradiciones o leyendas de los primeros escritores cristianos post apostólicos y en las tradiciones locales del movimiento cristiano en aquellos lugares donde los apóstoles sirvieron o donde murieron. Esta última investigación es la que menos atención recibió por parte de los historiadores, y es la que intentaremos explorar, además de aquellas tradiciones cristianas primitivas y de los relatos bíblicos que son bastante conocidos, pero no en todo el mundo.

Leyenda, mito y tradición

La palabra *leyenda* está mejor considerada hoy que hasta hace poco tiempo. Decir que algo era *legendario* generalmente aludía a una mala reputación, porque para la mayoría de la gente tenía el significado de "mítico." La palabra *tradición* goza de mucha más alta estima entre los historiadores. Gracias a la crítica literaria, a la investigación histórica y a las observaciones arqueológicas, los estudiosos tienen más confianza de que existe en las leyendas y tradiciones un remanente de datos fácticos acerca de personajes bíblicos o históricos bien conocidos. Aunque se presentan de manera exagerada y fantástica, las leyendas y tradiciones son por lo general ampliaciones de la realidad, y es muy posible que las tradiciones no sean exageraciones sino hechos reales. Hemos intentado extraer algo de jugo de las leyendas acerca de los apóstoles, y también encontrar elementos razonables y factibles en las tradiciones. Es imposible volverse dogmático en ese tema, pero seguramente podemos tener hoy un conocimiento más completo de la vida de los apóstoles que el que se tuvo hasta ahora.

La importancia actual

¿Por qué debería el lector cristiano, o cualquier lector, interesarse en la historia de los primeros apóstoles de Jesucristo?

En primer lugar, el aumentar el conocimiento acerca de los apóstoles iluminará enormemente los tiempos primitivos del cristianismo, llenos de poder, y tal vez nos ayuden a recuperar el secreto de la dinámica de los primeros cristianos.

Los cristianos hoy saben, o pueden saber, mucho más acerca de ciertos temas que cualquier otra generación de creyentes. La arqueología es una ciencia relativamente moderna. La crítica textual ha permitido contar con un texto bíblico mucho más claro que el que estuvo disponible antes. Sin embargo, lamentablemente, es evidente que en las iglesias contemporáneas falta buena parte del poder y del espíritu del cristianismo de la época neotestamentaria.

El público general necesita conocer nuevamente la dedicación de los primeros líderes cristianos, y percibir la relevancia moderna de sus métodos y sus ideales eternos. El cristianismo necesita renovarse a sí mismo, como lo necesitan todas las instituciones. ¿De dónde vendrá esta renovación? El impulso dinámico que legaron los primeros cristianos, y que hasta la fecha no se ha agotado por completo, sin duda era, en parte, la herencia personal y directa de los doce apóstoles y de sus contemporáneos cristianos.

Lo mínimo que un estudio de esta clase debería contribuir a todos los cristianos es el de dirigir nuestra atención hacia aquellos días de un cristianismo más puro, menos encasillado y más libre de tradiciones. Hay mucho acerca de la vida de los doce apóstoles que puede proporcionarnos hoy un mensaje *existencial*. Sin duda descubrir lo que los apóstoles hicieron, o lo que se sostiene que hicieron, es redescubrir su motivación y la estrategia de vida que siguieron.

Cómo comenzó este estudio

En un sentido, la preparación de este libro requirió treinta años de estudio amplio e intensivo. En 1944, concluí una licenciatura en teología en Bethel Theological Seminary en St. Paul, Minnesota, con una especialización en historia de la iglesia, para lo cual acredité más de sesenta horas semestrales y presenté una tesis sobre ese tema. En 1952 hice una disertación sobre el mismo tema y me gradué como doctor en educación religiosa en Southwestern Baptist Theological Seminary en Fort Worth, Texas.

Desde entonces he leído constantemente sobre historia de la iglesia y he viajado varias veces a Europa (treinta y nueve veces) y a Medio Oriente (veintisiete viajes) en busca de información bíblica y eclesiástica. Esta valiosa experiencia ha sido un trabajo de amor y una tarea muy fructífera en términos de descubrimientos de nuevos datos y percepciones frescas. Es una falsa suposición creer que todo el conocimiento histórico útil puede encontrarse solamente en los libros, si bien he leído cientos de ellos sobre los doce apóstoles. Mucha información adicional sólo podía ser recolectada viajando a los lugares que ellos recorrieron alguna vez y conversando con la gente que ahora vive en esos sitios, quienes conocen tradiciones que por lo general no se pueden encontrar en los libros a los que tienen acceso los investigadores. Hasta donde tengo conocimiento, nunca se ha reunido en un solo libro todos los datos conocidos acerca de los apóstoles, hasta ahora.

En octubre de 1971, por ejemplo, fui huésped oficial en Irán durante la celebración del aniversario de 2500 años de la muerte de Ciro el Grande. En esa ocasión se presentó la oportunidad de entrevistar a los líderes de varios movimientos cristianos muy antiguos en Irán, ¡quienes remontan sus orígenes espirituales a la visita a Persia de por lo menos cinco de los apóstoles de Jesús durante el primer siglo de esta era! No sólo obtuve información en ese lugar, sino también una comprensión más amplia del avance del cristianismo primitivo en Oriente, más allá de las fronteras del mundo romano, del cual los cristianos de Occidente conocemos muy poco. Este hecho ha significado una gran pérdida para nosotros. Las siguientes observaciones son un ejemplo de una parte de la historia cristiana acerca de la cual pocos cristianos de nuestra región conocen:

> Irán conocía el cristianismo desde los primeros tiempos de la prédica apostólica. Cuando se predicó por primera vez en este lugar del mundo, es decir, más allá del Imperio Romano Oriental, a saber, en las regiones más orientales de Asia Menor, las regiones nororientales de la Siria Antigua y de la Mesopotamia, los apóstoles y sus sucesores inmediatos no sabían nada acerca de fronteras entre Siria del este, Mesopotamia, Armenia y Persia. En realidad, los habitantes de estos países vivían en estrecha relación entre sí, al punto que los primeros cristianos pertenecían todos a una misma corriente evangelizadora y compartían las mismas tradiciones cristianas que les habían enseñado los primeros apóstoles y sus discípulos.
>
> Por lo tanto, ya desde el primer siglo se predicó la fe cristiana en Edesa, en el reino de Osroene. También entró en Armenia y en Persia en ese mismo siglo. Como dijo Tournebize: "Sin duda, la fe se difundió muy tempranamente desde Osroene hacia el Este; la distancia entre Edesa y Armenia no era grande." Mucho antes de Bar Hebraus, las alianzas y los intercambios frecuentes entre partos, persas, edesianos y armenios justificaron la siguiente declaración del famoso patriarca monofisita: "Partos o persas, partos o edesianos, partos o armenios, son todos uno."[5]

Más tarde, en noviembre de 1971, coordiné la visita de un grupo de personas de los Estados Unidos en un viaje de interés histórico titulado "La búsqueda de los doce apóstoles." En esta expedición, a través de Europa y Medio Oriente, aparecieron muchos más de los datos que se registran en este libro. Podría decirse que hasta la fecha ningún grupo de los tiempos modernos o antiguos hizo un estudio tan exhaustivo acerca de la vida y de los lugares de sepultura de los apóstoles, *en los lugares específicos* indicados por los historiadores o por las tradiciones referidas a los apóstoles.

Se puede arrojar todavía más luz sobre este tema de los doce apóstoles. Pensemos, por ejemplo, en los enormes archivos de la antigüedad y en los documentos todavía no traducidos que se encuentran en los monasterios ortodoxos griegos o en la biblioteca del Vaticano, en Roma. Reconocemos no tener la preparación académica, la capacidad lingüística, ni el tiempo necesario para encontrar las agujas en estos enormes pajares. Debemos esperar los días felices en los que otros se encarguen de esta tarea.

Dentro de los límites de la investigación actual, de la investigación original y de la evaluación crítica de la historia y de las tradiciones, esperamos haber reunido todo lo que se conoce o lo que razonablemente podemos averiguar acerca de los apóstoles. Anticipamos con optimismo que la investigación futura hará crecer el cuerpo de información que aquí se presenta.

CAPÍTULO 1

EL MUNDO DE LOS APÓSTOLES

Todos los creyentes se dedicaban a las enseñanzas de los apóstoles. . . . Adoraban juntos en el templo cada día, se reunían en casas para la Cena del Señor y compartían sus comidas con gran gozo y generosidad, todo el tiempo alabando a Dios y disfrutando de la buena voluntad de toda la gente. Y cada día el Señor agregaba a esa comunidad cristiana los que iban siendo salvos. Hechos 2:42, 46-47

A comienzos del año 30 d.C., una fuerte ola de optimismo había comenzado a esparcirse por la extensa región del Imperio Romano. Tiberio César, en su palacio de Capri, no lo sabía, pero estaba naciendo una nueva fuerza que poco tiempo después heredaría el imperio. Bajo el férreo control de Augusto, sucesor de Julio César, se había instalado un estilo de vida pacífico entre los pueblos del imperio, si bien una paz opresiva, fruto de la conquista.

La "Pax Romana"

Aunque había brotes de rebelión local que de tanto en tanto se caldeaban, no cabía ninguna duda de que Roma era la montura firmemente ceñida sobre Europa, África del Norte y Asia Menor. Augusto y su sucesor, Tiberio, cabalgaban cómodamente sobre ella por largo tiempo. Cualquier rey vasallo que dudara de ello, o cualquier provincia rebelde que temerariamente desafiara al César, muy pronto se enteraba mediante el derramamiento de sangre quién gobernaba el mundo. Más aún, nadie dudaba que este estado de cosas se mantendría sin variantes, tal como en efecto lo confirmaron los siguientes trescientos años de continuidad del imperio. La prolongación de la *Pax Romana* trajo prosperidad, comercio, educación, homogeneidad cultural y lingüística, y seguridad en las rutas: una preparación ideal para los apóstoles y los misioneros cristianos.

Había una sola excepción en esta *Pax Romana* que presentaba constantes problemas: la tierra de Judea. Como tropa de ocupación, las legiones romanas debían mantenerse constantemente en guardia ante una población implacablemente hostil. Los reyes herodianos habían gobernado desde el tiempo del primer César sólo gracias al poder impuesto por Roma. Todos entendían, aunque no lo hiciera el pueblo, que Roma había llegado para quedarse y que la *Pax Romana* era sin dudar la mejor de las condiciones posibles.

> La prolongación de la *Pax Romana* trajo prosperidad, comercio, educación, homogeneidad cultural y lingüística, y seguridad en las rutas: una preparación ideal para los apóstoles y los misioneros cristianos.

Uno tras otro, los sucesivos Herodes navegaron a Roma para visitar el deslumbrante centro de poder. Allí tomaban nota del perfil más amplio del imperio y esto les permitía colocar fácilmente a Judea en su pequeño lugar. Pero la gente a la que gobernaban en nombre de Roma tenía una actitud extremadamente provinciana y no lograban ver más allá de sus fronteras. Aunque los romanos trataran de ser justos y equitativos, los israelitas los consideraban opresores odiosos, inferiores adoradores de ídolos, ajenos al pacto de Dios, y objeto justificado de sus incesantes intentos de rebelión y de asesinato. El arrogante desprecio de los romanos hacia el orgullo judío provocaba un resentimiento que indefectiblemente desembocaría en la matanza y la dispersión de los judíos. Al final de cuentas sólo Roma podría triunfar. Pero, fuera racional o no, en ningún otro pueblo del mundo de entonces ardía tan intensamente la pasión por la independencia como entre los judíos. A la

Los nombres y las fronteras modernos se muestran en gris.

EL MUNDO DE LOS APÓSTOLES

JERUSALÉN
En Pentecostés, los seguidores de Jesús en Jerusalén son llenos del Espíritu Santo. Crece la iglesia de Jerusalén.

SAMARIA
Se intensifica la persecución contra los cristianos. El evangelio se difunde en otras ciudades del imperio.

SIRIA
Pablo se convierte. Bernabé lleva a Pablo a la iglesia en Antioquía de Siria.

CHIPRE Y GALACIA
El primer viaje misionero de Pablo y Bernabé atraviesa Chipre y Galacia.

MACEDONIA Y ACAYA
Pablo y Bernabé se separan. Pablo visita ciudades en Macedonia, luego va a Atenas y a Corinto en Acaya, y finalmente regresa a Antioquía.

ÉFESO
El tercer viaje de Pablo es a Éfeso y a otras ciudades en Asia.

JERUSALÉN Y ROMA
Pablo es arrestado en Jerusalén y comienza el largo viaje bajo custodia romana hacia la capital del imperio, donde se presentará ante el César.

mayoría de ellos le importaba muy poco la seguridad y la prosperidad que sin duda ganaban por el hecho de ser parte de un imperio tan grande y unificado.

Ese resentimiento, en su origen nacionalista e ideológico, creció principalmente como una reacción hacia la soberbia infernal de los romanos. Desde el punto de vista de los judíos, nada de lo que hiciera Roma podría ser correcto. Para los romanos, por derecho imperial (que por supuesto hoy *no* podríamos otorgar), la opción era nítida: mantener a Judea pacificada o correr el riesgo de que se propagara el fuego de la rebelión. Para que el imperio fuera viable, los romanos procuraban ser lo más justos posible. Pero, con justicia o sin ella, Roma *se aseguraría el poder,* sin importarle aquello que hicieran o sintieran los habitantes de Israel. El choque de voluntades entre Jerusalén y Roma era el hecho político más problemático del primer siglo. Sólo cabía un desenlace trágico para Judea.

La paz de Roma, desastrosa y dolorosa para los judíos, fue de todos modos el factor que abrió la puerta al mundo que facilitó la penetración del recientemente surgido cristianismo. Había judíos piadosos viviendo en cada ciudad romana. Todos los israelitas, ya fuera que pertenecieran a la tribu de Judá o a los remanentes de las trece tribus, recibieron el nombre de judíos. Judá era la tribu real de David, y judío es una palabra derivada de ese nombre. La *Pax Romana* había facilitado el regreso de los exiliados en Babilonia, quienes ahora habían recuperado la capital, Jerusalén. Judá era la más fuerte y consolidada de las tribus, y era la guardiana del templo en Jerusalén, que constituía el centro geográfico de oración, desde cualquier lugar en el mundo donde se encontraran radicados los israelitas. Por ese motivo, todos los israelitas interesados en preservar su identidad nacional, las tradiciones mosaicas y la fe religiosa, comenzaron a llamarse judíos, independientemente de la tribu a la que pertenecieran.

Los matrimonios entre personas de las diversas tribus en la *diáspora* sin duda fueron factores que contribuyeron a ligar a los israelitas dispersos mediante la identificación con Judá. Los que no se sumaron a este movimiento espiritual y nacionalista pronto se perdieron, no como tribus completas sino como individuos, a medida que los matrimonios mixtos con los gentiles y el desgaste por la muerte fueron eliminando gradualmente a aquellos que se mostraban indiferentes a la herencia de Israel.

No hubo solamente una dispersión de las tribus de Israel, aunque el proceso comenzó en 725 a.c. cuando Asiria desterró a muchas personas de las tribus del norte. Lo que hubo, en cambio, fueron sucesivas olas de traslados desde Palestina, lo cual dispersó a los israelitas en todas las direcciones. (Una colonia de judíos en Cochin, en la India, desde 70 d.c. llamó la atención en el mundo hace pocos años, a medida que la emigración hacia el moderno estado de Israel terminó de vaciar esa reserva del judaísmo hindú. Este hecho nos recuerda que las personas viajaban mucho más en el primer siglo que lo que comúnmente se cree, lo cual brinda veracidad al apostolado de Santo Tomás en la India durante el primer siglo.)

El *Biblical Research Handbook [Manual de investigación bíblica]* (volumen 2), provee un relato de la dispersión de los judíos en la era pre cristiana. Como los apóstoles cuando salían en sus misiones siempre se dirigían en primer lugar a los judíos, este pasaje resulta muy ilustrativo:

> Los historiadores armenios y georgianos registran que después de la destrucción del Primer Templo . . . Nabucodonosor deportó un gran número de cautivos judíos hacia Armenia y el Cáucaso. Con estos exiliados se reunieron más tarde otros compatriotas venidos desde Media y desde Judea . . . hacia el final del cuarto siglo, las ciudades armenias albergaban poblaciones judías en un número de 10.000 a 30.000. . . .
>
> Los monumentos de losas de mármol que contienen inscripciones en griego, y se preservan en la ermita de San Petersburgo y en el museo de Feodosia (Kaffa), muestran que los judíos vivieron en Crimea y por toda la costa oriental del Mar Negro a comienzos de la era actual, y que contaban con comunidades bien organizadas y provistas de sinagogas. Ya estaban

helenizados, y usaban nombres griegos tales como Hermes, Dionisiodoro y Heracles. Durante el reino de Julio el Isauriano (175–210), el nombre "Volamiros" era común entre los judíos de Crimea. Este fue el origen del nombre ruso "Vladimiro."[1]

La cultura griega había penetrado hasta Francia, que en ese entonces se conocía como la tierra de los galos, hacia mediados del primer siglo a.C. Los diversos lenguajes de cada país se usaban en forma local, por supuesto, pero por todo el Imperio Romano tanto el latín como el griego eran ampliamente usados. Este hecho facilitó que la filosofía y la cultura griega influyeran profundamente en el mundo romano. Y más tarde esto proveyó canales literarios y lingüísticos para el evangelio cristiano.

> Por medio de las seguras carreteras y las rutas marítimas navegables de Roma circulaba un activo intercambio de bienes y de costumbres, [futuras] vías de propagación de la fe.

Los espléndidos caminos romanos, muchos de los cuales se mantienen hasta hoy, relacionaban entre sí a las ciudades de todos los países. Por medio de esas carreteras directas y seguras y de las rutas marítimas cada vez más navegables circulaba un activo intercambio de bienes y de costumbres. Estas mismas carreteras pronto serían las vías de propagación de la fe.

De esa manera, a pesar de su crueldad inicial y de las condiciones severas, el mundo romano durante el primer siglo estaba cambiando y unificándose para constituir el imperio más grande y de mayor duración que el mundo haya conocido. En la Edad Media, el Imperio Mongol gobernó brevemente una región más grande y quizás a una población mayor, pero no dejó una civilización que perdurara, ya que se trataba de un imperio de destrucción que pronto se desvaneció y retrocedió hacia la enorme y vacía región de Asia de donde había venido. Roma instaló una cultura que permaneció. Esa cultura todavía permanece y su influencia es tan fuerte como antes.

Roma había incorporado a su civilización muchos aspectos que había tomado de otros; lo hizo inicialmente de los misteriosos etruscos. Pero hacia el primer siglo los etruscos ya casi habían desaparecido y eran parte de la historia. Hoy ni siquiera podemos leer su escritura. También Egipto había dado mucho y seguiría haciéndolo. Pero Egipto había perdido la civilización de los faraones y se había helenizado. Grecia misma era aún el centro de la cultura y la medicina del Imperio Romano, pero se había convertido en poco más que una provincia que nutría con su influencia la corriente del imperio. Con el tiempo Grecia triunfaría sobre Roma y volvería a levantarse, ya no en Atenas, sino en Constantinopla. Sin embargo, durante el primer siglo Roma era el poder político más importante del mundo.

Este, entonces, era el mundo de Jesús y de sus apóstoles. Ubicado sobre la angosta franja de territorio que hacía de puente entre tres continentes, el pueblo de Israel había sido llevado y traído varias veces. Los griegos, y después los romanos, habían conquistado a Palestina, pero nunca habían logrado someter al pueblo. Constantemente fermentaba la rebelión. Con frecuencia la menor provocación encendía la revolución contra Roma. Los herodianos se apresuraban a tomar medidas contra los revoltosos, porque si ellos no lo hacían, Roma podía hacerlo, y lo haría. Y cuando eso ocurría, los herodianos perdían imagen y debían pagar severas multas al César.

Por esa razón, los herodianos se preocuparon en sofocar cualquier sedición antes de que los pusiera en aprietos. Fue por un cargo de sedición que se montó el juicio fraudulento a Jesús, juicio que pronto se les escapó de las manos, siendo Jesús falsamente condenado a muerte por blasfemia y traición, a pesar de que el gobernador romano Pilato lo había declarado inocente.

Por supuesto, la sedición fue sólo la razón aparente por la que se condenó a Jesús. Como pudieron ver claramente los apóstoles, y el juicio de la historia después confirmó, la principal razón de su condena fue que Jesús había atravesado la hipocresía de la religión ceremonial y política de los judíos y la burocracia religiosa de los sacerdotes profesionales, los saduceos y los fariseos. Así fue como los principales líderes judíos, incluyendo al partido oficial de los herodianos, consintieron o procuraron su muerte.

Cuando los hombres ascienden a posiciones elevadas, pero tienen un sostén precario, con frecuencia entran en concesiones fatales. Cuando lo hacen en un estado semi religioso, esto les provoca mala conciencia. Cuando quedan expuestos y sus malas motivaciones a la vista, tienden a dar el contragolpe con las fauces abiertas y goteando veneno. Jesús los calificó apropiadamente de "camada de víboras" y fue principalmente por ese motivo que se mantuvieron al acecho agazapados y luego cayeron sobre él. Lo acusaron de blasfemia y de sedición. De esa manera indujeron a Roma a unirse a Jerusalén para crucificar al Hijo de Dios.

Después de la Resurrección, los apóstoles de Jesús gozaron de un brote de popularidad en Judea. La culpa por la muerte de Jesús estaba presente en la conciencia pública, y los apóstoles aseguraban a aquellos que se arrepentían de esa culpa y de todas sus culpas de pecado que serían expiados por el verdadero Cordero de Dios. Miles de judíos profesaron conversión a Cristo poco después de la Resurrección, y día tras día se añadían otros a la floreciente iglesia de Jerusalén.

En poco tiempo, cuando se reunían, no había edificio público o privado capaz de albergarlos. Las autoridades tomaron medidas para desanimar a los apóstoles, con el fin de evitar nuevos problemas para Israel. Pero esta vez nada los detendría.

A pesar de los martirios, como el de Esteban y el de Jacobo, el hermano de Juan, y del encarcelamiento de Pedro, la iglesia creció y se dispersó a través de Judea, Samaria y toda Palestina. Luego pasó a Antioquía de Siria, la cual, durante el primer siglo, era la tercera ciudad en el Imperio Romano y el cruce verdadero entre el Este y el Oeste. Desde Antioquía, los recientemente llamados "cristianos" enviaron misioneros, por ejemplo Bernabé, quien había venido de Jerusalén para pastorear a la vigorosa iglesia en Antioquía, y Saulo de Tarso, a quien Bernabé se había acercado en Jerusalén y luego había llamado de Tarso para que lo ayudara en Antioquía. Su destino misionero era la isla cercana de Chipre, de donde era oriundo Bernabé. Su objetivo en primer término eran los judíos, y luego los gentiles.

Después de notables triunfos en Chipre, viajaron hacia el interior de Asia Menor, que, según la percepción de Saulo (ahora llamado Pablo), estaba lista para recibir el mensaje cristiano. La experiencia de estos dos apóstoles entusiastas, primero en Antioquía y ahora en Chipre y en Asia Menor, había servido como confirmación de que efectivamente la intención era que el evangelio alcanzara a todos, y que podía ser recibido tanto por los gentiles como por los judíos. De esa manera se marcó un hito en la historia del cristianismo. Comenzaba un proceso que desprendería al cristianismo de la exclusividad judía y que lo transformaría en un movimiento universal para todos los hombres.

No fueron Pablo y Bernabé los que por primera vez cruzaron la frontera para comunicar el cristianismo a los gentiles. Eso se había hecho el día de Pentecostés cuando gente de muchas partes del mundo romano escuchó el mensaje, poco después de la ascensión de Jesús. Sin embargo, en la iglesia de Jerusalén la conversión de gentiles era escasa y fortuita.

MATEO ESCRIBE

Jesús se acercó y dijo a sus discípulos: "Se me ha dado toda autoridad en el cielo y en la tierra. Por lo tanto, vayan y hagan discípulos de todas las naciones, bautizándolos en el nombre del Padre y del Hijo y del Espíritu Santo. Enseñen a los nuevos discípulos a obedecer todos los mandatos que les he dado. Y tengan por seguro esto: que estoy con ustedes siempre, hasta el fin de los tiempos." Mateo 28:18-20

Los doce apóstoles, reducidos a once por la muerte de Jacobo, se habían quedado en Jerusalén o al menos en Palestina. Al parecer no se atrevían a encarar el apostolado a todo el mundo, tal como Jesús les había encomendado. Pronto, sin embargo, la persecución contra los judíos obligaría a algunos de ellos a salir. La nación de Israel no estaba dispuesta a aceptar que Jesús era el Cristo. Pronto los Doce también tendrían que dirigirse a los gentiles. Pablo y Bernabé habían abierto el camino con éxito. Desde ese momento en adelante, los apóstoles siempre irían primero a los judíos y, si eran rechazados, se dirigirían a los gentiles. El libro de Hechos es el relato acerca de la manera en que el cristianismo se expandió tanto por el ejemplo como por la persecución, y salió de Jerusalén hacia el resto del mundo romano, con un mensaje universal orientado tanto a judíos como a gentiles.

Aunque la propia Roma era aún más hostil al cristianismo que Jerusalén, muchos judíos y gentiles en distintos lugares abrazaron la nueva fe. Durante el lapso de vida de los apóstoles el evangelio de Cristo se había difundido a través de las extensas carreteras romanas, y también por el mar, hacia lugares tan lejanos como la Galia y Britania en el noroeste, Alejandría y Cartago en la costa del África al sur, Escitia y Armenia (antes Unión Soviética) al norte, y Persia y la India al este. Durante esta explosión inicial de fervor cristiano, los doce apóstoles, y muchos otros también llamados apóstoles, llevaron el mensaje cristiano a lugares muy lejanos y a regiones peligrosas tanto cercanas como lejanas, y aun más allá del Imperio Romano. Murieron en esos lugares, pero su mensaje y las iglesias que fundaron los sobrevivieron.

> Durante el lapso de vida de los apóstoles el evangelio de Cristo se había difundido hacia lugares tan lejanos como la Galia y Britania, Alejandría y Cartago, Escitia y Armenia, y Persia y la India.

En sus comienzos, el cristianismo registró historias y leyendas que relatan las aventuras que los apóstoles tuvieron en los primeros años de la expansión cristiana. Al parecer, los apóstoles no eran conscientes de que su misión tenía trascendencia histórica, de modo que escribieron pocos informes que permanecen hoy. Los documentos que tenemos, aparte de las Escrituras, no carecen de errores, y en ocasiones tienden a ser fantasiosos. Sin embargo, queda mucho por aprender acerca de los apóstoles de lo que hasta ahora conoce el público cristiano en general, o de lo que hasta ahora hayan escrito los eruditos en un solo libro. Con este propósito, este relato de la vida de los doce apóstoles contribuirá a iluminar los primeros días de la misión cristiana. Es de esperar que ayude a definir a los apóstoles como *personas reales*.

CAPÍTULO 2

¿CUÁNDO SALIERON LOS APÓSTOLES DE JERUSALÉN?

De los cientos de personas que lo seguían de un lugar a otro, Jesús eligió a doce de ellos para que fueran sus apóstoles. *Apóstol* significa mensajero o representante autorizado. La característica que compartían era la disposición de obedecer a Jesús. *—Life Application Study Bible [Biblia del diario vivir]*

Lucas, escritor del libro de Hechos, eligió como tesis el surgimiento del cristianismo como una fe universal, que no se mantendría mucho tiempo en la matriz del judaísmo sino que se liberaría, mayormente a causa de la tarea pionera de Pablo, a fin de que el evangelio pudiera ser presentado también entre los gentiles. Lucas desarrolla este tema desde el comienzo hasta el final de Hechos. Declaró que el cristianismo comenzó con Dios y con Jesucristo, su Hijo. Después del rechazo de Jesús de parte del liderazgo nacional y religioso de los judíos, el evangelio fue llevado a los gentiles, tal como Dios se había propuesto desde siempre. El libro de Hechos describe repetidas veces esta estrategia.

En primer lugar, el Pentecostés fue una experiencia *internacional*. En ese momento estaban en Jerusalén judíos de muchas naciones, pero seguramente también estaban muchos gentiles. "Aquí estamos nosotros: partos, medos, elamitas, gente de Mesopotamia, Judea, Capadocia, Ponto, de la provincia de Asia, de Frigia, Panfilia, Egipto y de las áreas de Libia alrededor de Cirene, visitantes de Roma (tanto judíos como convertidos al judaísmo), cretenses y árabes. ¡Y todos oímos a esta gente hablar en nuestro propio idioma acerca de las cosas maravillosas que Dios ha hecho!" (Hechos 2:9-11). Luego se nos informa que Felipe testificó al tesorero etíope, bajo la guía directa del Espíritu Santo. Queda explícita la aprobación divina y la certificación de la evangelización a los gentiles. Lucas está enfatizando un punto que la mayoría de los lectores modernos pasa por alto.

Luego Pedro fue guiado directamente por Dios a testificar y bautizar a Cornelio, el centurión romano, en Jope. Mientras tanto se mostraba a Pablo como perseguidor de la iglesia *motivado por su celo de preservar sin adulteración la Ley de Moisés exclusiva para los judíos.* Arrastró a la prisión a los judíos cristianos que cambiaban a Moisés por Cristo. Nadie puede acusar a Pablo de no ser en sus comienzos un judío fiel, aunque sus oponentes intentaron hacerlo.

Después de la conversión de Pablo, Lucas relata los abundantes triunfos misioneros de Pablo, muchos de los cuales presenció, pero observa con cuidado que Pablo nunca quebrantó la ley de Moisés, sino que en cada ciudad iba *primero* a la sinagoga judía para tratar de ganar a aquellos que estuvieran dispuestos a creer. Sólo se dirigía a los gentiles después de la inevitable persecución a la que era sometido en la sinagoga. Cuando Lucas concluye su historia en Hechos, Pablo se encontraba en Roma, donde había testificado en primer lugar a los líderes religiosos judíos. Como de costumbre, fue rechazado por la mayoría de ellos y entonces se volvió hacia los gentiles. Allí termina el libro de Hechos.

El libro de los Hechos es una porción limitada pero valiosa de la historia apostólica cristiana. Sólo informa acerca de algunos de los apóstoles y de sus obras. Es la historia de los poderosos actos del Espíritu Santo en la formación de las primeras iglesias. Es una brillante defensa de Pablo y de su decisión de llevar el evangelio "primero a los judíos y luego a los gentiles." Todos los comentarios bíblicos concuerdan con ese propósito. Pero si nos detenemos aquí, tal vez pasemos por alto el más inspirador de los efectos que Lucas pudo haber intentado conseguir cuando escribió el libro de Hechos.

Este objetivo era el de animar a todos los judíos cristianos a salir de manera intencional hacia el mundo gentil y, al igual que Pablo, ser testigos allí con la plena confianza de que tendrían éxito. ¡Y, también como Pablo, tener la plena confianza de que este era el propósito del Espíritu Santo y de que Dios bendeciría los esfuerzos en esta misión y los coronaría con el éxito!

En una palabra, Hechos es un libro sobre procedimientos acertados para el evangelismo internacional. Las verdades que contiene tenían la intención de motivar a los primeros judíos cristianos que habían permanecido ligados por demasiado tiempo a Jerusalén y a Judea, o por lo menos al judaísmo.

> El tiempo prolongado que permanecieron en Jerusalén después de la Resurrección parece sugerir que algunos de los apóstoles se aferraron al judaísmo, a pesar del claro mandato de Jesús de discipular a *todas* las naciones.

Durante mucho tiempo, los estudiosos de la Biblia se han preocupado por el tiempo prolongado que algunos de los apóstoles permanecieron en Jerusalén después de la Resurrección. Da la impresión de que algunos se hubieran aferrado al Templo y al judaísmo alrededor de un cuarto de siglo, a pesar del claro mandato de Jesús de discipular a *todas* las naciones.

Aun cuando ocasionalmente los apóstoles tenían la oportunidad o se veían forzados de conducir a un gentil a Cristo, regresaban pronto a Jerusalén. Si bien los creyentes fueron dispersados al extranjero a causa de la persecución, y salieron a predicar en cada lugar, Lucas enfatiza que *se esperaba* que los apóstoles permanecieran en Jerusalén, y eso fue lo que hicieron. ¿Por qué? Posiblemente porque eran renuentes a avanzar de manera oficial a ganar a los gentiles y empezar a organizar iglesias gentiles. ¿Quién puede conocer el dolor y la timidez que sentirían estos hombres judíos al romper con el judaísmo?

Parece seguro que la fecha en que se escribió el libro de Hechos fue alrededor del año 66 d.C. Sin duda por entonces la mayoría de los apóstoles ya habría salido de Jerusalén hacia su obra misionera en el mundo.

Pero el libro de Hechos cubre un período considerable de tiempo, por lo menos 35 años. Quizás las experiencias de Pablo constituyeron un desafío directo a los primeros cristianos, y aun a algunos de los apóstoles, para hacerse cargo de la tarea que les correspondía desde el principio: alcanzar con el evangelio al mundo entero. El concilio apostólico en Jerusalén le dijo a Pablo: "Ve tú a los gentiles y nosotros iremos a los judíos."

Es posible que el libro de Hechos haya sido usado después como un manual histórico sobre los métodos que Pablo usó triunfantemente, cómo se desenvolvía y la indiscutible prueba de que, a pesar de los obstáculos, el Espíritu Santo estaba dispuesto a bendecir la misión a los gentiles. Si bien no estamos sugiriendo que el libro haya tenido el efecto de avergonzar a los apóstoles y de movilizarlos a cumplir la tarea de la evangelización mundial, ya que la fecha en que se escribió excluye esta posibilidad, es posible que algunas porciones del mismo, o al menos las experiencias de Pablo que luego se incluyeron en él, hayan tenido este efecto.

Nada sabemos acerca del "Teófilo" a quien Lucas dedica el libro de Hechos. Sin duda Teófilo es un nombre griego, pero simplemente significa "que ama a Dios." Tal vez Pablo, con enorme discreción, se proponía enseñar a los "maestros" una lección que por alguna causa todavía no habían aprendido. Si hubiera sido presentado como un ataque frontal o como una crítica, no lo hubieran aceptado de sus manos, ya que ellos eran discípulos y apóstoles antes de que él se encontrara con Cristo y, en consecuencia, es posible que se mostraran resistentes a aceptar de este recién convertido una nueva luz sobre sus obligaciones.

Si estas conclusiones son acertadas, significa que tal vez la primera parte del libro de Hechos estuviera dirigida a algunos apóstoles (Jacobo ya había sufrido el martirio), a modo de manual sobre "métodos exitosos para testificar a los gentiles," con el debido crédito cuidadosamente asignado en todos los casos a la unción del Espíritu Santo. Esta posibilidad se confirma en varias de las epístolas de Pablo, especialmente en su referencia a la vacilación de Pedro de siquiera comer con los cristianos gentiles en Antioquía cuando emisarios cristianos judíos vinieron de parte de Jacobo desde Jerusalén. "Tuve que enfrentarlo cara a cara," dijo Pablo, "porque él estaba muy equivocado en lo que hacía" (Gálatas 2:11).

En efecto, Pablo había experimentado la resistencia de los apóstoles de dirigirse a los gentiles de una manera metódica, y describió la estrategia de la siguiente manera: "De hecho, Santiago, Pedro y Juan —quienes eran considerados pilares de la iglesia— reconocieron el don que Dios me había dado y nos aceptaron a Bernabé y a mí como sus colegas. Nos animaron a seguir predicando a los gentiles mientras ellos continuaban su tarea con los judíos" (Gálatas 2:9).

Haya sido o no uno de los propósitos de relatar las experiencias de Pablo, que luego constituyeron lo que ahora conocemos como el libro de Hechos, el de animar e instruir a los apóstoles y a otros obreros cristianos del primer siglo a cumplir su obligación hacia los gentiles, eso fue lo que finalmente produjo. De algún modo, en algún momento, de manera formal o espontánea, al parecer un día los apóstoles se decidieron a encarar una estrategia mundial de evangelismo y cada uno partió por su lado.

Eusebio nos dice que los apóstoles "repartieron el mundo" y salieron hacia los cuatro puntos cardinales. ¿Fue esta decisión provocada o influenciada por las experiencias de Pablo que luego se registraron en el libro de Hechos? No lo podemos saber con certeza, pero por lo menos no parece probable que el éxito de Pablo hubiera podido pasar desapercibido o ignorado; sin duda habría sido imitado. Hay un fragmento de la historia cristiana primitiva que da respaldo a esta hipótesis.

A comienzos del Libro III de su *Historia de la Iglesia*, después de haber relatado la caída de Jerusalén, Eusebio dice que 'el mundo habitado' se dividió entre los apóstoles en varias zonas de influencia: Tomás en la región de los partos, Juan en Asia, Pedro en el Ponto y en Roma, Andrés en Escitia. Esta declaración contiene algún grado de rigor histórico, particularmente en lo que concierne a Juan, pero es muy difícil verificar el dato en cuanto a los demás. Pero hay un dato que le da soporte. Los escritos apócrifos del Nuevo Testamento se dividen en ciclos: el ciclo de Pedro, el de Tomás, el de Felipe, el de Juan. Estas etapas parecen relacionarse con regiones geográficas concretas. En particular, parece que la misión judeocristiana tomó una variedad de formas a comienzos del segundo siglo de esta era: la de la Mesopotamia, vinculada con Jacobo y con Tomás; la del cristianismo asiático, que depende de Felipe y de Juan; el grupo relacionado con Pedro, que abarcaba Fenicia, el Ponto, Acaya y Roma.[1]

La investigación acerca de lo que aconteció a los apóstoles debe tener en cuenta, entonces, la posibilidad de que la experiencia de Pablo que más tarde se registró en Hechos haya servido como catalizador para decidir a los apóstoles a lanzarse hacia el mundo a predicar el evangelio. La fecha en que se estima que pudo haberse escrito el libro de 1 Pedro da tiempo a que el libro de Hechos se haya completado alrededor de 64 d.C. Mencionamos este dato porque se desprende claramente en 1 Pedro 1:1 que Pedro hizo viajes misioneros al Asia Menor antes de que llegara a su fin el primer período de prisión del apóstol Pablo, en 64 d.C.

Pero aun si Pedro pudo haberse desempeñado antes como misionero a los gentiles (a pesar de lo que dice Gálatas 2:9), esto no significa que *todos* los *otros* apóstoles también hubieran salido de Jerusalén hacia el año 64, que es la fecha más temprana en que pudo haber sido escrito el libro de Hechos. Tampoco podemos inferir que, aun habiendo salido de Jerusalén mucho antes del año 64, los apóstoles necesariamente se hubieran comprometido con el *ministerio a los gentiles* dondequiera que hubieran ido, ya que en cualquier lugar al que llegaran encontrarían judíos. Valía la pena, sin duda, relatar y luego registrar por escrito las experiencias de Pablo, lo cual motivaría por lo menos a algunos de los apóstoles a expandir la misión.

Sea como fuere, una vez que salieron hacia los lugares más lejanos del Imperio Romano, los apóstoles encendieron una llama que alumbra hasta hoy en la mayor parte del mundo.

CAPÍTULO 3

SIMÓN PEDRO

Una sirvienta lo vio [a Pedro] a la luz de la fogata y comenzó a mirarlo fijamente. Por fin dijo:

—Este hombre era uno de los seguidores de Jesús.

Pero Pedro lo negó:

—¡Mujer, ni siquiera lo conozco!

Después de un rato, alguien más lo vio y dijo:

—Seguramente tú eres uno de ellos.

—¡No, hombre, no lo soy! —contestó.

Alrededor de una hora más tarde, otra persona insistió:

—Seguro éste es uno de ellos porque también es galileo.

Pero Pedro dijo:

—¡Hombre, no sé de qué hablas!

Inmediatamente, mientras aún hablaba, el gallo cantó.

En ese momento, el Señor se volvió y miró a Pedro. Entonces Pedro recordó que el Señor había dicho: "Mañana por la mañana, antes de que cante el gallo, negarás tres veces que me conoces." Y Pedro salió del patio, llorando amargamente. Lucas 22:56–62

De todas las personas a las que Jesús hizo nuevas, Simón Pedro (junto con Pablo) es de quien estamos mejor informados, y el que más se parece a nosotros. Como dijo el doctor Stalker, "[Cristo] manejó los factores revoltosos y fluctuantes de su [de Pedro] carácter tal como un jinete avezado lo hace con un caballo brioso. Transformó una naturaleza tan inestable como el agua en algo consistente como roca."

La primera vez que Jesús se encontró con Simón, se dirigió directamente a él:

Tú eres Simón hijo de Jonás; tú serás llamado Cephas (que quiere decir, Piedra). Juan 1:42, RVA

Se ha suscitado mucha confusión a causa de los debates en torno al verdadero significado de la palabra *piedra* en aquella frase. Considero acertado el comentario que hace el doctor Scofield en sus notas al pie, cuando dice: "En el griego hay un juego de palabras entre los términos *Tú eres Pedro* (Petros: literalmente 'pequeña roca' o 'piedrecita ') y sobre esta Roca (Petra) construiré mi iglesia. No promete construir su iglesia sobre Pedro sino sobre sí mismo, como el propio Pedro se encarga de decírnoslo" (1 Pedro 2:4-9). Para que no quede ninguna confusión sobre el asunto, dejemos que el apóstol Pablo defina la cuestión de una vez para siempre, en cuanto a cuál es el Fundamento del cristianismo:

Pues nadie puede poner un fundamento distinto del que ya tenemos, que es Jesucristo. 1 Corintios 3:11

Si Pablo hubiera entendido que Pedro era el fundamento de la iglesia que Cristo había organizado en Jerusalén, no hubiera declarado que no hay otro fundamento que Cristo.

El hogar de Pedro en Capernaúm

El hallazgo de la casa de Pedro es uno de los triunfos de la arqueología moderna. Durante buena parte del siglo XX, con algunas interrupciones, los arqueólogos italianos estuvieron excavando y restaurando el pueblo de Capernaúm. Este sitio es uno de los lugares más visitados en Galilea y, sin embargo, muchos de los turistas que concurren todavía no reconocen el vínculo con la vida de los apóstoles que se ha encontrado al descubrir allí la casa de Pedro. La historia de la iglesia de antaño nos da el relato, y provee las claves para el descubrimiento de la historia de la casa de Pedro.

En su obra Panarion —un tratado sobre las herejías— San Epifanio menciona lo difícil que fue organizar una comunidad cristiana en Kfar-Nachum, que se mantuvo totalmente judía hasta mediados del cuarto siglo. Conde José —un convertido al cristianismo y gobernador en Tiberias— consiguió obtener del emperador Constantino el Grande [pocos años antes de su muerte en 337] un decreto imperial para la construcción de una iglesia en el sitio tradicional de la casa de San Pedro, en Kfar-Nachum. Recién entonces pudieron comenzarse los preparativos para la construcción. Y aun así la tarea no comenzó hasta 352. Con el tiempo aquel templo modesto fue remplazado por una basílica espléndida, que mencionaron con frecuencia los Peregrinos que la visitaron y apreciaron su belleza.[1]

En su *New Memoirs of St. Peter by the Sea of Galilee [Nuevas memorias de San Pedro junto al Mar de Galilea]*, Virgil Corbo informa:

Desde el primer día que Jesús visitó Capernaúm, la casa fue identificada como 'la casa de Simón y Andrés' (Marcos 1:29). Allí, el día siguiente, Jesús sanó a la suegra de Pedro. Allí, cerca de la puerta de la casa, sanó a muchos otros enfermos (Marcos 1:33). A continuación se dice claramente que pasó la noche bajo este techo (Marcos 1:35). Luego vemos a esta casa hospitalaria rodeada por una multitud de personas que buscaba a Jesús, tantas que ni siquiera en el exterior de la casa había espacio suficiente (Marcos 2:2). A esta casa regresaba Jesús después de sus viajes alrededor del Lago, y allí fue después de la elección formal de los doce apóstoles (Marcos 3:20). Allí fue donde impartió la enseñanza más íntima (Marcos 7:17). Allí se presentó un día su madre, junto con sus 'hermanos' (Marcos 3:31).

Fue en esta misma casa donde Jesús tomó en brazos a un niñito, para dar a los Doce una lección sobre la humildad (Marcos 9:33-37). Aquí ocurrió el milagro de la sanidad del paralítico (Marcos 2:1-12). La última vez que se menciona a la casa en el Evangelio de Marcos la relaciona con el regreso de Jesús de una gira de prédica (Marcos 10:10).

En esta enumeración de sucesos de la vida de Jesús en

Capernaúm, mencionamos sólo a aquellos que se relacionan con la casa de Simón Pedro y Andrés. Ha sido extraordinario que hayamos podido sacar a luz este edificio bendecido de manera especial por la presencia de Cristo.[2]

El arqueólogo continúa con la descripción detallada del lugar:

La basílica octogonal fue construida como lugar de adoración, no para las necesidades corrientes de la comunidad cristiana, sino como un monumento. Se levantaba sobre las ruinas de una casa que, desde tiempos antiguos, mantenía testimonios de la veneración de la comunidad cristiana en Capernaúm, que era de origen judío. Estas circunstancias habían sido atestiguadas por la tradición y fueron verificadas por medio de nuestras excavaciones.

Nuestra tarea muestra con total claridad que, debajo de la basílica octogonal, se encuentra bajo tierra un complejo de pequeñas construcciones, muy antiguas. El arquitecto de la basílica se empeñó mucho en ubicar el octógono central exactamente sobre una habitación muy reverenciada, y hasta en ajustarse a sus dimensiones. A la vez, si bien retiró la parte superior de las construcciones antiguas, fue cuidadoso en preservarlas poniendo tierra alrededor de ellas. En este sentido, uno de nuestros descubrimientos fue asombroso. Para preservar un umbral que hubiera quedado en el interior de los nuevos cimientos, el arquitecto colocó sobre él un pequeño puente. Por este motivo, tenemos con este constructor desconocido una deuda de profunda gratitud. Al diseñar la basílica octogonal, colocando el piso a un metro y medio por encima de aquellas construcciones antiguas, pudiera haber destruido por completo la estructura anterior. En lugar de ello, de manera providencial preservó las ruinas veneradas para toda la posteridad.[3]

Los arqueólogos que han dedicado mucho tiempo y esfuerzo a la excavación de la casa de Pedro en Capernaúm han desenterrado una enorme cantidad de información sustancial que, por lo general, no se conoce.

La excavación arqueológica bajo los pisos de la iglesia bizantina no sólo ha arrojado luz sobre una red de habitaciones que datan del primer siglo de nuestra era, sino que además ha permitido conocer de manera fehaciente la evolución del culto, puesto de manifiesto en estas habitaciones que rodean a la de mayor tamaño. El carácter sagrado de este salón se conoce desde antaño por la tradición cristiana, que nos ha llegado a través del testimonio de los peregrinos; hoy conocemos esta información por fuentes independientes de los testimonios, por medio de las excavaciones arqueológicas, que serán presentadas de manera exhaustiva a los estudiosos en la publicación final de estas exploraciones.

Pedro el Diácono informa de un texto antiguo atribuido a Egeria. "En Capernaúm, sin embargo, se ha construido un templo sobre la casa del príncipe de los Apóstoles; sus paredes permanecen en pie hasta la fecha. Allí el Señor curó al paralítico." Un escritor conocido como "Anónimo de Piacenza" (570 d.C.) escribe: "Además llegamos a Capernaúm, a la casa del bendito Pedro, que ahora es una basílica."[4]

El padre Corbo describe las habitaciones de la casa de Pedro:

La habitación principal y de mayor tamaño de esta vivienda humilde era venerada por los cristianos judíos de la primera generación, y también en los siglos posteriores, habiendo adaptado algunas de las dependencias para constituir un lugar de reunión y de oración, a fin de preservar el carácter sagrado del lugar, derivado tanto de la persona de Pedro, su propietario, como de la consagración del sitio donde con frecuencia se hospedó el Señor. Mientras el culto de los primitivos cristianos judíos de la comunidad de Capernaún se concentraba en este salón, en las restantes habitaciones que la rodeaban seguía latiendo la vida común de los hombres. En los siglos posteriores, la casa de Pedro continuó siendo, sin lugar a dudas, la casa del Señor y la casa de los hombres.

Entre los objetos encontrados en el piso de la casa templo, menciono dos anzuelos y detrás de la pared oriental del salón central, un hacha pequeña usada para recortar piedras.[5]

El padre Corbo resume sus conclusiones sobre los hallazgos en Capernaúm:

> Al llegar al final de nuestro informe nos parece útil resumir en pocos puntos cuáles fueron los principales descubrimientos que realizamos en estas dos primeras campañas de excavación en el área de la iglesia cristiana en Capernaúm, construida sobre la casa de San Pedro.
>
> 1) Un complejo de habitaciones del primer siglo de nuestra era ha sido encontrado en el sitio total de la excavación.
>
> 2) En este complejo de habitaciones muy humildes, un salón era reverenciado de manera especial por la comunidad de cristianos judíos desde el primer siglo en adelante y estos creyentes transformaron el sitio en un lugar de culto, a la vez que continuaban viviendo en las demás habitaciones cercanas a este salón.
>
> 3) Hacia el final del período romano (alrededor del siglo cuarto, en adelante), la comunidad de cristianos judíos en Capernaúm agrandó la casa templo primitiva, agregando un atrio al este del salón principal, y dependencias en el lado norte, cercando a la pequeña *ínsula* de la casa de Pedro en un recinto sagrado.
>
> 4) La creencia de la comunidad judeocristiana de Capernaúm y de los peregrinos que la visitaban acerca del carácter santo de este lugar, reconocido por la tradición como la casa de San Pedro, se expresa en el grafiti y los símbolos tallados sobre las paredes de este salón reverenciado.
>
> 5) Hacia mediados del siglo quinto, sobre la venerada casa de San Pedro se construyó una iglesia con un plan central (dos

octógonos concéntricos, con un pórtico sobre cinco lados y sacristías y lugares secundarios sobre los otros tres lados).[6]

La conversión de Pedro

Pedro fue llevado a Cristo por su hermano Andrés. Ambos eran pescadores y desarrollaban su oficio en el Mar de Galilea. Pedro era joven cuando se encontró con Jesús por primera vez y es evidente que estaba interesado en el Mesías. Cuando su hermano Andrés le dijo que había encontrado al Mesías, Pedro arrojó a un lado sus redes y marchó para verlo por sí mismo. Luego volvió a sus labores.

Tiempo después Jesús vino a las playas de Galilea y encontró allí a Pedro, con el que había hablado antes. Entonces le hizo una invitación: "Vengan, síganme, ¡y yo les enseñaré cómo pescar personas!" (Mateo 4:19). Pedro y Andrés no vacilaron en dejar sus redes y sus barcos, y siguieron a Jesús. Pedro estaba casado y, aparentemente, su suegra vivía con él y con su esposa.

La personalidad de Pedro

Se ha dicho mucho acerca del temperamento de Pedro. No era una persona particularmente modesta, y por lo general era seguro de sí mismo. Con frecuencia, en los primeros días, ocupaba el lugar de vanguardia entre los apóstoles y era su vocero. Sólo Pablo le hizo sombra. Pero Pedro mantuvo siempre el afecto especial de los creyentes de aquella época como el primero entre los grandes cristianos. Aunque la historia registra que Juan y Pablo también eran muy valorados, sin embargo, en las listas que aparecen en las Escrituras siempre encontramos el nombre de Pedro en primer lugar entre los demás apóstoles.

Pedro era un hombre impulsivo. Con frecuencia actuaba primero y pensaba después. Cuando Cristo lo invitó a seguirle, estuvo inmediatamente dispuesto a dejar a un lado sus redes. Cuando Jesús caminó sobre las aguas, Pedro saltó desde la barca y fue caminando hacia él. Después de la Resurrección, Pedro no soportó el avance lento del barco a remo y se arrojó al agua, nadando vigorosamente hacia la playa.

Al principio, el carácter de Pedro no era tan firme como podría haber sido. Era el que con más fuerza proclamaba sus votos de lealtad a Cristo la noche antes del arresto. Pero al igual a los demás, esa noche lo abandonó y maldijo su nombre. Pero en otro impulso contrario, cuando Jesús lo miró Pedro salió y lloró amargamente.

Pedro era una rara combinación de coraje y cobardía, de enorme fortaleza y de lamentable inestabilidad. Cristo habló con más frecuencia a Pedro que a cualquier otro de sus discípulos, tanto para alabarlo como para reprenderlo. Ningún otro de los discípulos recibió reproches tan directos de parte de nuestro Señor, ¡y ningún otro se atrevió a reprender a su Maestro, como lo hizo Pedro! Sin embargo, en forma gradual y bajo la enseñanza y el ejemplo y el entrenamiento de Cristo, el carácter intempestivo de Pedro fue quedando poco a poco bajo control, hasta que finalmente, en Pentecostés, se convirtió en la personificación de la fidelidad a Cristo.

Un factor decisivo en la redención del carácter de Pedro fue su extremada percepción del pecado. En este sentido, era completamente sensible y tierno en su espíritu. Fue Pedro quien dijo: "Señor, por favor, aléjate de mí, soy demasiado pecador para estar cerca de ti" (Lucas 5:8). Pedro pecó tan penosamente como lo hizo Judas. Judas traicionó a Jesús por dinero. Pedro lo maldijo. No hay diferencia esencial en el pecado, excepto en el hecho de que Pedro se arrepintió y Judas no. Resulta revelador leer la epístola del propio Pedro, cuando escribe lo siguiente hacia el atardecer de su vida.

> *Queridos amigos, les estoy previniendo con tiempo. Manténganse en guardia para no ser arrastrados por los errores de esa gente perversa y perder la base firme que tienen. En cambio, crezcan en*

> Pedro era una rara combinación de coraje y cobardía, de enorme fortaleza y de lamentable inestabilidad. Pedro pecó tan penosamente como lo hizo Judas. La única diferencia es que Pedro se arrepintió y Judas no.

*la gracia y el conocimiento de nuestro Señor y Salvador Jesucristo.
¡A él sea toda la gloria ahora y para siempre! Amén.* 2 Pedro
3:17-18.

Datos que el Nuevo Testamento revela sobre Pedro

En el libro de Hechos, Pedro toma desde el comienzo una posición
singularmente importante en la iglesia en Jerusalén. La primera sección del libro se integra mayormente con los "Hechos de Pedro,"
así como la segunda sección contiene el relato de los "Hechos de
Pablo." El libro de Hechos se escribió originalmente para mostrar la
transición del cristianismo desde su condición de secta judía a fe universal. Por lo tanto, la historia de Pedro se relata para que podamos
ver de qué manera el apóstol, que tenía una posición de liderazgo
en la iglesia primitiva, llevó el evangelio más allá de las fronteras del
mundo judío, hacia el mundo de los gentiles. Luego la historia se
traslada hacia Pablo, quien fue el apóstol a los gentiles.

Pedro fue quien tomó la iniciativa para que se eligiera un reem-
plazante de Judas. Él fue quien habló a la multitud reunida el día de
Pentecostés. Él llevó a cabo el milagro de sanidad del hombre lisiado.
En Gálatas 2:9 Pablo menciona a Pedro, Jacobo y Juan como "pilares"
de la iglesia. Fue Pedro quien defendió la causa del evangelio cuando
las autoridades judías enfrentaron a los apóstoles. Él fue quien aplicó
la disciplina eclesial en el caso de Ananías y Safira. También fue él
quien reprendió a Simón, el mago que pretendía recibir por dinero
el don del Espíritu Santo.

El libro de Hechos enfatiza la fe de la gente común en el poder
de Pedro para obrar milagros. Consideraban que aun la sombra del
apóstol tenía efecto sanador. Pedro fue designado por los Doce en
Jerusalén para ir a Samaria para verificar la autenticidad de la renovación espiritual que estaba en marcha bajo el liderazgo de Felipe.
Luego vemos a Pedro en actividades misioneras en Lida, Jope y Cesarea. En este último lugar fue guiado a bautizar a los de la casa de
Cornelio, un gentil.

Por último, Pedro apareció en el concilio apostólico donde

defendió la inclusión de los gentiles en el movimiento cristiano. Desde este momento en adelante, Pedro desaparece de la narración en Hechos. Pablo lo menciona en las epístolas pero sólo a raíz de la falta de Pedro en Antioquía, donde mostró temor de los cristianos judíos que habían llegado de Jerusalén y que exigían la separación entre cristianos de origen judío y de origen gentil. Pablo dice que la conducta de Pedro era reprensible y que, en consecuencia, *¡él mismo, Pablo, debió reprenderlo cara a cara!* Al parecer, Pedro corrigió su actitud a la luz de la indiscutible lógica de Pablo.

Tenemos cierto fundamento para considerar que Pedro estuvo en Corinto después de que Pablo fundó allí la iglesia, y antes de que escribiera sus epístolas a los corintios. Jean Danielou comenta:

> En Corinto la memoria de Pedro fue estrechamente relacionada con la de Pablo por el obispo Dionisio. La *Carta* que Clemente de Roma escribió a los miembros de la iglesia a comienzos del segundo siglo deja en claro que había lazos entre Corinto y Roma, y tanto Pedro como Pablo estaban vinculados con ambos lugares. La *Carta* muestra que la ciudad estaba perturbada por la discordia entre los presbíteros y otro grupo, tal vez el de los diáconos.[7]

En las *Epístolas de Ignacio* hay una referencia a Pedro en Antioquía. Eusebio cita ese párrafo:

> Por ese tiempo, Policarpo floreció en Asia; era un discípulo muy cercano a los Apóstoles, y recibió el episcopado de la iglesia en Esmirna, de manos de los testigos y siervos del Señor. También por esa fecha, Papías era bien conocido como obispo de la iglesia en Hierápolis y era muy conocedor de las Escrituras. Ignacio, a quien muchos veneran hasta nuestros días, como sucesor de Pedro en Antioquía, fue el segundo en alcanzar el oficio del obispado en ese lugar.[8]

El historiador eclesial Jean Danielou comenta sobre la presencia de Pedro en Antioquía:

Tenemos la certeza de que aunque la Iglesia de Antioquía no era típicamente petrina, tenía muchos lazos con Pedro; ya hemos visto que estuvo allí en los comienzos de esa iglesia. Los apócrifos petrinos eran populares en Antioquía, como lo demuestran Teófilo y Serapio. La *Ascensión de Isaías* es la primera obra que menciona el martirio de Pedro. De esa manera, el judeocristianismo de Antioquía representa la posición de Pedro. También hemos observado sus vínculos con la región fenicia, que dependía especialmente de Pedro. Encontramos los mismos vínculos en otras regiones que recibieron la influencia de Pedro y que estaban en contacto con Antioquía.

Eusebio dice que el Ponto y las regiones vecinas de Bitinia, Capadocia y Galacia dependían de Pedro; otros datos lo confirman. La *Primera Epístola de Pedro* estaba dirigida a los cristianos de esas regiones. Esa podría ser la fuente de información de Eusebio, pero esta hipótesis dista de ser segura, ya que hay otras evidencias del vínculo. El Ponto y Capadocia son una extensión geográfica del norte de Siria, y era en esa dirección que habitualmente Siria se expandía. En una carta de Dionisio, obispo de Corinto hacia la mitad del siglo segundo, vemos los lazos que existen entre Corinto y el Ponto. Ahora Corinto quedaba bajo el área de influencia de Pedro. En la controversia pascual, los obispos del Ponto estaban de acuerdo con el obispo de Roma, y en desacuerdo con los obispos asiáticos.[9]

Hay abundante confirmación de que Pedro estableció su base en Antioquía. El investigador católico Hugo Hoever escribe en su libro *Lives of the Saints [La vida de los Santos]:* "Los historiadores de la iglesia afirman enfáticamente que San Pedro fundó la Sede de Antioquía antes de ir a Roma. Antioquía era en ese momento capital de Oriente. San Gregorio el Grande sostiene que el Príncipe de los Apóstoles fue Obispo de esa ciudad durante siete años."[10]

En el libro conmemorativo al que se titula *Souvenir of India*

[*Recuerdo de la India*], en un artículo de V. K. George titulado "La Santa Sede de Seleucia-Tesifón," se registran las tradiciones de la iglesia de Oriente.

Mientras tanto, los Apóstoles salieron a predicar el Evangelio. Su primer campo misionero fueron los judíos. Era la gente de su propia raza. Eran los que esperaban la llegada del Mesías. Por lo tanto el trabajo entre ellos era fácil. "Los Apóstoles sólo tenían que agregar unos pocos artículos a su afirmación de que el Mesías había venido; que había muerto por sus pecados y que había resucitado para su salvación; que había ascendido a los cielos y que había enviado el Espíritu Santo a sus discípulos; y que debía ser adorado como Dios."

En aquella época Mesopotamia era uno de los centros más importantes de judíos. Allí era donde vivían "Las tribus perdidas." Eran ricos e influyentes y tenían asentamientos comerciales en muchos lugares en la costa de la India, en Ceilán, en Malasia y en la costa más lejana de China. Sabemos que el mismo Jesús había enviado a los setenta apóstoles a Mesopotamia durante su ministerio terrenal.

En consecuencia era natural que los Apóstoles se dirigieran a esa región para realizar su primera actividad misionera. *San Tadeo* (Mar Addai) fue a Edesa a cumplir la promesa de nuestro Señor al rey Abgar de Edesa. San Pedro también predicó el evangelio en Babilonia, y la Biblia lo comprueba: "Su iglesia hermana aquí en Babilonia les manda saludos, al igual que mi hijo Marcos" (1 Pedro 5:13). *San Tomás* había trabajado entre los judíos de Mesopotamia, y más tarde salió en busca de sus pequeñas colonias sobre la costa de la India, y llegó a Cranganore en 52 d.C. *San Bartolomé* y Mar Mari de los Setenta también fueron fundadores de esta Iglesia.

Como en el Imperio Romano, también en el Imperio Persa el cristianismo había comenzado en las ciudades importantes y desde allí se había expandido hacia el interior. De esa manera Antioquía, Corinto, Éfeso, Alejandría, Roma, etc., en el Imperio Romano y Edesa, Arbil, Seleucia-Tesifón, etc., en el Imperio Persa se constituyeron como centros cristianos fuertes.[11]

Los historiadores de la Iglesia Copta coinciden con los católicos romanos:

Más aún, Eusebio afirma que la iglesia de Antioquía fue fundada por San Pedro, quien fue su primer obispo, aún antes de ser trasladado a la Sede de Roma. Según la tradición, presidió durante siete años la iglesia recientemente fundada en Antioquía, entre 33 y 40 d.C., cuando designó a San Evodio como vicario antes de partir hacia Occidente. Mientras el círculo de predicación del evangelio se extendía hacia el este en Edesa, Nísibis y en la lejana Malabar, por acción del apóstol Tomás y de Mar Addai (San Tadeo), la caída de Jerusalén en 70 d.C. sólo pudo haber incrementado el número de cristianos judíos que emigraron a Antioquía.[12]

A partir de aquí nos separamos de Eusebio. No hay evidencias de que Pedro haya estado en Roma en una fecha tan temprana como 44 d.C. Es mucho más probable que haya estado en Babilonia, como sostienen las iglesias orientales. En el libro de Romanos, Pablo no hace ninguna referencia a Pedro. El libro de 1 Pedro fue escrito en Babilonia, como expresamente dice su autor. Es poco probable que Pedro haya estado en Roma antes de que se escribiera la epístola a los Romanos, ya que al parecer se detuvo en Corinto después de que Pablo estuviera allí, como lo expresa Pablo en 1 Corintios.

Como ya hemos dicho, hay referencias de Pablo en 1 Corintios que indican que Pedro había visitado Corinto y predicado allí durante un tiempo. Al parecer Pedro había llevado consigo a su esposa, como se desprende de 1 Corintios 9:5. Después de haber estado dos veces preso en Jerusalén, Pedro salió de allí y se dirigió a otros lugares. Su epístola menciona haber sido escrita en "Babilonia." Muchos se han preguntado si esta expresión no sería una referencia a Roma, ya que con frecuencia era llamada Babilonia por los primeros cristianos.

PEDRO ESCRIBE

Les espera una alegría inmensa, aun cuando tengan que soportar muchas pruebas por un tiempo breve. Estas pruebas demostrarán que su fe es auténtica. . . . Ustedes aman a Jesucristo a pesar de que nunca lo han visto. Aunque ahora no lo ven, confían en él . . . La recompensa por confiar en él será la salvación de sus almas. 1 Pedro 1:6-7, 8-9

Sin embargo, la actual ciudad de Babilonia era todavía importante. Era un importante centro de colonizadores judíos y una ciudad poderosa en la época en que Pedro sirvió allí. Las iglesias orientales remontan su origen a Babilonia y, por lo tanto, a Pedro. En Hechos 12:17 se nos dice que Pedro "se fue a otro lugar." No sabemos si se trataba de Babilonia, y si fue allí tampoco sabemos cuánto tiempo se quedó. Pero la tradición de las iglesias orientales coincide en que fue a Babilonia y que allí escribió su primera epístola.

No había necesidad de usar el nombre de Babilonia como figura de Roma, como lo hubo más tarde cuando Juan escribió el libro de Apocalipsis. Juan estaba escribiendo con la intención de eludir la censura romana, pero, obviamente, esta no era esta la situación de Pedro. Según Gálatas 2:9 los apóstoles habían decidido en Jerusalén que Pablo y sus compañeros continuarían predicando a los gentiles, mientras que los misioneros de Jerusalén (Pedro y otros) irían a los circuncisos (es decir, a los judíos).

Por lo tanto, desde el comienzo, Pedro fue asociado con la corriente judía dentro del cristianismo, así como Pablo lo fue con los gentiles, aunque hay muchas evidencias de que ambos cruzaron la línea y se relacionaron con personas del otro grupo. Pero no debiéramos suponer que Pedro se considerara adversario de Pablo, a pesar de las discusiones que Pablo relata en Gálatas. No cabe duda de que Pedro estuvo más cerca de Pablo que de cualquiera de los otros miembros de la iglesia en Jerusalén. De la misma manera, no hay ninguna evidencia de que Pablo haya reconocido la primacía de Pedro. Y en Corinto Pablo no aprobaba la existencia de un "partido de Cefas," como tampoco autorizaba ningún otro partido.

¿Evangelizó Pedro la región al norte de Roma?

En su estudio exhaustivo, aunque no generalmente aceptado, del cristianismo primitivo George F. Jowett bosqueja las diversas tradiciones y especulaciones acerca del apóstol Pedro. En su libro *The Drama of the Lost Disciples [El drama de los discípulos perdidos]*, construye un escenario a partir de una variedad de fuentes apócrifas y dudosas:

> Pedro huyó directamente a Britania. Así lo afirma Cornelio a Lapide en su obra *Argumentum Epistolae St. Pauli ad Romanos,* donde responde a la pregunta de por qué San Pablo no saluda a San Pedro en su *Epístola a los Romanos*. Responde: "Pedro, expulsado de Roma junto con los demás judíos, por el edicto de Claudio, estaba ausente, en Britania."
>
> Actuando como misionero independiente, Pedro salió desde Ávalon y predicó en Britania durante la guerra Caradoc-Claudiano. Mientras estuvo en Britania se familiarizó con los miembros de dos ramas de la Casa Real Silura, Arvirago y Carataco. Conoció a los hijos de Carataco años antes de que fueran cautivos a Roma. Más tarde, cuando la familia británica se afianzó en Roma, fue natural que Pedro resultara atraído hacia el hogar de los Pudente en el Palatium Britannicum. Las visitas a las familias de los Pudente, tanto de Pedro como de Pablo, se mencionan en las Escrituras. Otros documentos antiguos informan que los hijos de Claudia y Rufo Pudente fueron criados a los pies de Pedro, de Pablo y de los otros discípulos, y nombran particularmente a San Pablo, por las razones que mencionamos en el capítulo anterior.

Hay abundante evidencia para demostrar que Pedro visitó

Britania y Galia en varias oportunidades, y que su última visita a Britania tuvo lugar poco antes de su arresto final y su crucifixión en el circo de Nerón en Roma.

En Galia, Pedro fue elegido como el Santo Patrono de Chartres, a raíz de su predilección por predicar en el famoso templo de roca druida conocido como *La Grotte des Druides*. Este se considera como el lugar druida más antiguo en Galia, sobre el cual está construida la catedral más antigua de Francia. Las visitas de Pedro a Britania han sido corroboradas por Eusebio Panfilio en 306 d.C., a quien cita Simón Metafrastes: "San Pedro estuvo en Britania, así como también en Roma."

En épocas recientes se encontraron más pruebas de las visitas de Pedro a Britania cuando se excavó en Whithorn un monumento antiguo y deteriorado por el tiempo. Se trata de una roca rústica hexagonal, de pie, de un metro veinte de altura por treinta y ocho centímetros de ancho. Sobre la parte delantera se lee: "Locvs Sancti Petri Apvstoli" (El lugar de San Pedro apóstol).

El eminente decano Stanley, al escribir acerca del apóstol amado, sostiene que la visión que Pedro recibió anunció su martirio: "Sabiendo que brevemente tengo de dejar mi tabernáculo, como nuestro Señor Jesucristo me ha declarado" (2 Pedro 1:14, RVA), y que apareció en su última visita a Britania, en el lugar exacto donde antes se levantaba el antiguo templo británico de Lambedr (de San Pedro), donde actualmente se encuentra la Abadía de San Pedro, en Westminster. Poco después Pedro regresó a Roma, donde más tarde fue ejecutado.

El primer templo dedicado a Pedro fue construido por el rey Lucio, Rey británico, quien fue el primero en emitir un decreto real que proclamó al cristianismo como la religión oficial de Britania, en Winchester, en 156 d.C.

El templo fue construido en 179 d.C., en afectuoso recuerdo de San Pedro, conmemorando su trabajo de evangelización en Britania. Todavía se conoce como "San Pedro de Cornhill" y en sus paredes gastadas por el tiempo se ve una leyenda que se relaciona con los datos históricos y con la fecha, por orden del rey Lucio, descendiente de Arvirago, y conservado hasta la fecha para ser visto y leído por todos.[13]

Se podría argumentar que Jowett confía demasiado en documentación posterior o dudosa, pero hay quienes coinciden con él. J. W. Taylor comenta:

Hay otras dos tradiciones sobre las misiones cristianas del primer siglo, aunque de un período levemente posterior, que requieren cierta atención porque se relacionan con el cristianismo occidental.

La primera es la tradición de "San Maternus," y se vincula con la antigua región de los Treviri y los Tungri, más allá de los Alpes.

Allí, en especial en Trier (o Tréveris), los romanos habían organizado colonias importantes unos cincuenta años antes de la venida de Cristo; y aunque, al igual que en Britania, se producían frecuentes rebeliones en contra del poder de Roma, los romanos mantuvieron la supremacía durante doscientos años o más.

No hay más al norte de este punto restos y ruinas romanas tan opulentas, tan finas y tan notables como las que se encuentran hoy en Tréveris.

La primera misión cristiana a Tréveris se representa como parte romana y parte hebrea, llegando directamente de Roma con la autoridad de San Pedro y como parte del flujo de la colonización romana.

En algunos puntos esta misión difiere por completo de las que hemos estado analizando. La tradición también contiene otros temas interesantes. Dice lo siguiente:

Eucario, Valerio y Maternus, tres Santos que habían sido discípulos de San Pedro en Roma, fueron enviados por él a predicar el evangelio de Cristo en Trier.

Eucario fue designado como obispo, y Valerio y Maternus como sus ayudantes. Maternus era de origen hebreo, y venía de la pequeña aldea de Naín, en Palestina, siendo el "hijo único de su madre," a quien Cristo había resucitado. En ese momento no se le asignó ningún homenaje especial. Era el menos importante de los tres discípulos misioneros, uno de los "testigos presenciales" quien acompañó a los otros evangelistas en la mayoría de sus lejanos viajes.

Pero aunque estuvo dispuesto a ocupar el lugar más humilde entre sus compañeros griegos y romanos, Maternus demostró ser eficiente en su trabajo apostólico. Si bien los tres —Eucario, Valerio y Maternus— están asociados con la fundación de la iglesia en Trier y en Colonia (el lugar concreto de sus tareas principales se ubicaba algo afuera de la actual ciudad de Trier, en el sitio de la antigua San Matthiaskirche), sólo se muestra a Maternus como quien avanzaba más lejos, y llegó hasta el asentamiento más alejado, en Tongeren, donde se dice que levantó un pequeño templo, que dedicó a la Virgen Bendita, siendo este el primer templo del otro lado de los Alpes dedicado a su nombre y memoria ('Ecclesia Tungrensis prima cis Alpes beatae Mariae Virgini consecrata').[14]

Uno desearía que Taylor se basara en terreno histórico más firme y mejor confirmado. Pero por cierto no hay razones por las que Pedro no hubiera visitado Gran Bretaña. Muchos creen que lo hizo. Como muchos otros cristianos en el mundo, los creyentes británicos a principios de la Edad Media procuraban demostrar que algunos de los apóstoles estaban relacionados con sus orígenes. Cuanto más se estudia la historia primitiva de Gran Bretaña, tanto más plausible resulta esta pretensión. Los que tienen instrucción clásica (es decir, estudios en los clásicos latinos), con frecuencia tienden a tomar la mayor parte de su información de las crónicas de guerra de Julio César. Tal vez olvidan que *La Guerra de las Galias* no sólo es historia, sino propaganda política tendenciosa de César. Los bretones ofrecieron resistencia firme e inteligente a la conquista romana, como César pudo comprobar para su consternación, algo que los bárbaros no podían haber hecho.

Los descubrimientos arqueológicos en Britania confirman que en ese lugar se había desarrollado una civilización sustentable tan atrás como en el tiempo de los fenicios, cuyos rastros se han encontrado en Inglaterra. César los describió como salvajes pintarrajeados, muy parecidos a los nativos americanos anteriores al descubrimiento de Colón. Esta impresión es absolutamente equivocada. Tal vez la civilización no era tan avanzada como Taylor y Jowett querrían creer. Pero el uso de la rueda y el conocimiento de la metalurgia, que existían en Britania mucho antes de la época de César (circa 60–40 a.C.) indican claramente una civilización mucho más avanzada que, por ejemplo, la de los aztecas en la época de la conquista de Cortés (1519 d.C.), quienes no usaban la rueda ni el hierro.

Tomando en cuenta esta civilización relativamente avanzada, no es difícil creer que algunos de los apóstoles hayan visitado Inglaterra. ¿Acaso no consideraban que su mandato era llevar el evangelio *a lo último de la tierra*? No se puede probar si fueron o no a Inglaterra, pero no es improbable ni imposible.

Pedro y Roma

La tradición popular de que Pedro fundó la iglesia de Roma no es verificable. Pablo no podría haber nombrado a tantos creyentes romanos en su último capítulo de Romanos si no hubiera habido iglesias allí antes de alguna visita de Pedro. Sin embargo, Jean Danielou comenta:

> ¿Fue la misión de Pablo la única hacia el oeste? Hechos nos dice que en el año 43, después de la muerte de Jacobo, Pedro salió de Jerusalén y "se fue a otro lugar" (Hechos 12:17). Se lo pierde de vista hasta el año 49, cuando lo encontramos en el Concilio de Jerusalén. Ningún texto canónico tiene algo que decir acerca de su actividad misionera durante esta época. Pero Eusebio

escribe que fue a Roma alrededor de 44, a comienzos del reinado de Claudio (*HE* II, 14, 61). Parece seguro que Roma fue evangelizada entre 43 y 49. Suetonio dice que Claudio expulsó a los judíos en 50, porque estaban cada vez más revoltosos "incitados por Cresto." Esto demuestra que había discusiones entre judíos y judeocristianos, lo cual provocaba conflictos que llegaron a oídos del emperador. De hecho, en el año 51, Pablo se encontró en Corinto con algunos judíos convertidos que habían sido expulsados de Roma por Claudio: Aquila y Priscila. En 57, Pablo se dirigió a la comunidad en Roma, a la que ya se consideraba importante. En 60 encontró congregaciones establecidas en Puteoli y en Roma.[15]

Sin embargo, como hemos señalado, es más probable que Pedro haya estado en Babilonia entre 44 y 49 d. C., y no en Roma. Sería extraño que Hechos guardara silencio en caso de que Pedro hubiera estado en Roma durante esos años. En todo caso, este período parece ser el único momento en el que Pedro pudo haber estado en Babilonia, ciudad que estaba ubicada sobre la vía romana, siendo la siguiente ciudad importante al este de Antioquía.

> Pedro murió y fue enterrado en algún lugar, y la tradición cristiana coincide desde los primeros tiempos que ese lugar fue Roma.

No contamos con ningún intento serio realizado por algún erudito contemporáneo reconocido para comprobar la presencia de Pedro en Roma antes de que Pablo escribiera el libro de Romanos al grupo de creyentes que ya había alcanzado un número considerable en la ciudad capital del mundo del primer siglo. Por otro lado, Pedro murió y fue enterrado en algún lugar, y la tradición cristiana coincide desde los primeros tiempos que ese lugar fue Roma. El reconocido historiador y teólogo protestante Adolfo Harnack escribió que "negar la estadía de Pedro en Roma es un error obvio para cualquier investigador actual que no sea ciego. El martirio de Pedro en Roma fue cuestionado en una época a causa del prejuicio protestante." El teólogo protestante H. Lietzmann ha llegado a la conclusión de que el testimonio del año 170 en cuanto a las tumbas de los dos apóstoles en Roma tiene que ser correcto. Es decir, que los dos apóstoles (Pedro y Pablo) efectivamente fueron enterrados en Roma.

Quizás conviene considerar como palabra autorizada lo que escribió Oscar Cullmann. En su libro, *Peter. Disciple. Apostle. Martyr. [Pedro. Discípulo. Apóstol. Mártir.]*, presenta un argumento basado en las palabras de 1 Clemente 5:24, de donde dedujo que los martirios de Pedro y de Pablo ocurrieron en Roma.

Excavaciones en la Basílica de San Pedro en Roma

Desde finales de la Segunda Guerra Mundial creció el interés en las excavaciones realizadas debajo de la iglesia de San Pedro en Roma. El Papa ya ha anunciado oficialmente el hallazgo de la tumba de Pedro. La mayoría de los estudiosos contemporáneos acepta que Pedro estuvo en Roma. Posiblemente el texto de Apocalipsis 11:3-13 contiene un relato críptico del martirio de Pedro y Pablo en Roma. Es evidente que este pasaje es a la vez histórico y profético. El aspecto histórico podría ser una referencia a la muerte de Pablo y de Pedro en Roma, aunque este pasaje parece apuntar principalmente a un cumplimiento futuro.

Hacia el final del Evangelio de Juan hay un indicio en cuanto a la manera en que moriría Pedro. Concuerda con la tradición antigua de que Nerón hizo crucificar a Pedro cabeza abajo en la colina del Vaticano. Jesús le dijo a Pedro:

> *Cuando eras joven, podías hacer lo que querías; te vestías tú mismo e ibas adonde querías ir. Pero, cuando seas viejo, extenderás los brazos, y otros te vestirán y te llevarán adonde no quieras ir.* Juan 21:18

Universalmente se reconoce que estas palabras pretendían ser una predicción sobre el martirio de Pedro, porque los versículos siguientes nos aclaran que estas palabras hablan de la clase de muerte que Pedro sufriría para dar gloria a Dios. La frase "extenderás los brazos" podría indicar la forma de ejecución, es decir, la crucifixión.

Por último, debemos observar que en toda la amplitud de la literatura cristiana primitiva se guarda completo silencio con respecto a la muerte de Pedro. No tenemos el menor indicio que conduzca a otro lugar aparte de Roma que podría considerarse como el sitio de su muerte. Y a favor de Roma hay importantes tradiciones en cuanto a que efectivamente murió allí. En los siglos segundo y tercero, cuando algunas iglesias comenzaron a rivalizar con las de Roma, a ninguna de ellas se le ocurrió contradecir la afirmación de Roma de que ese había sido el escenario del martirio de Pedro.

En *The Christian Centuries [Los siglos cristianos]*, Danielou menciona una alusión a la visita de San Pedro a Roma cuando escribe: "un tal Paron puso su casa (aedes) a disposición de San Pedro, como así también su patio interior que podía albergar a unas quinientas personas."[16]

Quizás Jowett puede darnos una idea cabal acerca de los últimos días de Pedro en Roma:

> Condenado injustamente, Pedro fue arrojado en la horrible y fétida Cárcel Mamertina. Allí durante nueve meses, en la más completa oscuridad, soportó monstruosa tortura, maniatado contra un poste. Nunca antes ni después hubo un calabozo tan horroroso. Los historiadores lo describen como el más temible de los lugares concebidos por la brutal imaginación humana. Es un lugar que tiene más de tres mil años de existencia, probablemente la cámara de tortura más vieja y el monumento más antiguo que se conserva de la bestialidad de la antigua Roma, testimonio desolador de su bárbara inhumanidad; rezuma la tragedia cristiana y la agonía de miles de víctimas asesinadas. Todavía se puede ver hoy, con el calabozo y la columna a la que fue encadenado Pedro.
>
> Este lugar pavoroso se conoce por dos nombres. En la

historia clásica se lo menciona como Gemonium o Torreón de Tullianum. Más tarde se lo conoció más ampliamente como la Mamertina. Es oportuno que nos detengamos un momento en nuestro relato para describir este pozo impresionante, por lo menos para recordarnos a los que vivimos hoy con tanta seguridad una leve memoria de lo que los soldados de Cristo sufrieron por nuestra causa, y esto nos anime a valorar nuestra herencia cristiana.

La Mamertina puede describirse como una celda profunda tallada en la roca sólida al pie del capitolio, consistente en dos cámaras, una sobre la otra. La única entrada es a través de una abertura en el techo. La cámara inferior era la de la muerte. Nunca entraba luz allí y nunca se la limpiaba. El hedor tremendo y la suciedad producían un veneno fatal a los recluidos en el calabozo, el más terrible que se haya conocido. Ya en 50 a.C., el historiador Salustio lo describe en los siguientes términos:

"En la prisión denominada el Tullianum, hay un lugar de unos tres metros de profundidad. Está rodeado en sus costados por paredes y cerrado en su parte superior por una piedra. El aspecto del lugar es terrible a causa de la suciedad, la oscuridad y el hedor."

Es imposible imaginar los horrores vividos por Pedro, cien años después, cuando fue encarcelado en ese pozo.

En esta espantosa cueva subterránea fue encerrado el famoso Yugurta, casi murió de hambre y donde enloqueció. El valiente jefe druida galo Vercingetórige fue asesinado por orden de Julio César.

Se dice que el número de cristianos muertos en esa diabólica celda es incalculable: tal es la gloria de Roma.

Es provechoso leer las palabras de denuncia de la noble reina Boudica. Calificó a los romanos por lo que eran. Esta gente de la púrpura romana, que ridiculizaban a sus enemigos considerándolos bárbaros, fueron los bárbaros más crueles de todos los tiempos.

No alcanzamos a imaginar cómo se las arregló Pedro para sobrevivir aquellos terribles e interminables nueve meses. Durante todo ese tiempo estuvo maniatado de pie, encadenado a la columna, imposibilitado de acostarse para descansar. Sin embargo, su espíritu magnífico permaneció firme. Estaba encendido con el inmortal fervor de su alma noble, que proclamaba la gloria de Dios por medio de su Hijo, Jesucristo. La historia nos brinda el asombroso dato de que a pesar de todos los sufrimientos a los que fue sometido Pedro, llevó a la conversión a sus carceleros Processus, Martiniano y a cuarenta y siete personas más.

Una circunstancia extraña y curiosa es que el asiento, o trono, de Pío IX, en el Concilio Vaticano, fue construido directamente sobre el altar de Processus y Marinianus. (sic)

Pedro, la Roca, encontró la muerte en Roma, como lo había predicho, a mano de asesinos romanos, quienes lo crucificaron, de acuerdo con sus diabólicas costumbres. El apóstol se negó a morir en la misma posición que nuestro Señor, declarando que no lo merecía. Pedro pidió ser crucificado en posición invertida, colgando cabeza abajo. De manera irónica, este deseo le fue concedido por los burlones romanos en el circo de Nerón, en 67 d.C.[17]

Las leyendas de Pedro y Pablo

A diferencia de las tradiciones, las leyendas tienen, en el mejor de los casos, apenas unos granos de verdad, y a veces resulta imposible identificarlos. Sin embargo, hay una leyenda persistente referida a Pedro y Simón el mago, que, por lo menos, tiene sus comienzos en el relato histórico del libro de Hechos, donde Pedro denunció a Simón por tratar de comprar el Espíritu Santo. La leyenda acerca de lo que pasó después es la siguiente:

El mago, vencido por un poder superior, arrojó sus libros en el Mar Muerto, quebró su vara y huyó a Roma, donde se convirtió en el gran favorito del emperador Claudio, y luego de Nerón. Pedro insistió en contrarrestar las perversas brujerías de Simón y lo siguió a Roma. Unos dos años después de su llegada, lo alcanzó allí el apóstol Pablo. Simón el mago se había declarado a si mismo como dios, con poder para levantar a los muertos, y Pedro y Pablo refutaron esa blasfemia, desafiándolo a una competencia de habilidades en presencia del gobernador. Las artes del mago fallaron; Pedro y Pablo devolvieron la vida a un joven y en muchas otras ocasiones, Simón fue vencido y avergonzado por los poderes milagrosos de los Apóstoles. Tiempo después Simón proclamó que volaría hacia el cielo en presencia del emperador y de la gente; coronado con laureles y sostenido por demonios, se arrojó desde una torre, de tal manera que por un momento parecía flotar en el aire; pero San Pedro se postró de rodillas y ordenó a los demonios que lo soltaran, con lo cual Simón se precipitó a tierra haciéndose pedazos.[18]

El mismo libro registra las creencias de los primeros padres de la iglesia en las historias acerca de Pedro y Simón el mago:

No puede haber ninguna duda de que existió en el primer siglo un tal Simón, samaritano, que pretendía gozar de autoridad divina y de poderes sobrenaturales; por un tiempo tuvo muchos seguidores; mantuvo algún tipo de relación con el cristianismo; y pudo haber sostenido algunas opiniones más o menos similares a la que cultivaban los herejes más famosos de las primeras épocas, los gnósticos. Ireneo califica a este Simón como el padre de todos los herejes. "Todos aquellos," dice, "que de alguna manera corrompen la verdad, o manchan la prédica de la Iglesia, son discípulos y sucesores de Simón, el mago samaritano." Este Simón se presentaba como un dios, y llevaba consigo a una hermosa mujer de nombre Helena, a la que presentaba como el primer fruto de su mente, es decir, de la mente divina, símbolo o manifestación de la porción de espiritualidad que se había enredado en la materia.[19]

Por supuesto, una figura tan notable como Pedro suscitó más leyendas en torno a su persona que la historia de Simón el mago. Hay otro caso mencionado por Anna Jameson:

> El Apóstol Pedro tenía una hija nacida en matrimonio legítimo quien lo acompañó en su viaje desde el este. Estando con él en Roma, contrajo una grave enfermedad que le impedía usar los miembros. Sucedió que mientras los discípulos compartían una comida con él en su casa, uno de ellos le dijo: "Maestro, ¿cómo es posible que tú, que sanas las enfermedades de otros, no sanes a tu hija Petronila?"
>
> Y San Pedro respondió: "Le hace bien permanecer enferma." Pero para que pudieran ver el poder que hay en la Palabra de Dios, le ordenó que se levantara y los sirviera en la mesa, lo cual hizo; y después volvió a acostarse tan desvalida como antes; pero muchos años después, habiendo sido perfeccionada en su sufrimiento y orado fervientemente, fue sanada. Petronila era maravillosamente hermosa; y Valerio Flaco, un joven y noble romano, pagano, se enamoró de su belleza y quiso que fuera su esposa; y siendo este muy poderoso, ella tuvo miedo de rechazarlo; le pidió entonces que regresara tres días después y le prometió que entonces él podría llevarla consigo. Pero ella oró con fervor para ser librada de este peligro; y cuando Flaco regresó con gran pompa tres días después para celebrar su matrimonio, la encontró muerta. La compañía de los nobles que iba con él la llevó hasta la tumba, donde la colocaron coronada de rosas; y Flaco la lloró con gran pena.
>
> La leyenda ubica su muerte en el año 98, es decir, treinta y cuatro años después de la muerte de San Pedro; pero sería inútil tratar de confirmar las fechas y las improbabilidades de esta historia.[20]

En los archivos de los padres de la iglesia encontramos terreno histórico más firme para referirnos a la muerte del propio Pedro.

Así, Nerón se anunció públicamente como el principal enemigo de Dios, y su furia lo impulsó a matar a los Apóstoles. Se dice que Pablo fue decapitado en Roma, y que Pedro fue crucificado durante su gobierno. Y este relato se confirma por el hecho de que los nombres de Pedro y de Pablo continúan en los cementerios de esa ciudad hasta hoy. De manera similar, cierto escritor de la iglesia, de nombre Cayo, nacido durante el tiempo en el que Ceferino era obispo de Roma, y discutía con Proclo, líder de la secta frigia, hace la siguiente declaración acerca de los lugares donde fueron depositados los tabernáculos terrenales de los Apóstoles antes mencionados. 'Puedo mostrar,' dice, 'los trofeos de los Apóstoles. Porque si uno va al Vaticano, o a la Vía Ostia, encontrará los trofeos de aquellos que colocaron los cimientos de esta iglesia.' En un discurso dirigido a los romanos Dionisio, obispo de Corinto, da el siguiente testimonio acerca de que ambos sufrieron el martirio más o menos en la misma fecha: "Por lo tanto, de la misma manera ustedes, por medio de esta admonición, han venido a formar parte de la semilla floreciente que fue plantada por Pedro y por Pablo en Roma y en Corinto. Estos dos nos plantaron en Corinto, y también nos instruyeron; y habiendo enseñado de manera similar en Italia, sufrieron el martirio más o menos en la misma fecha." He agregado este testimonio, a fin de que la verdad de esta historia quede más confirmada aún.[21]

Existen muchas evidencias de que Pedro eligió a Marcos como su secretario o *amanuense*.

El vínculo de Pedro con el prestigio literario descansa con más firmeza en su relación con el Evangelio de Marcos. Papías de Hierápolis registró el dato de que "Marcos, el intérprete de Pedro, escribió cuidadosamente lo que recordaba, tanto de los dichos como de los hechos de Cristo, aunque no en orden cronológico, porque él no escuchó al Señor ni lo acompañó. Más adelante, sin embargo, acompañó a Pedro, quien adaptó la instrucción a las necesidades [de sus oyentes], pero no con el propósito de presentar una secuencia ordenada de los discursos de nuestro Señor. Por lo tanto, no hay error alguno de parte de Marcos al haber escrito los discursos particulares en el orden en que los recordaba."

> El Evangelio de Juan da indicios acerca de la manera en que murió Pedro: que el emperador Nerón hizo crucificar a Pedro cabeza abajo en el Monte Vaticano.

A partir de esta fuente se cree que Marcos sirvió como traductor de Pedro cuando predicaba en Roma. Mientras Pedro relataba una y otra vez sus experiencias con Jesús, Marcos las traducía una y otra vez a los grupos cristianos. Esta frecuente repetición le dio a Marcos un recuerdo casi textual de las memorias de Pedro. Después de la muerte de Pedro, dándose cuenta del valor del testimonio de primera mano que había tenido el apóstol, registró lo que recordaba con tanta precisión en el documento que ahora conocemos como el primer Evangelio que se escribiera. Obviamente Mateo y Lucas se sirvieron del Evangelio de Marcos al escribir ellos sobre la vida de Jesús. De esta manera, Pedro se convirtió en la fuente del más antiguo de los evangelios, y en gran medida proveyó el material de los primeros registros escritos sobre nuestro Señor. Si esta reconstrucción de los hechos es correcta, el Evangelio de Marcos puede ser considerado como el recuerdo personal que Pedro tenía del tiempo que pasó con Jesús. De esta manera se constituye en una de las contribuciones más grandes de Pedro a la Iglesia cristiana.[22]

Dorman Newman, escritor del siglo XVII, dice en su libro *The Lives and Deaths of the Holy Apostles* [*Vida y muerte de los santos apóstoles*] que "Pedro fue llevado a la cima del Monte Vaticano, cerca del

TÍBER, y crucificado cabeza abajo. Su cuerpo fue embalsamado por Marcelino el presbítero, siguiendo la costumbre judía, y enterrado en el Vaticano cerca de la Vía Triunfal. Sobre su tumba se levantó un pequeño templo. Este fue destruido por Heliogalachis."[23]

Al parecer, Dorman Newman contaba con fuentes de las que nosotros no disponemos, y que probablemente arrojaban más luz sobre el entierro de Pedro:

> Su cuerpo [de Pedro] fue trasladado al cementerio en la Vía Apia, a tres kilómetros de Roma, donde permaneció ignorado hasta el Reinado de Constantino [quien] reconstruyó y amplió el Vaticano en honor a San Pedro.
>
> El aspecto de San Pedro era el siguiente: su cuerpo era de tamaño mediano, delgado y más bien alto. Su tez era pálida, casi blanca. Tenía barba crespa y abundante pero corta. Sus ojos eran negros pero ribeteados de rojo a causa de llorar con frecuencia. Las cejas delgadas o inexistentes.[24]

La historia de Roma escrita por Robert Grant, *Augustus to Constantine [De Augusto a Constantino]*, contiene una percepción interesante acerca de las controversias sobre cuán apropiado era para los primeros cristianos venerar los sitios de entierro de los apóstoles.

> El montano Proclo sostuvo que las tumbas de las cuatro hijas de Felipe, todas ellas profetisas en tiempos del Nuevo Testamento, todavía podían verse en Hierápolis, en Asia. Gayo respondió que él podía señalar los "trofeos" de los apóstoles (Pedro y Pablo) que habían fundado la iglesia en Roma; estaban en el Monte Vaticano y a un costado de la Vía Ostia.
>
> Este interés en las tumbas estaba bastante difundido entre los cristianos de Asia y sin duda estaba presente en Roma tan temprano como a mediados del segundo siglo. No brotó en ese momento, ya que en el Nuevo Testamento podemos leer del entierro de Juan el Bautista y del mártir Esteban. Ignacio

de Antioquía esperaba que las bestias salvajes fueran su tumba, pero se trataba de un caso especial. Policarpo de Esmirna fue enterrado con gran cuidado, si bien la referencia de una conmemoración anual a fines del segundo siglo quizás sea una interpolación a la historia de su martirio.[25]

Se dice que la cabeza de Pedro está en una tumba de la catedral de San Juan de Letrán. La guía que se entrega allí a los peregrinos hace las siguientes afirmaciones acerca de este lugar tradicional, pero no da ninguna explicación de cómo llegó hasta allí la cabeza de Pedro. "El Altar central se llama Altar Papal, porque sólo el Papa puede celebrar allí la Misa. . . . Detrás de la reja, en lo alto, en un busto cubierto de plata, se conservan las reliquias de las cabezas de San Pedro y de San Pablo."[26]

Descubrimientos arqueológicos de las reliquias de Pedro

En diciembre de 1971 se publicó en el *National Geographic* una historia acerca del entierro de Pedro. Este relato, citado con permiso, presenta las conclusiones eclesiásticas y arqueológicas del catolicismo en cuanto al lugar de entierro de San Pedro. El informe es interesante no sólo por sus conclusiones, sino porque brinda una descripción autorizada de los pasos por los cuales se llegó a esas conclusiones.

La tradición sostiene que fue crucificado cabeza abajo en el Circo de Nerón, cerca del Monte Vaticano. Su cuerpo fue entregado a sus amigos y enterrado cerca de allí.

. . . Cuando Julio II derribó buena parte y comenzó a construir el templo que existe hoy allí, quedó oculta la tumba de San Pedro. Los historiadores pensaban que los huesos de Pedro habían desaparecido, que su tumba había sido saqueada tiempo atrás por los sarracenos.

. . . En 1939, mientras se hacían excavaciones para la tumba de Pío XI, Pío XII ordenó que se ampliara la excavación, en búsqueda de la tumba de San Pedro. Esta 'villa' fue uno de los grandes descubrimientos. Las viviendas y las tumbas más sencillas debajo de ellas databan de los siglos primero a tercero después de Cristo. Demostraron sin lugar a dudas que Constantino había construido la Iglesia de San Pedro sobre un cementerio.

Pero hubo un descubrimiento todavía más interesante. Un presbítero romano de nombre Gayo, quien vivió entre los siglos segundo y tercero, había visto un memorial de la tumba de San Pedro, y lo había mencionado en una carta, un fragmento de la cual se ha preservado hasta nuestros días. A comienzos de las excavaciones se encontró un pequeño monumento deteriorado exactamente debajo del altar papal. Bien podría tratarse del memorial que había visto Gayo. A sus pies había una piedra similar a una lápida. Los excavadores la levantaron. Encontraron una tumba, pero estaba vacía. Se descubrieron algunos huesos en la cercanía. Durante varios años se creyó que eran los huesos de Pedro, pero los estudios antropológicos comprobaron que se trata de los huesos de más de una persona.

Una inscripción conduce a un hallazgo sorprendente
El drama va en aumento a medida que continúa el artículo:

Todo hubiera terminado allí, si no fuera por una mujer erudita y obstinada, Margherita Guarducci. Es profesora en la Universidad de Roma, experta en descifrar inscripciones antiguas.

Dedicó seis años a estudiar las inscripciones garabateadas por los peregrinos cristianos en dos viejas paredes sobre la tumba vacía. Cuando descifró un grafito en la pared más vieja, descubrió un mensaje electrizante: "Pedro está adentro." En la otra pared había un hueco forrado con mármol. A su juicio se trataba sin lugar a dudas de un osario, un nicho para los huesos de alguna persona. ¿Se habría encontrado alguno?

La profesora tomó contacto con un obrero que parecía recordar que habían encontrado algo allí tres años antes, aunque él pensaba que se trataba de un trozo de pared con un grafito.

La mujer buscó imperturbable en los archivos de San Pedro. Allí había una caja rotulada como grafito, y en ella encontró huesos.

Verificó que los huesos efectivamente eran del osario de la antigua pared. Diez años antes, durante la inspección diaria de las excavaciones, un monseñor había colocado los huesos en una caja simple de madera y la había depositado en el archivo.

El Papa Pablo resuelve una disputa académica

El periodista Aubrey Menen concluye el artículo de esta manera:

La profesora Guarducci hizo examinar los huesos con el profesor Venerando Corrnti, antropólogo de la Universidad de Roma, quien, como ella lo expresa, "averiguó todo lo que podía esperarse respecto a los huesos encontrados en el único nicho construido por Constantino en el monumento que dedicó a San Pedro."

Para ella lo que había ocurrido era obvio. Cuando Constantino construyó la primera capilla de San Pedro, había trasladado con precaución los huesos del santo desde su tumba a este nicho oculto, a escasa distancia, para protegerlos del deterioro y de los saqueadores de reliquias.

La profesora Guarducci no tiene la menor duda de que los huesos encontrados son los de San Pedro. Son los huesos de un hombre de 60 a 70 años y en una caja con ellos había pequeños trozos de tierra y hebras de tela púrpura y dorada. La edad coincide con la edad de Pedro que la tradición asigna a la fecha de su crucifixión. La tradición sostiene que fue sepultado directamente en la tierra. Y cuando Constantino trasladó los huesos al nicho, habría parecido apropiado envolverlos en una tela preciosa de púrpura y oro.

Los investigadores cuestionaban estas conclusiones y algunos todavía lo hacen. Pero el Papa Pablo VI puso fin al debate para el mundo católico. Al hablar en San Pedro el 26 de junio de 1968, anunció que se habían encontrado los huesos del santo.

Hoy los huesos están otra vez en el nicho de la tumba, ocultos a la vista del público.[27]

Tuve el privilegio en noviembre de 1971 de que se me permitiera estudiar y fotografiar el lugar de entierro de los huesos de San Pedro, en lo más profundo de la enorme basílica de San Pedro. No cabe ninguna duda de que este inmenso templo está construido sobre un cementerio romano amplio y bien preservado del siglo primero d.C., y las fotografías muestran el nombre de Pedro claramente grabado en latín antiguo en el lugar donde se descubrieron los huesos del apóstol.

Edgar J. Goodspeed cita a Clemente y a Eusebio respecto a las últimas horas de vida de San Pedro.

Las palabras de despedida de Pedro a su esposa, cuando ella era llevada al martirio, fueron registradas por Clemente de Alejandría en sus *Misceláneas* y repetidas por Eusebio en su *Historia de la Iglesia:* "Dicen que cuando el bendito Pedro vio que su esposa era llevada para morir, se regocijó de que fuera convocada a regresar al hogar, y se dirigió a ella dándole mucho ánimo y consuelo, llamándola por su nombre y diciéndole: '¡Oh, tú, recuerda al Señor!'"[28]

CAPÍTULO 4

ANDRÉS

Andrés, hermano de Simón Pedro, era uno de estos hombres que, al oír lo que Juan [el Bautista] dijo, siguieron a Jesús. Juan 1:40

Andrés era oriundo de Galilea, nacido en Betsaida. Más tarde vivió junto al mar, en Capernaúm. Hacia fines del primer siglo, Josefo escribió de manera cautivante acerca de esa región que estaba cerca de la ciudad que él gobernaba y que más tarde rindió ante el ejército romano.

Junto al lago de Genesaret hay una extensión de territorio que lleva el mismo nombre, admirable en sus características y su belleza. Gracias a su fértil suelo no hay planta que no pueda florecer allí, y los habitantes cultivan de todo: el clima es tan adecuado que sienta bien a las más diversas especies. Los nogales, árboles propicios al invierno, crecen en abundancia, como también las palmeras, que aprovechan el calor, junto con las higueras y los olivares, para los cuales es más indicado el aire templado. Uno podría considerar como un logro supremo de la naturaleza el reunir en un solo punto a enemigos naturales y provocar una saludable rivalidad entre las estaciones, como si cada una reclamara para sí a la región. No sólo produce los frutos más sorprendentemente variados; además mantiene una provisión continua. Entrega esos nobles frutos, la uva y el higo, a lo largo de diez meses anuales, y la mayoría de las veces madurando todo el año sobre los árboles; porque además de la atmósfera templada, la riega una fuente de gran poder fertilizante, que se conoce localmente como Capernaúm.[1]

La tierra de Galilea es hoy en día la misma en todo sentido que en los tiempos de Josefo y de Andrés. No es para nada difícil imaginar las escenas bíblicas en las exuberantes laderas y en las aguas azules que virtualmente no han sufrido cambios en su aspecto durante los largos siglos transcurridos desde que Andrés vivió allí.

Andrés fue el primero de los apóstoles elegido por Jesús. En un sentido era sucesor de Juan el Bautista. Así como Juan presentó a Jesús ante la nación, Andrés sobresale por haber presentado a Jesús a los individuos.

Andrés era hijo de una mujer llamada Juana y de un pescador llamado Juan, y tenía un hermano de nombre Simón, a quien más tarde se le dio el nombre de Pedro. En realidad el nombre del padre de Andrés no era Juan en la manera en que lo pronunciamos hoy, sino Jonás, como el profeta famoso. Aunque su conocimiento no está difundido, la aldea nativa de Jonás, Gat Jefer, estaba cerca de Nazaret. Jonás, el profeta, era el ciudadano más ilustre que hubiera vivido cerca de Nazaret.

Betsaida, donde nació Andrés, estaba a unos 40 kilómetros al este de Nazaret, sobre la costa norte del mar. Era apropiado que el jefe de una familia en la cual la tradición de la pesca pasaba de padre a hijo se llamara Jonás. Así como el nombre Herrero [Smith] originalmente se refería a la ocupación de una persona, del mismo modo aparentemente el nombre Jonás era usado con frecuencia en aquellos tiempos para aquellos que ejercían el oficio de la pesca. Otro Jonás, a quien llamamos Juan el apóstol, también era al principio un pescador.

Aparentemente, Andrés pensaba más en las cuestiones del alma que en la pesca, porque dejó sus redes y siguió a Juan el Bautista. Caminó un largo trecho por el valle del Jordán para llegar al lugar donde Juan estaba predicando, en Betania, al otro lado del río Jordán, frente a Jericó. Andrés encontró allí esa palabra de autoridad en asuntos espirituales que había estado buscando. No estaba satisfecho con la maldad espiritual, con las concesiones y las corruptelas que había encontrado en las ciudades de Galilea y de Judea. Pero Juan el Bautista era un hombre conforme a su corazón: un hombre acostumbrado al aire libre, rudo, sencillo, que practicaba las virtudes simples y que vivía como alguien a quien le importaban poco las cosas terrenales, y mucho menos el reconocimiento mundano. ¡Este era un hombre a quien valía la pena seguir!

De modo que Andrés se dedicó a servir a Juan el Bautista. De él aprendió que algún día, tal vez pronto, llegaría el Rey prometido. Para los judíos este rey esperado era el Mesías, término que se traduce mediante la palabra griega *Christos,* que significa "el ungido para ser rey, que todavía no ha venido a gobernar."

Andrés fue el primero de los apóstoles elegido por Jesús. Así como Juan el Bautista presentó a Jesús ante la nación, Andrés sobresale por haber presentado a Jesús a los individuos.

Después de escuchar la prédica de Juan, y haber visto multitudes de personas que acudían desde las ciudades de Judea en busca de ayuda espiritual, y habiendo ayudado a Juan a bautizar a muchos de ellos porque deseaban morir a la vieja manera de vivir y renacer a una nueva, Andrés estaba preparado para un acontecimiento que en breve cambiaría también su vida.

Un día, en medio del creciente antagonismo de parte de Herodes hacia la figura popular de Juan el Bautista (que finalmente desembocó en que Juan fuera arrojado en la cárcel y finalmente ejecutado), Jesús de Nazaret se presentó entre aquellos que venían a pedir el bautismo.

Cuando Juan el Bautista vio a su primo Jesús, detuvo su prédica y guió la atención de la multitud hacia aquella figura solitaria y dijo: "¡Miren! ¡El Cordero de Dios, que quita el pecado del mundo! A él me refería cuando yo decía: 'Después de mí, vendrá un hombre que es superior a mí porque existe desde mucho antes que yo'" (Juan

1:29-30). Andrés, quien había oído estas palabras, buscaba algo más que el mensaje de Juan, ya que el de este estaba dentro del marco de la vieja revelación. Juan era el último de los profetas. Pero ahora, *aquí estaba Aquel de quien Juan había anunciado que vendría.* ¡Aquí estaba el Cristo! De inmediato Andrés dejó a Juan y se apegó a Jesús. Es probable que Juan, el futuro apóstol, quien también fue primero un seguidor de Juan el Bautista, haya decidido para esta misma época seguir a Jesús. Andrés encontró luego a su hermano Simón Pedro, y más tarde a Felipe, y los presentó a Jesús.

En ese momento Andrés no era todavía un discípulo de Jesús. Era simplemente un seguidor, es decir, un espectador interesado, dispuesto a acercarse y a observar. Jesús llevó a Pedro, a Andrés, a Felipe y a Juan consigo a Nazaret, después de los cuarenta días durante los cuales lo tentó Satanás en el desierto, después de su bautismo. Allí tuvieron la oportunidad de acompañarlo a una fiesta familiar con motivo de una boda, en Caná de Galilea, a sólo nueve kilómetros y medio de Nazaret. En Caná vieron a Jesús realizar su primer milagro.

Luego Jesús los llevó con él a una gira de predicación en Galilea, y luego a Jerusalén, donde lo vieron limpiar el Templo. Pero en todo este tiempo, todavía no eran sus discípulos. Finalmente, regresaron a Galilea y a su anterior oficio de pescadores. No sabemos cuánto tiempo pasó, pero un día Jesús vino a la costa de Galilea, en la región de Capernaúm, y allí encontró a Andrés y a Pedro.

Con frecuencia hemos oído mencionar a Pedro como "el gran pescador." Lo era, pero también lo era Andrés. Hemos oído citar con frecuencia las palabras que Cristo le dirigió a Pedro: "Vengan, síganme, ¡y yo les enseñaré cómo pescar personas!" (Mateo 4:19). Pero debemos recordar que esas palabras fueron dichas tanto a Andrés como a Pedro. Andrés merecía este título aún más que Pedro. O para ser justos con ambos, digamos que Pedro se convirtió en pescador *de multitudes* y Andrés fue pescador *de individuos.*

Ahora por fin Andrés se había enrolado como discípulo de Cristo y tuvo por delante aproximadamente dos años y medio de instrucción.

Su nombre estuvo incluido en la lista original de los doce apóstoles. Estuvo presente en la alimentación de los cinco mil, junto al Mar de Galilea, donde le presentó a Jesús al muchacho que tenías cinco panes y dos peces.

También estuvo presente en la fiesta de Pascua y presentó a muchos otros al Maestro.

Andrés estaba presente en el Monte de los Olivos, con Pedro, cuando preguntó con interés acerca de la futura destrucción de Jerusalén y del fin de los tiempos. Su nombre está mencionado como apóstol en el libro de Hechos. Esa es la última mención que tenemos de él en la Biblia.

Sin embargo debemos advertir que Andrés estaba presente y ministraba en la iglesia de Jerusalén. Cada vez que leemos una referencia a esa iglesia y a los ancianos o a los apóstoles, también debemos incluir el nombre de Andrés, porque pertenece allí.

No se sabe cuándo se fue de Jerusalén. Tal vez salió como misionero por su propia decisión, o tal vez debió marcharse por la persecución que se inició.

Ministerio posterior de Andrés

Hay algunas tradiciones impresionantes acerca del ministerio posterior de Andrés. Una de ellas, registrada por Eusebio (*HE* III, 1, 1), es que fue a Escitia, al sur de Rusia, en la región que rodea al Mar Negro. Andrés fue conocido durante mucho tiempo como santo patrono de Rusia, y esta elección estaba basada en la antigua tradición de que había predicado el evangelio allí. Las obras apócrifas primitivas coinciden con esta información:

"*Los Hechos de San Andrés y San Bartolomé* da un informe sobre su misión entre los partos."[2]

Según el libro de Budge *The Martyrdom of St. Andrew [El Martirio de San Andrés]* el apóstol fue apedreado y crucificado en Escitia.

Otra fuerte tradición ubica su ministerio en Grecia. Según esta, fue encarcelado allí, y luego crucificado por orden del procónsul Aegeates, cuya esposa, Maximilia, se había distanciado de su esposo por causa de la prédica de Andrés. Supuestamente, Andrés fue crucificado en una cruz que, en lugar de ser como aquella en la cual murió Jesús, tenía la forma de una "X." Hasta hoy a ese tipo de cruz se la conoce como Cruz de San Andrés.

Hay una tercera tradición acerca del ministerio de Andrés, que lo describe pasando un tiempo en Éfeso y en Asia Menor, donde se dice que Juan escribió su Evangelio a partir de una revelación recibida por Andrés.

Goodspeed escribe:

> A Andrés, la tradición le asignó la región de Escitia, al norte del Mar Negro, como campo de misión, pero *Hechos de Andrés*, escrito probablemente alrededor de 260 d.C., describe que sus labores tuvieron lugar en Grecia o en Macedonia, donde tuvo lugar su martirio, en Patrás, como se relata en sus *Hechos*.[3]

A primera vista estas tres tradiciones podrían parecer contradictorias. Pero quizás son complementarias. Después de todo, Andrés debió haber servido en *algún lugar* de la tierra, y si no murió en Jerusalén es muy posible que haya ido a Asia Menor para estar con su viejo amigo, Juan. Y también es razonable que por un tiempo haya ido más lejos, a Escitia. Los escitas se mencionan en el Nuevo Testamento. Quizás luego Andrés haya regresado al Asia Menor, porque es el puente territorial natural entre Rusia y Grecia. Es probable que Andrés haya trabajado durante un tiempo en y alrededor de Éfeso, y que finalmente haya ido a Grecia durante los últimos años de su vida.

> Supuestamente, Andrés fue crucificado en una cruz que tenía la forma de una "X." Hasta hoy a ese tipo de cruz se la conoce como Cruz de San Andrés.

Es probable que allí, en el sur de Grecia, haya ofendido al gobernador, como dice la tradición, por haber ganado a su esposa a la fe en Cristo. Y que el gobernador, en venganza, hiciera que este predicador de la Cruz muriera él mismo en una cruz en Patrás. Durante el primer siglo era frecuente que los nobles, especialmente las mujeres, se convirtieran al cristianismo. No hay nada en esta tradición que pueda considerarse imposible o increíble.

Sin embargo existen algunas falsificaciones medievales acerca de la vida y ministerio del apóstol Andrés que no resultan creíbles. Por lo menos es probable que contengan pocos datos veraces. Está la historia de que a él se le reveló que el apóstol Matías (el que fue elegido para reemplazar a Judas) fue tomado prisionero por caníbales. A Andrés se le encomendó ir a liberarlo. Después de un viaje milagroso, llegó al lugar y fue un instrumento decisivo en la liberación de Matías y en la conversión al cristianismo de toda la población de caníbales, con excepción de algunos pocos pobladores incorregibles, por medio de milagros espectaculares.

Esa historia es pura leyenda. Aun así, puede haber un poco de verdad en el hecho de que probablemente Andrés, fiel a su carácter de ganador de almas individuales, interesado en el rescate de personas, haya colaborado con uno u otro apóstol, quizás aun Matías, con la intención de rescatarlo en alguna situación difícil. Y es posible que, de ese modo, haya ganado para Cristo a los secuestradores de Matías. Es probable que Andrés haya tenido algún tipo de aventura con caníbales en Rusia, aunque no de un extremismo fantástico como el que describe la leyenda.

En tiempos del emperador Justiniano se encontraron reliquias del apóstol Andrés en Constantinopla. Esta ciudad era depositaria de reliquias cristianas del sur de Rusia, de Asia Menor y también de Grecia. De hecho, con frecuencia las reliquias de los mártires eran trasladadas a esta ciudad capital del cristianismo ortodoxo griego. Una autoridad contemporánea, Michael Maclagen, relata que "Constantino comenzó a construir en 336 una capilla a los Santos Apóstoles. El edificio fue completado por su hijo y consagrado alrededor de 356. Albergaba las reliquias de San Timoteo, San Lucas y San Andrés."[4]

Unos pocos huesos que se consideraba que podrían pertenecer a Andrés fueron llevados a Escocia por un cristiano llamado San

Regulus en el siglo cuarto o quinto. Fueron enterrados en un lugar que más tarde se llamó "San Andrés." Hoy el apóstol es el santo patrono de Escocia, y la Cruz de San Andrés es el símbolo oficial de ese país cristiano. También es reclamado como santo patrono por cristianos rusos y cristianos griegos.

Dorman Newman informa acerca de los detalles de la vida y la muerte de San Andrés, como le llegaron a él en 1685:

San Andrés fue a Escitia y a Bizancio, donde fundó iglesias. Luego fue a Grecia, y finalmente a Patrás, una ciudad de Acaya donde sufrió el martirio. Aegeates, procónsul de Acaya, ordenó a Andrés, en una discusión, que renunciara a su religión bajo amenaza de ser ferozmente torturado. Ambos rogaban que el otro se retractara. Aegeates instaba a Andrés a no perder su vida. A su vez, Andrés le insistía a Aegeates a que no perdiera su alma.

Después de soportar con paciencia el azote, Andrés fue atado a una cruz, no clavado, para que su sufrimiento se prolongara. Consoló a los cristianos y oró, enalteciendo la cruz que por mucho tiempo había esperado como una oportunidad para rendir testimonio honorable a su Señor. Andrés colgó de esa cruz durante dos días. Desde allí aconsejó a todos los que presenciaban la crucifixión. Algunas personas intercedieron ante el procónsul, pero Andrés rogó al Señor que le permitiera sellar la verdad con su sangre. Murió el último día de noviembre, aunque no se han encontrados datos exactos acerca del año.[5]

A pesar del comentario de Newman, debemos decir que es por lo general aceptada la fecha de 69 d.C. como año de su martirio en Patrás.

Mary Sharp menciona la tradición católico-romana acerca del destino de las reliquias de Andrés:

Reliquias de San Andrés: Cabeza en la iglesia de San Pedro, Roma; algunos restos en Sant' Andrea al Quirinal, Roma; los restantes en Amalfi. Fueron robados en Constantinopla en 1210 y llevados a la catedral de Amalfi, cerca de Nápoles. En 1462, el Papa Pío II trasladó la cabeza a la iglesia de San Pedro, en Roma.[6]

En 1964, el Papa Pablo VI entregó la calavera de San Andrés a la Iglesia Ortodoxa Griega en Patrás, Grecia, donde Andrés había sido martirizado. En noviembre de 1971 viajé a Patrás, Grecia, con el propósito de fotografiar el relicario que contiene la calavera de San Andrés, que ahora se conserva en un viejo templo ubicado sobre una fuente de agua que se dice ya estaba allí en tiempos del apóstol. Sobre un altar, en un bello relicario de plata, se encuentra la calavera que el Papa envió desde Roma a Patrás. Se construyó una nueva catedral en la cercanía para albergar la reliquia sagrada. El sacerdote ortodoxo griego que se encontraba en la iglesia era la imagen de la bondad y me autorizó a tomar las fotografías.

El relicario original de oro, que los católicos romanos modelaron conforme al rostro del apóstol mientras custodiaban la reliquia en Roma, fue destruido por una persona trastornada en Patrás, hace varios años. La doctrina ortodoxa griega prohíbe la réplica de la forma o del rostro humano tridimensional, y prefiere las figuras planas (íconos), que recuerdan menos a los dioses paganos. Se descubrió que la persona alterada había retirado el cráneo cuando nadie la veía, e hizo pedazos el relicario de oro en el que había sido entregado por Roma en 1964. El nuevo

---

JUAN ESCRIBE

Entonces Jesús subió a una colina y se sentó allí rodeado de sus discípulos. . . . Enseguida Jesús vio que una gran multitud venía a su encuentro. Dirigiéndose a Felipe, le preguntó: "¿Dónde podemos comprar pan para alimentar a toda esta gente?" . . . Entonces habló Andrés, el hermano de Simón Pedro: "Aquí hay un muchachito que tiene cinco panes de cebada y dos pescados. Pero ¿de qué sirven ante esta enorme multitud?" Juan 6:3, 5, 8-9

---

relicario de plata que ahora se usa es un contenedor redondo profusamente decorado, que no guarda semejanza con el rostro humano.

En la iglesia de San Andrés en Patrás hay un libro escrito en griego que arroja luz a la historia de Andrés. Estoy en deuda con el reverendo Mark Beshara, uno de mis alumnos de posgrado en la California Graduate School of Theology y un ministro ortodoxo, por su excelente traducción del original, de donde cito lo siguiente:

> La Santa Tradición dice que Andrés fue al pie de las montañas del Cáucaso (hoy Georgia, en Rusia), y predicó a la raza de los escitas tan lejos como el mar Caspio.
>
> Finalmente llegó a Bizancio (en la actualidad Estambul) y allí ordenó al obispo Tachis.
>
> Andrés fue encarcelado y apedreado y sufrió mucho por Cristo. En Sinop sufrió la amenaza de ser comido vivo por los caníbales. A pesar de ello continuó su labor apostólica de ordenar sacerdotes y obispos y difundir el Evangelio de Jesucristo el Salvador.
>
> Desde Bizancio continuó hacia Grecia para realizar su principal viaje apostólico. Viajó a Tracia y Macedonia y bajó por el golfo de Corinto hasta Patrás. Fue allí donde Andrés predicaría el Evangelio de Cristo por última vez.
>
> Aegeatis, gobernador de Patrás, se encolerizó contra Andrés a raíz de su prédica y lo convocó ante el tribunal en un intento de deshacerse de la Fe cristiana. Cuando Andrés resistió ante el tribunal, el gobernador ordenó que fuera crucificado. Andrés permaneció atado a la cruz con gruesas sogas durante tres días, y sus últimas palabras fueron: "Acéptame, oh Jesucristo, a quien vi, a quien amo, y en quien soy; acepta mi espíritu en paz en tu Reino Eterno."
>
> Una cristiana llamada Maximilia retiró el cuerpo de Andrés de la cruz y lo enterró. Cuando Constancio, hijo del emperador Constantino, llegó a ser emperador, hizo trasladar el cuerpo de San Andrés a la Iglesia de los Santos Apóstoles en Bizancio

(Estambul) donde fue colocado en el Altar. La cabeza de San Andrés quedó en Patrás.

En 1460 d.C., la cabeza de Andrés fue llevada a Italia y colocada en la Basílica de San Pedro, para salvaguardarla después de que los turcos invadieran Bizancio (Estambul). Permaneció en Italia hasta 1964, cuando el Papa Pablo VI la devolvió a la sede episcopal de Patrás. Tres representantes del Papa acompañaron la cabeza que fue colocada en un relicario y cargada por el cardenal Bea de la Basílica de San Constantino, que la guarda hasta hoy.[7]

En *Sacred and Legendary Art [Arte sagrado y legendario]*, se encuentran algunas indicaciones respecto a los medios por los cuales fueron dispersadas las reliquias de San Andrés:

> Por la época en la que fue conquistada Constantinopla y en consecuencia se dispersaron las reliquias de San Andrés, se originó un gran entusiasmo por el apóstol en la cristiandad. Antes había sido honrado principalmente como hermano de San Pedro; desde este momento generó una especie de interés y consideración personal. Felipe de Borgoña (1433 d.C.), quien había conseguido con gran sacrificio una parte de las preciosas reliquias, básicamente consistentes en algunos trozos de su cruz, puso bajo la protección del apóstol a su nueva orden de caballeros, quienes conforme al preámbulo se proponían revivir el honor y la memoria de los Argonautas. Sus caballeros llevaban como emblema la cruz de San Andrés.[8]

Quizás las reliquias de San Andrés tienen mayor posibilidad de ser genuinas que las de cualquier otro apóstol. Podemos seguirlas con claridad a lo largo de los siglos y hasta el presente: en Roma, en Amalfi, y sobre todo ahora en Patrás, en la costa occidental de Grecia, que mira hacia Italia. En breve, una gran catedral recibirá la sagrada cabeza del apóstol, dándole honor a él y a su martirio en el preciso lugar donde fue ejecutado por su fe.[9]

JACOBO, HIJO DE ZEBEDEO

[Jesús] vio a otros dos hermanos, Santiago y Juan, sentados en una barca junto a su padre, Zebedeo, reparando las redes. También los llamó para que lo siguieran. Ellos, dejando atrás la barca y a su padre, lo siguieron de inmediato. Mateo 4:21-22

De los tres hombres que integraron el círculo más íntimo de los discípulos, Pedro, Jacobo y Juan, del que menos sabemos es de Jacobo. A pesar del relativo silencio del relato bíblico acerca de Jacobo, fue una figura digna de mención entre los apóstoles. Tal vez lo más insólito acerca de su vida fue la forma y el momento de su muerte, ya que fue el primero de los apóstoles de Cristo que se convirtió en mártir. Judas y Jacobo son los únicos dos discípulos originales de cuya muerte hay registro en las Escrituras.

Jacobo fue el hermano mayor de Juan, el discípulo amado. Él y Juan eran compañeros de Andrés y de Pedro en el oficio de la pesca, junto con Zebedeo, su padre. Eran propietarios de varios barcos y contrataban empleados; por lo tanto, esta compañía pesquera debe haber sido bastante próspera. También hay alguna evidencia de que Jacobo era primo hermano de Jesús y que había estado relacionado con él desde la infancia.

Jacobo recibió el llamado de seguir a Cristo cuando Jesús estaba caminando junto al mar de Galilea.

Cierto día, mientras Jesús caminaba por la orilla del mar de
Galilea, vio a dos hermanos —a Simón, también llamado Pedro,

y a Andrés— que echaban la red al agua, porque vivían de la pesca. . . . Un poco más adelante por la orilla, vio a otros dos hermanos, Santiago y Juan, sentados en una barca junto a su padre, Zebedeo, reparando las redes. También los llamó para que lo siguieran. Ellos, dejando atrás la barca y a su padre, lo siguieron de inmediato. Mateo 4:18, 21-22

Juan había sido discípulo de Juan el Bautista pero lo dejó para seguir a Jesús. No hay referencia de que Jacobo haya sido antes discípulo de Juan el Bautista. Después de una etapa de compañerismo y de un período de prueba con Jesús, se lo menciona como uno de los presentes durante la sanidad de la suegra de Pedro en Capernaúm. Después de esto fue ordenado como uno de los doce discípulos de Cristo, y desde ese momento ocupó un lugar prominente entre los apóstoles. Junto con Pedro y Juan, integró el círculo más íntimo de los discípulos. Estos tres, sin los demás apóstoles, estuvieron presentes durante la resurrección de la hija de Jairo, durante la Transfiguración y durante la agonía en el jardín de Getsemaní.

Jacobo fue el primero de los apóstoles de Cristo que se convirtió en mártir. Él y Judas son los únicos dos discípulos originales de cuya muerte hay registro en las Escrituras.

Es interesante observar que estos tres discípulos, quienes habrían de sufrir mucho por la causa de Cristo, hayan presenciado la resurrección de los muertos, lo cual les daría coraje para morir; la transfiguración de Cristo para que pudieran conocer la realidad del mundo espiritual; y la agonía en el Huerto para que pudieran comprender que ellos también sufrirían agonía por Cristo. Observemos que Pedro sería quien llevaría muy lejos la causa del Evangelio de manera destacada, como el primer líder de los apóstoles. Juan sería el que viviría por más tiempo que el resto de los apóstoles y moriría de muerte natural, después de completar la escritura de cinco libros del Nuevo Testamento y de haber cumplido un gran ministerio en Asia Menor como principal vocero del cristianismo en el mundo hasta cerca del año 100 d.C.

A diferencia de estos dos, quienes fueron los más grandes líderes entre los apóstoles, la vida de Jacobo fue cortada cuando la iglesia era todavía joven. Siendo el primero de los apóstoles que sufrió el martirio, es notable que Cristo le haya permitido compartir los secretos más íntimos de su agonía en el Huerto y su transfiguración.

Poco después de la Transfiguración, cuando Jesús se dirigió hacia Jerusalén y en su marcha pasaba por Samaria, la recepción hostil que el pueblo de una pequeña aldea por la que pasaban dio a Jesús encendió la ira de Jacobo y de su hermano Juan.

> *Le dijeron a Jesús: "Señor, ¿quieres que hagamos bajar fuego del cielo para que los consuma?" Pero Jesús se volvió a ellos y los reprendió.* Lucas 9:54-55

Probablemente este ímpetu que les subió a la cabeza y el fanatismo fue lo que les ganó el sobrenombre de Boanerges, que se traduce "Hijos del trueno." Este nombre se les dio cuando fueron llamados como discípulos.

Poco tiempo después, la madre de Jacobo y de Juan le pidió a Jesús que garantizara a sus hijos el privilegio de sentarse uno a su derecha y otro a su izquierda cuando viniera en su gloria. Los otros diez discípulos se sintieron indignados, y Jesús reprochó esta ambición nada piadosa. El final de esta historia se relata en Marcos 10:42-45:

> *Así que Jesús los reunió a todos y les dijo: "Ustedes saben que los gobernantes de este mundo tratan a su pueblo con prepotencia y los funcionarios hacen alarde de su autoridad frente a los súbditos. Pero entre ustedes será diferente. El que quiera ser líder entre ustedes deberá ser sirviente, y el que quiera ser el primero entre ustedes deberá ser esclavo de los demás. Pues ni aun el Hijo del Hombre vino para que le sirvan, sino para servir a otros y para dar su vida en rescate por muchos."*

Cuando Jesús pronunció su discurso en el Monte de los Olivos, desde donde veían el Templo, Jacobo fue uno de los cuatro que preguntó al Señor cómo serían los últimos tiempos. Jacobo también estaba presente cuando el Cristo resucitado apareció por tercera vez a los discípulos y realizó el milagro de la pesca junto al Mar de Tiberíades.

Jacobo fue ejecutado por el rey Herodes Agripa I, alrededor del año 44 d.C., poco después de la muerte del mismo Herodes. Encontramos el relato en Hechos 12:1-2.

> *Por ese tiempo, el rey Herodes Agripa comenzó a perseguir a algunos creyentes de la iglesia. Mandó matar a espada al apóstol Santiago (hermano de Juan).*

De esta manera Jacobo cumplió la profecía de Cristo de que él también tendría que beber la copa de su Señor.

> *Pero Jesús les dijo:*
>
> *—¡No saben lo que piden! ¿Acaso pueden beber de la copa amarga de sufrimiento que yo estoy a punto de beber? ¿Acaso pueden ser bautizados con el bautismo de sufrimiento con el cual yo tengo que ser bautizado?*
> *—Claro que sí —contestaron ellos—, ¡podemos!*
> *Entonces Jesús les dijo:*
> *—Es cierto, beberán de mi copa amarga y serán bautizados con mi bautismo de sufrimiento.* Marcos 10:38-39

Leyendas acerca de Jacobo el Grande

Los Hechos de San Jacobo en la India relata un viaje misionero de Jacobo y Pedro a la India. Según *El Martirio de San Jacobo*, predicó a las doce tribus dispersas en el extranjero y las persuadió de dar las primicias de sus cosechas a la iglesia en lugar de entregarlas a Herodes.

La historia apostólica de Abdías vincula a Jacobo con dos magos de nombre Hermógenes y Fileto. Este último fue convertido por Jacobo y estaba a punto de separarse del primero. Hermógenes pronunció un conjuro contra Fileto, quien mandó a llamar a Jacobo para que lo ayudara. Jacobo envió su pañuelo y por medio de él, Fileto quedó libre. Hermógenes invocó los demonios en contra de Jacobo y Fileto, pero los demonios resultaron impotentes. Jacobo los envió de regreso para que trajeran a Hermógenes atado, lo cual hicieron. Jacobo lo liberó de los demonios y Hermógenes se hizo cristiano, y dedicó el resto de su vida a la caridad, realizando milagros en beneficio de su prójimo.

Eusebio relata una leyenda acerca de Jacobo, tomada del séptimo libro de la obra perdida de Clemente de Alejandría llamada *Hypotyphoses*. Relata acerca del que condujo a Jacobo a la última sesión de juicio en Jerusalén, el cual oyendo el testimonio de Jacobo se sintió conmovido y declaró que él también era cristiano. Rogó a Jacobo que lo perdonara y ambos fueron condenados a ser decapitados.

Los artistas de los siglos XIV y XV tomaron las historias de Jacobo como tema de muchas de sus pinturas y de esa manera la fama de los apóstoles se difundió extensamente. Surgieron algunas leyendas interesantes durante la larga historia de España. *Sacred and Legendary Art* relata algunas de ellas:

> Según la leyenda española, el Apóstol Jacobo era hijo de Zebedeo, un ilustre noble de Galilea, propietario de barcos y acostumbrado a pescar en las costas del lago de Genesaret, pero sólo por placer y recreación: pues ¿quién podría suponer que España, nación de Hidalgos y Caballeros, elegiría como patrono, o aceptaría como líder y capitán general de sus ejércitos, a un pescador pobre y plebeyo? Por lo tanto es indiscutible que este glorioso Apóstol, primo de nuestro Señor, era de linaje noble, merecedor de calzar las espuelas de caballero y gentilhombre; así en el Dante.
>
> Pero le agradó en su extraordinaria humildad seguir, mientras vivió en esta tierra, el ejemplo de su divino Señor y reservar su valentía para la guerra cuando fue llamado para matar, por miles y decenas de miles, a esos malvados moros, enemigos

perpetuos de Cristo y de sus siervos. Ahora bien, cuando Jacobo y su hermano Juan estaban un día en el barco de su padre con los obreros contratados arreglando las redes, el Señor, quien caminaba por la orilla del lago, los llamó; dejaron todo y lo siguieron; y desde entonces se convirtieron en sus discípulos preferidos, testigos de sus milagros mientras estuvo en la tierra. Después de la ascensión de Cristo, Jacobo predicó el Evangelio en Judea; luego viajó por todo el mundo y finalmente llegó a España, donde debido a la ignorancia y al oscurantismo en la gente muy pocos se convirtieron.

Después de fundar la fe cristiana en España, San Jacobo regresó a Judea, donde predicó durante muchos años y realizó abundantes maravillas y milagros a la vista del pueblo; y ocurrió que cierto brujo, de nombre Hermógenes, se puso en contra del Apóstol, así como Simón el Mago había intentado perversa e inútilmente oponerse a San Pedro con resultados similares. Hermógenes envió a su discípulo Fileto a discutir con Jacobo, y a competir con él en obras asombrosas; pero, como es fácil de adivinar, no tuvo ninguna chance en contra del Apóstol, admitió su derrota y regresó a su maestro, a quien le declaró su intención de seguir a Jacobo y a su doctrina. Lleno de ira, Hermógenes ató a Fileto mediante sus conjuros diabólicos, para que no pudiera mover las manos ni los pies. "Veamos ahora si tu nuevo maestro puede liberarte," dijo. Fileto envió a su sirviente a llamar a Jacobo, suplicándole ayuda. Entonces el Apóstol se quitó la túnica y se la dio al sirviente para que la entregara a su amo; apenas Fileto la tocó, quedó libre y se dirigió a toda prisa a postrarse a los pies de su liberador.

Más furioso que nunca, Hermógenes convocó a los demonios que lo servían y les ordenó que le trajeran a Jacobo y a Fileto atados con cadenas; pero mientras iban, los demonios se encontraron con una compañía de ángeles quienes los apresaron y castigaron por sus perversas intenciones, hasta que suplicaron misericordia. Entonces Jacobo les dijo: "Vuelvan a quién los envió y tráiganlo atado." Así lo hicieron; y cuando pusieron al brujo a los pies de Jacobo, le suplicaron: "¡Danos poder para vengarnos de quien es nuestro enemigo y también tuyo!" Pero Jacobo les reprochó: "Cristo nos ordenó que devolviéramos bien por mal." Entonces liberó a Hermógenes y el mago, totalmente confundido, arrojó sus libros al mar, y pidió a Jacobo que lo protegiera de los demonios, que antes eran sus sirvientes. Entonces Jacobo le dio su báculo como medio más efectivo de defensa contra los espíritus infernales; y desde ese día Hermógenes se convirtió en un fiel discípulo y predicador de la palabra.

Pero los judíos mal intencionados, cada vez más furiosos, apresaron a Jacobo, lo ataron y trajeron ante el tribunal de Herodes Agripa; y uno de aquellos que lo había arrastrado, conmovido por la amabilidad de su comportamiento, y por sus milagros de misericordia, se convirtió y suplicó morir con él; y el Apóstol le dio el beso de la paz, diciendo: "¡Pax vobis!" y el beso y las palabras en conjunto se mantienen hasta la fecha como una forma de bendición en la Iglesia. Y luego ambos fueron decapitados, y de esa manera murieron.

Los discípulos de Jacobo vinieron a retirar su cuerpo; y como no se atrevieron a enterrarlo por temor a los judíos, lo llevaron a Jope, y lo colocaron en una barca: algunos dicen que el barco era de mármol, pero esto no se ha confirmado; sin embargo, con toda seguridad los ángeles condujeron milagrosamente la barca hasta la costa de España, a donde llegaron en siete días, navegando por los estrechos que se conocen como Pilares de Hércules, y finalmente arribaron a Galicia, a un puerto llamado Iria Flavia, ahora Padrón.

En aquellos días, reinaba en ese país una reina de nombre Lupa, y ella y todo su pueblo estaban entregados a la perversidad y la idolatría. Cuando llegaron a la orilla, colocaron el cuerpo del Apóstol sobre una gran piedra que tomó una consistencia como de cera, y después de recibir al cuerpo se cerró a su alrededor:

esta fue la señal de que el santo deseaba quedarse allí; pero la malvada reina Lupa se disgustó y ordenó que ataran a algunos toros salvajes a un carro, que colocaran el cuerpo en este, dentro de la tumba que se había autoformado, con la expectativa que lo arrastraría hacia su destrucción. Pero ella estaba equivocada: porque cuando le pusieron a los toros el yugo en forma de cruz, se volvieron dóciles como ovejas, y condujeron el cuerpo del apóstol directamente a la corte del palacio. Cuando la reina Lupa presenció este milagro quedó confundida, y ella y todo su pueblo se hicieron cristianos. Construyó un templo magnífico para recibir a los restos sagrados y murió en el aroma de la santidad.

Pero luego sobrevino la oscuridad y la ruina que arrojó sombras sobre toda España durante la invasión de los bárbaros; el cuerpo del Apóstol se perdió y nadie sabía dónde encontrarlo, hasta que en el año 800, un santo fraile recibió revelación acerca del lugar de la sepultura.

Luego hicieron que el cuerpo del santo fuera trasladado a Compostela, y a raíz de los sorprendentes milagros que agraciaron a su altar, no sólo recibió honores en Galicia sino en toda España. Se convirtió en el santo patrono de los españoles, y Compostela se hizo famosa en toda Europa como lugar de peregrinaje. Bandadas de peregrinos llegaban allí desde todos los países, y en ocasiones llegaban a cien mil en un año. La orden militar de San Jago, reclutada por don Alfonso para su protección, llegó a ser una de las más grandes y ricas en España.[1]

¿Qué probabilidad hay de que Jacobo de Zebedeo haya ido a España?

Es muy poco probable que Jacobo (Santiago) haya visitado España mientras vivía, si bien podría haber fundamentos para sostener que parte de sus restos o huesos hayan sido transportados allí en el siglo séptimo. En la introducción del notable libro *The Great Pilgrimage of the Middle Ages [El gran peregrinaje de la Edad Media]*, por Vera y Hellmut Hell, Sir Thomas Kendrick relata las tradiciones históricas:

A comienzos del siglo nueve, quizás alrededor del año 810, Teodomiro, obispo de Iria Flavia (Padrón), encontró tres cuerpos, a los que se consideró del Apóstol Jacobo el Grande y de dos de sus discípulos, en el extremo noroccidental de España; estaban en una tumba olvidada por largo tiempo en una región silvestre a unos diecinueve kilómetros de la sede del obispado. Por la época del hallazgo había comenzado la reconquista de España de los moros, y el reino de Asturias, donde se había producido el descubrimiento, era una avanzada de la cristiandad, que por su valentía daba esperanza al resto de Europa de que el avance del Islam había sido detenido con éxito al sur de los Pirineos. Luego vino el anuncio. Primero lo hizo el obispo y luego el rey de Asturias, Alfonso II (791–842), y dieron a conocer que el descubrimiento había sido el resultado de la guía divina. En otras palabras, en ese momento en que el peligro amenazaba a Europa occidental, Santiago de pronto había entregado el poderoso estímulo de sus huesos (algo para nada menor en esa época obsesionada por las reliquias), para sostener el coraje de los cristianos que estaban en el frente de batalla luchando contra el Islam.

Sin duda fue un acontecimiento asombroso, y se dice que Alfonso II informó al Papa León III y a Carlomagno acerca del suceso maravilloso; pero sea como fuere, algunos pensarán que las secuelas del descubrimiento fueron todavía más extraordinarias. En la desierta necrópolis donde yacía Santiago, surgió la aldea de Santiago de Compostela, que para el siglo décimo segundo quedó unida a Roma y a Jerusalén como un sitio ineludible de visita para los peregrinos venidos desde muy lejos.

Nos interesa averiguar por qué es tan fácil aceptar que el cuerpo de Jacobo es el que se encontró en aquella tumba. No había entre los españoles un lazo de afecto prolongado con el Apóstol. Recién en el siglo séptimo tuvieron algún motivo para suponer que Jacobo había predicado en España mientras vivía, y aun entonces la razón se asentaba en apenas una palabra de escritura equivocada en una lista apócrifa sobre los campos misioneros de los Apóstoles. En un primer momento se prestó poca atención a este hecho.

El honor que a continuación recibió Jacobo en toda Europa, y las multitudes de peregrinos que viajaron a su tumba, afortunadamente pueden ser analizados sin responder al interrogante de si efectivamente era del Apóstol el cuerpo que el obispo Teodomiro, de Iria Flavia, encontró en una tumba olvidada de Galicia. Todavía hoy se debate en torno a este asunto, y el argumento tiene un ingenioso desarrollo por los autores de este libro. Huesos verdaderos, que se asume son los de Jacobo y sus dos discípulos, fueron encontrados en una tumba verdadera, y sólo queda maravillarnos ante el resultado del descubrimiento. Observemos, sin embargo, que ya en el siglo XII había peregrinos que no estaban muy seguros de que el *bout du pelerinage* fuera lo que declaraba ser.

Los bollandistas aceptaban como cierto que el Apóstol había llevado a cabo una misión en España mientras vivía. Este dato había sido cuestionado, y el prestigio de Jacobo, en consecuencia, había disminuido. . . . pero los bollandistas habían salido en su rescate (después de una ardua pesquisa por William Cuypers) y el reconocido historiador eclesial español, Enrique Florez, coincidió con sus conclusiones, y Benedicto XIV las respaldó.

Fue recién en 1879 cuando volvieron a encontrarse detrás del Altar Mayor, lo cual fue un descubrimiento sensacional que provocó que uno de los obreros se desvaneciera y quedara temporalmente ciego. Se aplicaron pruebas complejas a los restos mezclados de Jacobo y sus dos discípulos, y el esqueleto del Apóstol fue identificado con la ayuda de una porción faltante, que estaba preservada en un relicario en la catedral de Pistoya. En una bula que lleva la fecha del Día de Todos los Santos de 1884, el Papa León XIII declaró que Santiago en persona había sido encontrado en aquella catedral en Compostela, donde por más de mil años los fieles habían sabido que el glorioso Apóstol yacía en su tumba.[2]

En el mismo magnífico libro los autores siguieron la historia de las reliquias de Jacobo.

Podemos aceptar con razonable certeza que Jacobo murió en el año 44, ya que fue ejecutado en Jerusalén durante el gobierno de Herodes Agripa I, (Hechos 12, 2). Por lo tanto su tumba original debió haber estado ubicada cerca de Jerusalén. En el año 614 los persas ocuparon territorios bizantinos en Siria y en Palestina, y algunos estudiosos (Tillemont) creen que en esa fecha el cuerpo de Jacobo fue llevado a Galicia. Otra sugerencia (Gams) es que el cuerpo fue trasladado antes, en el siglo sexto, en tiempos del emperador Justiniano, quien entregó las reliquias al monasterio de Raithiu, en la península de Sinaí. Por otra parte, una variedad de cronistas entre los siglos octavo y duodécimo (por ejemplo el *Breviarium Apostolorum)* dicen que fue enterrado en "Acaya Marmórica" (que se escribe de diferentes maneras). Hasta la fecha este nombre no se ha relacionado de manera concluyente con ningún lugar o pueblo conocido.

El descubrimiento de las reliquias de San Jacobo en Santiago de Compostela ocurrió en el primer cuarto del siglo IX (durante el reinado de Alfonso II, 791–842 y antes del año 842), es decir antes de la primera destrucción de la capilla de San Mena, pero en un momento en el que ya había cierta preocupación por su seguridad. En consecuencia se puede suponer que los restos de Jacobo fueron enviados a Galicia a comienzos del siglo IX, o antes. También es posible que el traslado se haya realizado antes de 711 (fecha de la invasión árabe a España), pero es poco probable que hubiera ocurrido durante la ocupación árabe de la península Ibérica. Recién a comienzos del siglo IX el reino de Asturias, en el norte de España, alcanzó suficiente estabilidad como para albergar alguna esperanza de reconquistar el resto del país. La primera alternativa está respaldada por el hecho de que la referencia a Acaya Marmárica como lugar de entierro del santo data del siglo octavo.

Si estas conjeturas son correctas, entonces es posible que la ruta por la cual las reliquias fueron llevadas de Jerusalén a Santiago hubieran pasado por el Sinaí y por el pueblo de Mena. En este caso, la fecha más probable de cruzar a España hubiera sido a comienzos del siglo noveno, es decir, poco antes de la construcción de la primera iglesia en Santiago, durante el reinado de Alfonso II.[3]

William Barclay, una autoridad contemporánea, en su libro *The Master's Men [Los hombres del Maestro]* sostiene un argumento contundente en contra de la visita de Jacobo a España.

> Considerando la fecha temprana de su martirio, resulta imposible vincular a Jacobo con España, por mucho que quisiéramos que fuera cierto; y la historia completa es uno de los misterios inexplicables de la leyenda. El arte presenta a Jacobo con una copia de los Evangelios en una mano, y un cayado de peregrino y una pequeña bolsa en la otra, para mostrar de manera simbólica que se trataba de un evangelista que había viajado lejos.[4]

Sin embargo, Asbury Smith, en su estudio sobre los apóstoles, *The Twelve Christ Chose [Los doce elegidos de Cristo]*, abre la puerta a la remota posibilidad de que Jacobo haya visitado España.

> A Jacobo no se lo menciona en el Evangelio de Juan, lo cual es un dato interesante si aceptamos a Juan, hermano de Jacobo, como su autor. El Evangelio de Juan es la única fuente de información sobre Felipe, Andrés y Natanael Bartolomé. Resulta extraño que Juan no diga nada acerca de Jacobo, su hermano, y que mantenga oculta su propia identidad bajo el seudónimo de 'el discípulo amado.' La explicación habitual de estas omisiones es la reserva de Juan; pero aun así resultan poco naturales y difíciles de entender. Esta es una de muchas porciones del relato bíblico sobre los que necesitamos más entendimiento.

El proceso mediante el cual fue cristianizado el país no se conoce con claridad. En su carta a los Romanos, Pablo mencionó su deseo de llevar el Evangelio a España. La mayoría de los estudiosos cree que su martirio le impidió cumplir este deseo, pero otros creen que efectivamente fue a España. Sin embargo, la tradición española es que fue el Apóstol Jacobo quien fundó allí la iglesia cristiana. Aunque su muerte temprana hace casi insostenible esta conclusión, la leyenda ha tenido enorme influencia sobre el pueblo español. Los historiadores generalmente ubican el comienzo del cristianismo en España en el segundo o tercer siglo. Pero nadie puede tener certeza acerca de este período inicial, ya que no se cuenta con fuentes confiables de información.[5]

J. W. Taylor, en *The Coming of the Saints [La venida de los santos]*, parece dispuesto a aceptar que Jacobo fue uno de los primeros misioneros en España.

San Pedro y San Juan estuvieron juntos en Jerusalén durante los años inmediatos que siguieron, pero no leemos en ningún lugar acerca de que Jacobo estuviera con ellos. Esto es llamativo, porque antes habían estado constantemente juntos. Como el único que presenció con ellos la revelación especial en el Monte de la Transfiguración, siendo el único presente con ellos, nuevamente, en la conversación final en el Huerto de Getsemaní, que no compartiera su compañía después, y especialmente cuando 'cierta tarde, Pedro y Juan fueron al templo para participar en el servicio de oración de las tres de la tarde' (Hechos 3:1), es un hecho que necesita explicación. La única conclusión posible es que su compañero constante de los viejos tiempos estuviera fuera de Jerusalén.

Ahora bien, hay algunas tradiciones muy antiguas, tan atrás como en los primeros siglos, que, en caso de ser aceptadas, explicarían completamente este notable silencio respecto a uno de los líderes de los Apóstoles.

En estas tradiciones se representa a Jacobo como un viajero distante en el Occidente en los primerísimos años después de Cristo, y como misionero pionero en Cerdeña y en España.

Estas tradiciones acerca de Jacobo son tan antiguas y concretas que, aunque parecieran improbables, no veo por qué no repetir algunos de sus detalles más prominentes. Representan al apóstol llegando desde Oriente y predicando el Evangelio tanto en Cerdeña como en España; luego regresa a Jerusalén para guardar la fiesta de la Pascua en Jerusalén, y sufrió el martirio durante esta visita a la iglesia y a sus amigos.

Se dice que su cuerpo recibió cuidado y fue llevado de Palestina a España por discípulos que lo amaban, quienes lo enterraron en suelo español, entre las primeras personas a quienes antes había predicado el Evangelio del Reino.

Un dato mencionado por los historiadores de esa época —ambos, Tácito y Josefo— hace que esta misión resulte más probable de lo que parece a primera vista.

Tácito (*Anales,* vol. ii, c. 85) dice que alrededor de 19 d.C. que 4.000 jóvenes "impresionados por las supersticiones judías y egipcias" fueron trasladados de Italia a Cerdeña. Josefo los menciona como "4.000 judíos" (*Antigüedades*, libro svii, cap. 3), y es evidente que su destierro y enrolamiento forzado (ya que eran usados como soldados en Cerdeña) produjo una fuerte impresión entre los judíos en Palestina.

Algunos han creído que estos judíos desterrados ya eran creyentes en Cristo o seguidores de las enseñanzas de Juan el Bautista. Esto es casi imposible; pero es probable que muchos de ellos hayan sido antes seguidores de Judas el galileo (Hechos 5:37), quienes habían vivido como prisioneros en Roma durante los años siguientes. Siendo así, ellos, o las familias de donde provenían, serían conocidos de 'Jacobo y Juan.' Sin duda pertenecían a "las ovejas perdidas de la Casa de Israel" y motivarían una atención especial y urgente del gran Apóstol.

La aceptación de la leyenda o tradición de la misión de Jacobo (Santiago) a España parece haber surgido alrededor de 820 d.C., cuando el cuerpo del santo fue 'descubierto' por Teodosio, obispo de Tira. Alrededor del supuesto cuerpo de Jacobo surgió en forma gradual un altar, la catedral, la ciudad, y finalmente los peregrinos de 'Santiago de Compostela.' La primera catedral fue consagrada en 899 d.C., destruida por los moros liderados por El Mansui en 997. La catedral posterior fue construida en 1078 en el mismo lugar que la que fuera destruida. Pero mucho antes del supuesto descubrimiento —o redescubrimiento— del cuerpo de Jacobo, encontramos evidencias de que los pobladores y escritores españoles ya aceptaban lo esencial de esta tradición. Desde tiempos inmemoriales, o por lo menos desde 400 d.C., encontramos referencias a esta tradición en antiguos Oficios españoles.

> Se dice que el cuerpo de Jacobo recibió cuidado y fue llevado de Palestina a España por discípulos que lo amaban, quienes lo enterraron en suelo español, entre las primeras personas a quienes había predicado el Evangelio.

En la última parte del siglo siguiente o a comienzos del séptimo (alrededor de 600 d.C.) en los escritos de Isidoro de Sevilla encontramos tres referencias que confirman la tradición de que Jacobo predicó en España (vii, 390, 392 y v, 183), pero este autor dice que el cuerpo fue enterrado en "Marmarica" (Acaya). La tradición es confirmada una vez más por San Julián, quien presidió la iglesia de Toledo en el siglo séptimo (*Acta Sanctorum,* vol. 33, p. 86), y por Freculfo, quien escribió alrededor de 850 d.C. (libro ii, cap. 4). La síntesis de los bolandistas en el *Acta Sanctorum* se presenta decididamente a favor de la tesis de que la supuesta misión de Jacobo a España es confiable e histórica.[6]

Nadie parece haber hecho un trabajo más exhaustivo de investigación sobre la era apostólica que J. W. Taylor, pero resulta evidente que este escritor erudito está demasiado ansioso por demostrar su argumento. Aunque esto nos resulte tentador también a nosotros, no nos atrevemos a compartir el entusiasmo de Taylor. Por otro lado, la investigación honesta tampoco tiene el derecho de rechazarlas sin examinarlas.

La mejor de las enciclopedias bíblicas (*The International Standard Bible Encyclopaedia [Enciclopedia internacional estándar de la Biblia]*) sostiene que Jacobo fue ejecutado por Herodes Agripa I alrededor de 44 d.C. Los editores hacen el siguiente comentario teológico: "Así cumplió Jacobo la profecía de nuestro Señor, de que él también bebería la copa de su maestro" (Marcos 10:39). La misma fuente cita la siguiente literatura apócrifa:

> Según *Genealogies of the Twelve Apostles [Genealogía de los doce apóstoles]* (compárese Budge, *The Contendings of the Apostles [Las disputas de los apóstoles]*, vol. II, 49) Zebedeo era de la tribu de Leví y su esposa de la tribu de Judá. Ahora bien, debido a que el padre de Jacobo lo amaba intensamente, lo incluía en la familia de su antepasado Leví, y de manera similar, porque la madre amaba a Juan intensamente, lo incluía en la familia de su antepasado Judá. Y se los apodaba 'Hijos del Trueno' porque pertenecían tanto a la casa sacerdotal como a la casa real. *Los hechos de San Juan*, una obra herética del siglo segundo, a la que Clemente de Alejandría se refiere en su *Hypotyposis*, y también Eusebio (*HE*, III, 25) presentan un relato del llamado de Jacobo y de su presencia en el momento de la Transfiguración, en parte similar al de los Evangelios, aunque contiene detalles fantásticos concernientes a la naturaleza sobrenatural del cuerpo de Cristo, y a la forma en que su aspecto produjo confusión a Jacobo y a los otros discípulos (compárese Hennecke, *Handbuch zu den neustestamentlichen Apokryphen*, 423–59). *Los hechos de Jacobo en la India* (compárese Budge, *The Contendings of the Apostles*, 295–303) relata el viaje misionero de Jacobo y

Pedro a la India, de que Cristo se les apareció con la forma de un joven hermoso, de la curación de un hombre ciego, de su encarcelamiento, de su liberación milagrosa y de la conversión de la gente.[7]

Hugo Hoever, hace casi cien años, resumió las creencias de los eruditos cristianos de su época: "Por el celo inicial de Jacobo y de Juan, nuestro Señor los apodó Boanerges, o hijos del trueno. . . . Jacobo predicó el Evangelio en España y regresó a Jerusalén, donde fue el primero de los apóstoles que sufrió el martirio. Fue decapitado en Jerusalén en la época de la Pascua, 44 d. C., por orden de Herodes Agripa."[8]

La reconocida publicación *A Traveller's Guide to Saints in Europe [Guía del viajero de los santos en Europa]* ofrece la siguiente conjetura: "La mayoría de los estudiosos considera que es improbable que haya visitado España, pero declara que esto no descarta la afirmación de que las reliquias en Santiago son las del apóstol."[9]

La *Encyclopaedia Brittanica* no rechaza por completo la tesis de un vínculo de Jacobo con España, pero sostiene que el martirio histórico de Jacobo ocurrió unos catorce años después de la muerte de Cristo (Hechos 12:2), bajo el gobierno de Herodes Agripa I, nieto de Herodes el Grande. Añade: "Existe una tradición que presenta serias dificultades y que no es unánimemente aceptada, de que Jacobo predicó el evangelio en España y que después de su muerte su cuerpo fue trasladado a Compostela."[10]

Existe una tradición que compite con la anterior, presentada por el autor de *Armenian Patriarchate of Jerusalem [Patriarcado Armenio de Jerusalén]*. Esta autoridad sostiene que la Catedral de Santiago en Jerusalén, sede del Patriarcado Armenio, se levanta sobre el lugar de la casa de Jacobo el Menor. [En un capítulo posterior de este libro demuestro que, más allá de la historicidad que pudiera tener esta afirmación, es poco probable que sea el lugar de entierro de Jacobo el Menor, sino más bien el de Jacobo el hermano de Jesús.] Sin embargo, la siguiente declaración es de interés por ser un argumento rival respecto a la ubicación de los restos de Jacobo el Mayor. "La

Catedral contiene el Altar de Jacobo el Mayor (el Apóstol y hermano de San Juan). La cabeza del Apóstol está enterrada en este Altar."[11]

En otra obra, *The Treasures of the Armenian Patriarchate of Jerusalem [Los tesoros del Patriarcado Armenio de Jerusalén]*, se hace la siguiente afirmación:

> La Catedral de Santiago se levanta en el lugar donde, de acuerdo con la tradición, se enterró la cabeza de Jacobo el Mayor, hermano de Juan, decapitado bajo el gobierno de Herodes Agripa en 44 d.C. (debajo de la pared norte de la actual iglesia). Actualmente la tumba se encuentra en el interior de la Catedral. Según la tradición, ya a comienzos del siglo primero se construyó una capilla donde fue decapitado Jacobo el Mayor. Sin embargo, hay muchas evidencias de que los cimientos de la primera iglesia construida sobre estos lugares sagrados fueron puestos en el siglo IV.[12]

La misma autoridad agrega:

> Según la tradición armenia, después de la destrucción del monasterio en el que fue originalmente enterrado el Apóstol Jacobo el Menor después de su martirio, sus restos fueron trasladados a la Catedral de Santiago y colocados en el lugar donde ahora se encuentra el altar mayor. Se cree que esta Catedral se encuentra en el sitio donde fue enterrada la cabeza del Apóstol Jacobo el Grande, hermano de Juan el Evangelista. Estas tradiciones con frecuencia dan razones para enfatizar la asociación histórica que las instituciones armenias mantienen con los dos Apóstoles cuyas reliquias han custodiado celosamente durante muchos siglos.[13]

¿Qué ocurrió con el cuerpo de Jacobo?

La respuesta se puede deducir de las evidencias con las que contamos acerca de la vida, el martirio y el destino posterior del cuerpo de Jacobo: No cabe duda de que la historia de Jacobo el Grande es una mezcla de certeza y tradiciones en conflicto. Sugerimos la siguiente *hipótesis* con la intención de armonizar la información, mientras la erudición aguarda descubrimientos futuros.

Jacobo vivió catorce años más después de la resurrección de Jesús. Tomando en cuenta la facilidad con la que los habitantes de la cuenca mediterránea podían viajar de un extremo al otro del mar, ya en tiempos de Aníbal de Cartago, y considerando la facilidad aún mayor de hacerlo en tiempos de Julio César (aproximadamente 60–40 a.C.), quien viajó por lo menos tres veces a España, no vemos gran dificultad de que Jacobo haya visitado las colonias judías en España. No es probable que Jacobo haya predicado a los gentiles, excepto a aquellos que se habían hecho prosélitos en la sinagoga judía en España.

Una rama importante del judaísmo, los *sefardíes*, ha estado más identificada con España que con cualquier otro país europeo. Difícilmente Jacobo hubiera considerado que su responsabilidad misionera incluyera una misión a los gentiles, ya que, en caso de haber ido a España, es probable que la brevedad de su carrera como predicador (catorce años) lo hubiera llevado solamente a las colonias judías esparcidas por España.

En el momento en el que Jacobo salió de Judea, si es que fue a España, el apóstol Pablo todavía no había cortado la relación del movimiento cristiano con el judaísmo oficial. Sin embargo, la falta de mención del nombre o de las actividades de un apóstol tan destacado como Jacobo el Mayor en el libro de los Hechos, aparte de la primera lista de apóstoles en el primer capítulo de Hechos, tiene que significar algo. Es difícil aceptar la idea de que Jacobo haya viajado tanto a la India como a España. Como no podemos descartar por completo que haya visitado España durante los catorce años de silencio sobre la historia de este apóstol, y como es razonable suponer que Jacobo fuera blanco especial de los perseguidores herodianos de la iglesia, no hay obstáculo histórico *insuperable* de un posible viaje de Jacobo a España.

Por lo tanto *quizás* Jacobo haya ido a España con el propósito de predicar a los colonos y esclavos judíos de ese lugar. No sabemos por qué elegiría ese destino. Cuando regresó de España a Jerusalén, es probable que Jacobo haya sido acusado por Herodes Agripa I de sembrar la rebelión entre los esclavos judíos en España. Sin duda Herodes era impopular en Judea porque había enviado a esos cautivos judíos como esclavos. O tal vez no presentaba suficientes objeciones contra Roma por haberlos esclavizado. Sin embargo, lo más probable es que los esclavos judíos en España fueran enemigos tanto de Herodes como de Roma.

Cualquier persona de Judea que hiciera el largo viaje a España y fuera observado o escuchado mientras hablaba con esclavos muy probablemente hubiera sido considerado, a su regreso, como enemigo potencial del trono de Herodes.

Con el rápido crecimiento del movimiento cristiano en Jerusalén, es posible que Herodes haya considerado a todos o a algunos de los líderes cristianos como insurrectos potenciales. Es posible que haya acusado a Jacobo de difundir la sedición y que lo haya decapitado bajo el cargo de enemigo del estado. Por la medida que tomó contra Jacobo, habrá contado con el respaldo de algunos de los principales miembros del sacerdocio. Los líderes religiosos y políticos de los judíos ya no eran tolerantes con el cristianismo hacia 44 d.C., aun si durante los primeros años lo hubieran considerado demasiado pequeño para ser potencialmente peligroso.

No encuentro ningún argumento en contra de que Jacobo efectivamente pudo haber sido víctima del miedo y de la ira de Herodes, y en consecuencia acusado de sedición. Si Herodes estaba decidido a eliminar el cristianismo, o por lo menos a inmovilizarlo con el propósito de complacer a los círculos judíos gobernantes, no sería raro de su parte que hubiera sobornado a varios "testigos." También es posible que la prédica acerca de un Mesías que había venido, *y que volvería*, sumarían a Jacobo muchos seguidores y creyentes entre los esclavos judíos en España. Si este fue el caso, los judíos esclavos y los disturbios resultantes significarían un problema para los romanos, quienes lo hubieran adjudicado principalmente a Jacobo. Ni siquiera hace falta recurrir a la teoría de que era necesario conseguir testigos falsos. La consiguiente muerte de Jacobo decidida por la mera sospecha de actividades ilegales era una marca típica de los Herodes.

Sin duda no podemos demostrar esta teoría con algo más que especulación. Pero es muy factible que una parte de los esclavos judíos en España se hayan convertido a Cristo por la prédica de Jacobo, y que a partir de este hecho hayan elaborado historias milagrosas concernientes a la visita de Jacobo, las cuales pueden haber dado la base para la vinculación posterior entre Jacobo y España. Esa visita era totalmente coherente de lo que conocemos de la personalidad de Jacobo. Era un judío celoso, que pudo haber sentido compasión y deseado la salvación de aquellos doblemente infortunados judíos esclavos en España. Habría deseado ganarlos para Cristo, y habría lamentado profundamente que estuvieran separados del cuerpo principal de Israel.

La muerte de Jacobo

Tenemos la certeza de que una vez muerto Jacobo, sus amigos y compañeros de apostolado enterraron su cuerpo en algún lugar de Jerusalén. Una tumba de propiedad familiar en las cercanías del actual emplazamiento del Patriarcado Armenio bien pudo haber sido el lugar donde se depositaron su cuerpo y su cabeza. Es muy probable que la cabeza haya sido preservada en ese lugar y que más tarde, cuando se construyó una iglesia, se la haya enterrado en ella.

Es probable también que con el incremento de la veneración a las reliquias apostólicas en los comienzos de la Edad Media, algunos huesos del apóstol, quizás todo el cuerpo, hayan sido llevados a España para eludir la invasión persa. Tal vez la cabeza haya sido conservada en Jerusalén, porque no es difícil esconder un relicario que contiene un cráneo, aun a pesar de la invasión y el saqueo de los soldados persas. El cuerpo, separado de la cabeza, pudo haber sido enviado a España para su resguardo. Uno puede imaginar fácilmente a los cristianos armenios de hace tiempo decidiendo prudentemente separar las reliquias del apóstol Jacobo con la intención de que se preservaran por lo menos algunos de los restos, aunque otros se perdieran en el proceso. Hasta hoy hay lugares en España, tales como el Escorial, que reclaman poseer fragmentos del cuerpo de casi todos los apóstoles. La fragmentación de las reliquias era una práctica casi universal en los comienzos de la Edad Media, y no hay razones de peso para rechazar la posibilidad de que algunas secciones importantes de las reliquias se encuentren hasta hoy en la Iglesia de Santiago de Compostela en España.

Como hemos enfatizado, esta posibilidad debe rotularse como hipótesis, ya que no contamos con hechos que confirmen o contradigan seriamente este postulado. Es poco probable que se encuentren, de manera que debemos conformarnos con la teoría. Por mi parte, después de haber confirmado la práctica de la fragmentación de las reliquias apostólicas y habiendo visitado tanto España como Jerusalén, no encuentro razones para dudar de la posibilidad de que una parte de los huesos de Jacobo, hijo de Zebedeo, se encuentre actualmente en España y otra parte en Jerusalén.

CAPÍTULO 6

JUAN

Cuando Jesús vio a su madre [parada cerca de la cruz] al lado del discípulo que él amaba [Juan], le dijo: "Apreciada mujer, ahí tienes a tu hijo." Y al discípulo le dijo: "Ahí tienes a tu madre." Y, a partir de entonces, [Juan] la llevó a vivir a su casa.
Juan 19:26-27

Como todas las biografías bíblicas, la de Juan es fragmentaria. De todos modos tenemos bastante información acerca de él.

Era uno de los hijos de Zebedeo, un pescador de Galilea, y de Salomé, quien probablemente era hermana de María, la madre de Jesús. Creció en Galilea y era socio de su hermano, de Andrés y de Pedro en el negocio de la pesca. Él y Andrés fueron discípulos de Juan el Bautista (Juan 1:35-40). Acompañó a Jesús en su primera gira por Galilea, y más tarde él y algunos de sus socios dejaron la empresa pesquera y se hicieron discípulos de Cristo. Juan estuvo con Jesús en las bodas en Caná de Galilea (Juan 2:1-11) y también estuvo presente en Jerusalén en la etapa inicial del ministerio de Jesús en Judea.

Se nos dice que Juan era propietario de una casa en Jerusalén. Es posible que la entrevista con Nicodemo haya tenido lugar allí. Fue uno de los doce a los que Jesús envió en una misión de predicar.

Estuvo presente, junto con Pedro y Jacobo, cuando Jesús resucitó a la hija de Jairo (Marcos 5:37), y en la Transfiguración (Mateo 17). Fueron los que estuvieron más cerca del Señor durante la agonía en Getsemaní. Juan fue, por lo tanto, el discípulo más íntimo de Cristo. Él y su hermano fueron apodados "Hijos del trueno" cuando pidieron que descendiera fuego del cielo sobre una aldea samaritana cuyos habitantes les habían negado hospitalidad (Marcos 3:17). En otra oportunidad Juan puso de manifiesto su celo, su intolerancia y su sectarismo cuando exclamó: "Maestro, vimos a alguien usar tu nombre para expulsar demonios, pero le dijimos que no lo hiciera, porque no pertenece a nuestro grupo" (Marcos 9:38). La madre de Juan expresó la ambición de sus hijos cuando pidió para ellos los lugares principales en el reino (Marcos 10:35).

En la Última Cena, Juan ocupó el lugar privilegiado de mayor intimidad, cerca de Jesús (Juan 13:23). Durante el juicio de Jesús estuvo presente en la corte porque era conocido en la familia de los sumos sacerdotes. Probablemente se haya relacionado con las personas prominentes en Jerusalén a través de su trabajo como representante comercial de la empresa pesquera de su padre. Juan estuvo presente en la crucifixión, y allí Jesucristo le dio la responsabilidad de cuidar a su madre, María (Juan 19:26). Estuvo con Pedro durante el lapso en el que Jesús estuvo en la tumba y fue con él uno de los primeros que vieron la tumba vacía. La mayor demostración de fe de Juan fue cuando vio las vendas vacías en la tumba; da su testimonio: "Vio y creyó" (Juan 20:8).

> La mayor demostración de fe de Juan fue cuando vio las vendas vacías en la tumba; dio su testimonio: "Vio y creyó" (Juan 20:8).

Juan estaba con Pedro en la puerta del Templo cuando un paralítico fue sanado (Hechos 3:10). También estaba con Pedro en la misión a Samaria donde impartieron el Espíritu Santo a los nuevos convertidos (Hechos 8:12). Él, Pedro y Jacobo, el hermano del Señor, son llamados "columnas" de la iglesia en Jerusalén.

Muchos han identificado a Juan como "el discípulo a quien Jesús amaba" (Juan 19:26; 20:2; 21:7, 20).

En el comienzo del Evangelio de Juan tenemos la información de que vivió por mucho tiempo después del comienzo de la era cristiana. Sus epístolas revelan que alcanzó una posición influyente en el mundo cristiano, y poco antes de la destrucción de Jerusalén se radicó en Éfeso, en Asia Menor. En esta ubicación estratégica se desempeñó como pastor de la iglesia en Éfeso y mantuvo una relación especial con las demás iglesias en la región, como sabemos por sus cartas a las siete iglesias en Asia. Su hermano Jacobo fue el primero de los apóstoles que murió. Juan, por su parte, fue el último en morir. Casi todos los otros apóstoles sufrieron una muerte violenta, mientras que Juan murió pacíficamente en Éfeso, a una edad avanzada, alrededor del año 100 d.C.

Los años finales de Juan

Se cree que mientras Juan vivía en Éfeso, María, la madre de Jesús, vivió allí con él durante algunos años. Nicéforo, en su *Historia eclesiástica* (2,2) dice que Juan se quedó en Jerusalén y cuidó a María como hijo hasta el día en que ella murió. Sin embargo, esta tradición tiene menos peso que aquella que sostiene que María fue llevada a Éfeso y que murió allí. No sería tan importante definir este asunto, excepto por el hecho de que en la actualidad se exhiben dos lugares donde se dice que fue sepultada. Hay una tumba en Jerusalén y en Éfeso está la "Casa de Santa María." Aunque no se ha encontrado su tumba en Éfeso, las fuentes arqueológicas parecen indicar que alguna vez estuvo allí. Dos guías de las ruinas de la antigua Éfeso así lo sostienen.[1]

Ireneo, oriundo de Asia, conocía a Policarpo, discípulo de Juan, y más de una vez se refiere a la enseñanza de Juan en Éfeso y dice que el apóstol vivió allí hasta los tiempos de Trajano.[2]

Mientras vivía en Éfeso, Juan fue exiliado a Patmos, una colonia penal cerca de la costa de Turquía. Eusebio lo confirma en el capítulo XVIII, i.

> Según las primeras tradiciones, el texto sagrado del libro de Apocalipsis le fue dado a San Juan mientras estaba en la cueva que hoy se conoce como la cueva del Apocalipsis, que ahora está oculta debajo del edificio del Monasterio del Apocalipsis.

Este monasterio fue construido en el siglo XVII como sede de la escuela teológica Patmias, construida en aquella fecha, y la estructura ha sufrido pocas modificaciones desde entonces. El edificio consiste en un conjunto de celdas, aulas, jardines con flores y escaleras, además de capillas dedicadas a San Nicolás, San Artemio y Santa Ana, esta última frente al lado abierto de la cueva. La cueva sagrada o gruta fue transformada hace ya mucho tiempo en un pequeño templo dedicado a San Juan el Teólogo. En la gruta hay signos que la tradición mantiene y que son testimonio de la presencia de Juan: En una esquina está el lugar donde apoyaba su cabeza par descansar; cerca el lugar donde apoyaba la mano para levantarse del suelo rocoso donde dormía; no lejos de allí, el espacio donde desplegaba el pergamino; y en el techo de la cueva, una fisura triple en la roca a través de la cual oyó "una gran voz como de trompeta." La cueva es pequeña y la luz es escasa; es un sitio que invita a la meditación, a la oración, a la adoración contemplativa . . . un sitio donde un hombre podría decir: "¡Cuán temible es este lugar! Esta no es otra que la casa de Dios, y esta es la puerta del Cielo."

> Jacobo, hermano de Juan, fue el primero de los apóstoles que murió, mientras que Juan, el último, murió pacíficamente en Éfeso a edad avanzada.

Un escrito apócrifo de fecha considerablemente posterior al libro de Apocalipsis, atribuido a la mano de Prócoro, "discípulo" de San Juan, ofrece algunos detalles acerca de la permanencia de San Juan en Patmos. El documento lleva el título de "Viajes y Milagros de San Juan el Teólogo, Apóstol y Evangelista, documentado por su discípulo Prócoro." Probablemente data del siglo X. Algunos estudiosos, sin embargo, lo ubican en el siglo IV y otros tan tarde como en el siglo XIII. Todas las tradiciones locales de la isla se derivan de este texto, que contiene un relato prolongado acerca de cómo escribió Juan su

Evangelio en Patmos. Esta tradición se difundió ampliamente desde el siglo XI en adelante, pero en la actualidad sólo podemos tomarla con enorme escepticismo. El mismo texto también relata los milagros que realizó San Juan antes de su llegada a Patmos, las dificultades con las que se encontró en la isla y el éxito final de su apostolado; y en particular contiene un relato acerca de cómo Juan entró en conflicto con un mago pagano de nombre Kynops, a quien con el tiempo venció. Todavía hoy existen habitantes de Patmos dispuestos a señalar los diversos lugares señalados en el relato. Los pescadores muestran a Kynops convertido en roca debajo de las serenas aguas de la bahía de Scala, y los monjes presentan los frescos que ilustran esta misma escena en el pórtico del enorme monasterio de San Juan el Teólogo, en Chora.

Desde el siglo IV d.C. en adelante, Patmos se convirtió en uno de los principales centros de peregrinación en el mundo cristiano. Hay muchas columnas y capiteles incorporados ahora en el templo principal y a otras partes del gran monasterio, lo mismo que en otros templos de la isla, que provienen de iglesias construidas entre los siglos V y VI. Pero desde el siglo VII en adelante, Patmos fue quedando al margen como la mayoría de las islas del Egeo, porque este fue el período de fortalecimiento del islam y una época de grandes batallas entre árabes y bizantinos.[3]

Eusebio relata que Juan fue liberado de Patmos y que regresó a Éfeso:

Después de que Domiciano reinara durante cincuenta y cinco años y que Nerva subiera al trono, el senado romano decretó que se revocaran los honores de Domiciano, y que aquellos que hubieran sido injustamente desterrados volvieran a sus hogares, y que se les restituyeran sus bienes. Esto es lo que sostienen los historiadores de la época. Fue entonces cuando el apóstol Juan regresó de su destierro en Patmos y reinició su permanencia en Éfeso, según una antigua tradición de la iglesia.[4]

Una de las historias más interesantes acerca de Juan está registrada también por Eusebio:

> También por esta época el discípulo amado de Jesús, Juan el Apóstol y evangelista, que todavía vivía, lideraba a las iglesias en Asia, después de regresar de su exilio en la isla, con posterioridad a la muerte de Domiciano. Que todavía vivía hasta esa fecha, puede demostrarse por la palabra de dos testigos. Estos guardaban la sana doctrina en la iglesia, y por lo tanto pueden ser considerados dignos de crédito: y se trata de Ireneo y de Clemente de Alejandría. El primero de ellos, en el segundo libro contra las herejías, escribe lo siguiente: "Y todos los presbíteros de Asia, que habían sido ordenados por Juan, el discípulo de nuestro Señor, testifican que Juan se lo había entregado; porque continuó con ellos hasta los tiempos de Trajano." Y en el tercer libro de la misma obra muestra lo mismo con las siguientes palabras: "Pero también la iglesia de Éfeso, que había sido fundada por Pablo y donde Juan continuaba residiendo hasta los tiempos de Trajano, es testigo fiel de la tradición apostólica."

Además Clemente, refiriéndose a la época, añade una narración plenamente aceptable para aquellos que se deleitan en escuchar lo que es excelente y provechoso, en aquel discurso al que tituló *¿Qué hombre rico se salva?* Tomando el libro, es recomendable leer una narración como la que sigue:

Escucha una historia que no es una fábula, cuidadosamente preservada y transmitida, acerca del Apóstol Juan. Después de

---

LUCAS ESCRIBE

Los miembros del Concilio [de los judíos religiosos] quedaron asombrados cuando vieron el valor de Pedro y Juan, porque veían que eran hombres comunes sin ninguna preparación especial en las Escrituras. También los identificaron como hombres que habían estado con Jesús. Hechos 4:13

---

la muerte del tirano, regresó de la isla de Patmos a Éfeso, y también fue, al ser llamado, a las regiones vecinas de los gentiles; en algunos lugares para designar obispos, en otros para establecer iglesias completamente nuevas y en otros para afirmar en el ministerio a aquellos que habían sido señalados por el Espíritu Santo. Cuando llegó a una de estas ciudades, no muy lejos, y de la cual algunos dan el nombre, y hubo consolado a sus hermanos, se volvió hacia el obispo ordenado, y al ver a un joven de fina estatura, de rostro agraciado y de mente alerta, dijo: "A este te encomiendo con toda sinceridad, en presencia de la iglesia de Cristo." El obispo lo recibió y prometió lo solicitado; Juan repitió y testificó en el mismo sentido y luego regresó a Éfeso.

El presbítero llevó a su casa al joven que se le había encomendado, lo educó, lo disciplinó y lo estimó, y finalmente lo bautizó. Después disminuyó la vigilancia y el cuidado que hasta allí había ejercido, como si ya lo hubiera consagrado a la protección perfecta en el sello del Señor. Pero ciertas personas ociosas y disolutas, familiarizadas con todo tipo de perversidad, lamentablemente se acercaron a él, prematuramente liberado de limitación. Al principio lo indujeron a entretenimientos costosos. Luego salen de noche a saquear y lo llevan con él.

Después lo animan a hacer algo más grande, y poco a poco se acostumbra a sus maneras, como un potro poderoso y sin brida que se ha salido del camino recto, que muerde el freno y se arroja con ímpetu al precipicio. Con el tiempo, renunciando a la salvación de Dios, se entrega a todo tipo de ofensas y habiendo cometido algún crimen grave, ahora que estaba arruinado, esperaba sufrir igual que los demás.

Tomó por tanto a estos mismos compañeros y formó con ellos una banda de ladrones, y fue su jefe, superándolos a todos en violencia, en matanza y en crueldad. Pasó el tiempo y en cierta ocasión mandaron a llamar a Juan. Después de ocuparse de otros asuntos por los que había venido, el Apóstol dijo:

"Ven, obispo, entrégame mi depósito, el cual Cristo y yo te encomendamos en presencia de la iglesia que presides."

Al principio el obispo se sintió confundido pensando que se le reclamaba insidiosamente un dinero que no había recibido; sin embargo no podía devolver lo que no había recibido, ni tampoco descreerle a Juan. Pero cuando Juan dijo: "Te pido el joven, y el alma de un hermano," el anciano, gimiendo pesadamente y también sollozando, dijo: "Está muerto." "¿Cómo, y de qué muerte?" "Está muerto para Dios," respondió. "Se volvió perverso y abandonado, y por último un ladrón; y ahora, en lugar de la iglesia, se ha instalado en la montaña con una banda de otros como él."

Al escuchar esto, el Apóstol desgarró sus vestiduras y, mientras se golpeaba la cabeza con grandes lamentos, dijo: "¡Dejé el alma de un hermano a cargo de un excelente cuidador! Pero ahora prepárenme un caballo y que alguien me guíe." Y así se alejó de la iglesia, cabalgando, y al llegar a la región fue tomado prisionero por el vigía de la banda. Sin embargo, ni siquiera intentó huir, ni rehusó ser apresado; por el contrario exclamó: "Para este propósito he venido; llévenme ante su jefe."

Mientras tanto el joven esperaba de pie, armado. Pero al reconocer que era Juan quien avanzaba hacia él, se volvió para huir, abrumado por la vergüenza. Sin embargo, el Apóstol lo persiguió con todas sus fuerzas, olvidándose de su edad, y exclamando: "¿Por qué huyes de mí, hijo mío, de mí, tu padre, tu padre indefenso y anciano? Ten compasión de mí, no temas; todavía tienes esperanza de vida. Intercederé por ti ante Cristo. Si fuera necesario, con gusto sufriría la muerte por ti, como Cristo lo hizo por nosotros. Daré mi vida por la tuya. Quédate; créeme que Cristo me ha enviado."

Al escuchar esto, el joven se detuvo y lo miró con expresión abatida. Luego apartó de sí sus armas; entonces temblando, se lamentó amargamente, y abrazó al anciano, suplicando por sí mismo con sollozos, cuanto podía; como si se bautizara por segunda vez en sus propias lágrimas, ocultando sólo su mano derecha. Pero el Apóstol se comprometía y le aseguraba solemnemente que había encontrado el perdón para él en las manos de Cristo por medio de sus oraciones, y oraba postrado de rodillas y le besaba su mano derecha como limpia ya de toda iniquidad, y lo condujo de regreso a la iglesia. Suplicaba luego con frecuentes oraciones, luchaba con ayunos periódicos y suavizaba su actitud con declaraciones de consuelo, y no lo dejó, como algunos dicen, sino cuando estuvo restaurado en la iglesia. Ofreció un poderoso ejemplo de arrepentimiento verdadero, una gran evidencia de regeneración, y trofeo de una resurrección visible.[5]

El relato bíblico acerca de Juan termina con las siete cartas a las siete iglesias, que se menciona en los dos primeros capítulos de Apocalipsis. San Agustín relata que Juan predicó a los partos, quienes vivían en las fronteras de lo que ahora es Rusia e Irán, y cerca de las regiones orientales de Turquía.

JUAN ESCRIBE

Yo, Juan, soy . . . [su] compañero en el sufrimiento y en el reino de Dios y en la paciencia y perseverancia a la que Jesús nos llama. Me exiliaron a la isla de Patmos por predicar la palabra de Dios y por mi testimonio acerca de Jesús. Apocalipsis 1:9

En *De Praescriptione*, Tertuliano dice que Juan estuvo con Pedro en Roma y que por un tiempo su vida estuvo en peligro. Dice la leyenda que fue torturado en un recipiente de aceite hirviendo, pero se salvó milagrosamente. La anécdota no parece tener mucho fundamento en datos históricos, pero la Iglesia de San Giovanni in Olio parece haber sido construida en ese lugar en Roma en honor a la liberación del apóstol.

También hay una tradición de que en Roma intentaron envenenar a Juan, pero que cuando él levantó la copa, el veneno desapareció en la forma de una serpiente. Por eso el símbolo católico-romano para este apóstol es una copa con una serpiente que asoma de ella.[6]

Mientras estuvo en Éfeso, Juan escribió su Evangelio. Eusebio describe las circunstancias:

> El cuarto de los Evangelios fue escrito por Juan, uno de los discípulos. Cuando recibió ánimo de parte de sus compañeros discípulos y de los obispos, dijo: 'Ayunen conmigo durante tres días; y lo que le sea revelado a cualquiera de nosotros, compartámoslo unos con otros.' Esa misma noche le fue revelado a Andrés, uno de los Apóstoles, que Juan debía escribir todo en su propio nombre, y que ellos darían su respaldo.[7]

La historia de la iglesia registra pocos minutos de humor, pero sin duda uno de ellos es la descripción que da Eusebio en este pasaje acerca de Cerinto, un hereje famoso en los tiempos de Juan. Eusebio cita a Ireneo como autoridad, y relata que este dijo que "Juan, el apóstol, entró en una oportunidad a lavarse en un baño; pero cuando vio a Cerinto allí, salió de un salto y huyó por la puerta, porque no soportaba estar bajo el mismo techo con él. Juan exhortó a los que estaban allí a que hicieran lo mismo: 'Huyamos antes de que se hunda la fuente, porque Cerinto, el enemigo de la verdad, está aquí.'"[8]

Ocupándose del mismo Cerinto, San Jerónimo escribió varios párrafos acerca de Juan, sugiriendo que el apóstol escribió el Evangelio en contra de la herejía de Cerinto. Vale la pena leer la cita completa de San Jerónimo:

> Juan, el Apóstol a quien Jesús amaba más, hijo de Zebedeo y hermano de Jacobo, el Apóstol a quien Herodes decapitó después de la pasión de nuestro Señor, es con toda certeza quien escribió un *Evangelio*, a pedido de los obispos de Asia, en contra de Cerinto y de otros herejes y especialmente en contra de los dogmas florecientes de los ebionitas, quienes sostenían que Cristo no había existido antes de María. A raíz de esto se vio en la necesidad de confirmar el origen divino de Cristo. Pero

se dice que hay además otra razón para su obra, porque cuando leyó Mateo, Marcos y Lucas, aprobó sin vacilar el contenido de la historia y declaró que todo lo que habían dicho era verdad, pero que habían relatado solamente la historia de un solo año, es decir, el año siguiente al encarcelamiento de Juan, durante el cual fue condenado a muerte. De modo que pasó por alto ese año, cuyos acontecimientos habían sido presentados por aquellos, y relató los sucesos del período previo al momento en que Juan fue encarcelado, para que fueran conocidos por aquellos que leyeran con diligencia las obras de los cuatro evangelistas. Esto también elimina la discrepancia que pareciera haber entre Juan y los otros. También escribió una Epístola que comienza de la siguiente manera: "Lo que ha sido desde el principio, esto les anunciamos."

En el decimocuarto año después de Nerón, Domiciano había iniciado una segunda persecución y Juan fue desterrado en la isla de Patmos, donde escribió el *Apocalipsis*, sobre el cual Justino Mártir e Ireneo más tarde escribieron comentarios. Pero cuando Domiciano fue asesinado, y a causa de su excesiva crueldad, sus acciones fueron anuladas por el Senado, Juan regresó a Éfeso bajo el gobierno de Nerva, y permaneció allí hasta la época del emperador Trajano, fundando y levantando iglesias en toda Asia; y deteriorado por su avanzada edad, murió sesenta y ocho años después de la pasión de nuestro Señor y fue enterrado cerca de aquella ciudad.[9]

Jerónimo también comparte otra tradición acerca de Juan. Dice que cuando Juan era ya de edad muy avanzada, sus discípulos lo llevaban en brazos a la iglesia. En esos encuentros no decía otra cosa que: "¡Hijitos, ámense unos a otros!" Después de un tiempo los discípulos se cansaron de escuchar siempre las mismas palabras, y le preguntaron: "Maestro, ¿por qué siempre repites esto?" A lo cual respondió: "Fue el mandamiento del Señor, y haciendo sólo esto, ¡es suficiente!"

El poeta Eastwood nos ayuda a captar el carácter del anciano apóstol en un poema en el que describe las últimas horas de Juan.

> ¿Qué decís, amigos?
> ¿Qué esto es Éfeso y que Cristo se ha ido
> De regreso a su reino? Sí, así es, así es;
> Lo sé: y sin embargo recién me parecía estar una vez más
> en mis montes nativos
> Tocando a mi Señor . . .
> ¡Arriba! Llevadme una vez más a mi iglesia
> Dejadme que allí les hable del amor de un Salvador:
> Pues por la dulzura de la voz de mi Maestro
> Siento que está muy cerca ya.
> . . . Entonces, levántate, cabeza mía:
> ¡Qué oscuro está! Parece que ya no puedo ver.
> Los rostros de mi rebaño \Es ese el mar
> Que murmura de ese modo, ¿o está sollozando? ¡Callad!
> "¡Hijitos míos! Tanto amó Dios al mundo\
> Que dio a su hijo: por eso, amaos unos a otros,
> Amad a Dios y a los hombres. Amén."[10]

Hay una tradición fuerte de que Juan vivió hasta el reinado de Nerva, 68 años después de la resurrección de Jesús.[11]

Clemente de Alejandría escribe que "durante sus días finales Juan designó obispos en la nueva comunidad cristiana"[12] e Ireneo escribe que "Policarpo y Papías eran sus discípulos."[13]

Una visita a la tumba de Juan

Las guías turísticas locales disponibles para quien visita Éfeso han sido escritas con un nivel de erudición. Relatan la historia acerca de la tumba de San Juan.

> Los discípulos de Juan construyeron una capilla en el lugar donde se encontraba la tumba del Evangelista, y este llegó a ser un centro de adoración cristiana. Eran tantos los peregrinos

que visitaban el templo que hacia el siglo VI el emperador Justiniano y su esposa Teodora estuvieron de acuerdo en que se construyera un monumento digno de San Juan, en lugar de la construcción previa, que era de escaso valor artístico. La iglesia de Justiniano, de 130 metros de longitud, con tres naves, fue construida con la planta en forma de cruz. La amplia nave central fue cubierta con seis bóvedas: el nártex quedó cubierto con cinco más pequeñas. La bóveda principal y la sección central de la iglesia estaban soportadas sobre cuatro columnas cuadradas. La tumba del Apóstol estaba en una habitación debajo de la parte del piso ubicado debajo de la bóveda mayor. Según la tradición el polvo de esta habitación tenía poderes milagrosos de sanidad, lo cual convocaba a esta tumba a muchos enfermos durante la Edad Media.

El piso de la iglesia estaba cubierto con mosaicos. Los monogramas de Justiniano y de Teodora se identifican fácilmente sobre los capiteles de algunas de las columnas. El 26 de septiembre, fecha probable de la muerte del Evangelista, se celebraban ceremonias conmemorativas. Las luces y las procesiones atraían a grandes multitudes desde los distritos circundantes. Las monedas del siglo II que se encontraron en el lugar de la tumba del santo demuestran que ya en esos tiempos lejanos se trataba de un lugar de peregrinación.

Al norte de las ruinas de la Basílica de San Juan podemos ver, como una corona sobre la cima del Monte Seljuk, la Ciudadela con sus quince torres. Se trata de un castillo bizantino, pero buena parte del mismo fue reconstruido durante la época de Aydinogullari. Una de las torres y las paredes del lado sur del edificio son características de ese período. Puede entrarse a la Ciudadela desde el lado occidental. Allí hay una iglesia, una mezquita y cisternas. Según la tradición, el Evangelio de Juan fue escrito en este monte, por aquel que veía con tanta claridad el mundo que lo rodeaba.[14]

En un libro que lleva el mismo título se relata una historia muy parecida a esta:

> Desde los comienzos mismos del cristianismo, las comunidades cristianas aceptaron a este lugar [Éfeso] como lugar de peregrinación y le rindieron homenaje. Más tarde este templo fue destruido por obra de Dios y se construyó nuevamente de mayor tamaño por decisión del emperador Justiniano. Esta iglesia abovedada tenía un exquisito jardín rodeado de columnas. Era de dos plantas y tenía seis bóvedas grandes y cinco pequeñas. Las bóvedas estaban recubiertas con mosaicos. En las excavaciones se encontraron algunas monedas de la segunda mitad del siglo I a.C. Esto demuestra que la tumba de San Juan solía ser visitada por muchos peregrinos ya en aquella época. Bajo las bóvedas se encontraban las fuentes sagradas, los lugares acerca de los cuales se cantaban himnos, y las cenizas que curaban todo tipo de enfermedad.
>
> El agua milagrosa brotaba cerca de la tumba de San Juan y tenía un valor especial para los peregrinos de esa época. ¡Durante cuatro o cinco años Juan convivió en ese lugar con su rival Artemisa! Aunque el templo de Artemisa fue saqueado más de una vez, nadie tocó a San Juan, porque este era mensajero del amor humano y del amor divino, y seguidor de Cristo y de su Santa Madre. Su tumba, al igual que el templo de Santa María ubicado en la loma, fue construida para hacer honor a un discípulo. Su memoria nunca será abandonada por los creyentes occidentales.[15]

Al describir el interior de la Iglesia de San Juan, Keskin explica:

> Sus reconstrucciones muestran que este templo se encontraba exactamente en el centro de las paredes del Monte Ayasuluk, y se utilizaba para controlar la región en torno a él. El lugar enrejado es la tumba de Juan. Desde los tiempos de la Edad Media se creía que surgía aquí un polvo semejante a ceniza, una

especie de panacea, similar al agua sagrada de la Fuente de Santa María. Por esta razón el lugar fue en aquella época centro de peregrinación de cristianos de todo el mundo. Al principio, se construyó sobre la tumba de San Juan una iglesia pequeña, y en el siglo IV d.C., Justiniano construyó una más grande.[16]

Eusebio confirma la ubicación de la tumba de San Juan, citando a Polícrates: "El lugar de su entierro se conoce por la Epístola de Polícrates, Obispo de la Iglesia de Éfeso, Epístola que escribió a Víctor, Obispo de Roma . . . que . . . 'Juan, el que se reclinaba en el pecho de nuestro Señor . . . también descansa en Éfeso.'"[17]

En 1953, en la primera oportunidad que visité las ruinas de Éfeso, las encontré muy abandonadas. Por aquella época, faltaba el piso de la Basílica de San Juan, pero se podía entrar a la tumba. Para 1971, en la ocasión de mi última visita a ese lugar, el piso había sido restaurado y habían colocado verjas de hierro forjado en torno de la entrada de la tumba. Aparentemente los huesos del apóstol han desaparecido. Un guía turco de habla inglesa dijo que habían sido trasladados al Museo Británico.

Sin duda un gran número de tallas de mármol provenientes del cercano templo de Diana efectivamente fue llevado al Museo Británico por el arqueólogo inglés Wood, cuando hizo el notable descubrimiento del famoso edificio. Es evidente que los turcos no están muy contentos con ese traslado y tienden a culpar a los británicos por la desaparición de cualquier cosa que no pueden encontrar. Pero una vista personal al Museo Británico y una entrevista con sus autoridades indican que no tienen registro de que el señor Wood haya hecho tales hallazgos y tampoco tienen ellos las reliquias de San Juan.

Este es un desenlace extraño. Todavía existen algunas reliquias de todos los otros apóstoles, pero la tumba de Juan, quizás la mejor confirmada de las tumbas apostólicas tanto por la historia como por la arqueología, ¡no tiene reliquia alguna ni hay rastros históricos ni tradiciones de lo que pudo haberles ocurrido!

CAPÍTULO 7

FELIPE

[Jesús] encontró a Felipe y le dijo: "Ven, sígueme." . . . Felipe fue a buscar a Natanael y le dijo: "¡Hemos encontrado a aquel de quien Moisés y los profetas escribieron! Se llama Jesús, el hijo de José, de Nazaret." Juan 1:43, 45

Cómo podía un judío tener tal nombre griego: *Felipe*? El nombre significa "amante de los caballos." El más conocido de la historia es Felipe de Macedonia, padre de Alejandro Magno. Alejandro conquistó Palestina y a su paso dejó una perdurable influencia griega, especialmente al norte de Galilea. En el primer siglo, había un rey local en la provincia de Cesarea, (nombrado por el primer Felipe, sin duda) llamado Felipe el Tetrarca, quien ascendió de categoría a Betsaida para que fuera la capital de la provincia. El apóstol Felipe recibió su nombre probablemente en honor al tetrarca, quien, unos diez años antes del nacimiento del futuro apóstol, había hecho muchas cosas por esa región y por Betsaida, donde había nacido. Es importante la influencia griega en la vida de Felipe y en su ministerio. El historiador E.A. Wallis Budge dice que Felipe era de la tribu de Zabulón.

Jesús encontró a Felipe y le dijo: "Ven, sígueme" (Juan 1:43). Este joven judío y liberal, ciertamente con influencias griegas en su formación, podría ser útil al Maestro, quien daría la orden de que su evangelio fuera llevado a los griegos al igual que a los judíos.

Felipe salió inmediatamente a buscar a su amigo Natanael. "¡Hemos encontrado a aquel de quien Moisés y los profetas escribieron! Se llama Jesús, el hijo de José, de Nazaret" (Juan 1:45).

Fue Felipe quien luego llevó algunos griegos a Cristo (véase Juan 12:20-33). Se lo menciona en la alimentación de los cinco mil y nuevamente en la Última Cena (Juan 6:5-7). Es impresionante que todas las referencias a Felipe estén en el Evangelio de Juan. Juan era un conciudadano galileo que vivía en la aldea vecina de Capernaúm, a orillas del mar. Sin duda, era amigo íntimo de Felipe.

Según Anna Jameson, en *Sacred and Legendary Art*:

> Después de la ascensión, [Felipe] viajó a Escitia y se quedó allí predicando el Evangelio durante veinte años; luego predicó en Hierápolis, en Frigia, donde se encontró con que las personas eran adictas a la adoración de una serpiente monstruosa o un dragón, o el dios Marte bajo esa forma. Compadeciéndose de su ceguera, el Apóstol le ordenó a la serpiente, en nombre de la cruz que sostenía en sus manos, que desapareciera, y de inmediato el reptil se escapó deslizándose debajo del altar, emanando al mismo tiempo un hedor

JUAN ESCRIBE

Algunos griegos que habían ido a Jerusalén para celebrar la Pascua le hicieron una visita a Felipe, que era de Betsaida de Galilea. Le dijeron: "Señor, queremos conocer a Jesús." Felipe se lo comentó a Andrés, y juntos fueron a preguntarle a Jesús. Jesús respondió: "Ya ha llegado el momento para que el Hijo del Hombre entre en su gloria. . . . Todo el que quiera ser mi discípulo debe seguirme, porque mis siervos tienen que estar donde yo estoy. El Padre honrará a todo el que me sirva." Juan 12:20-23, 26

tan espantoso que muchas personas murieron, entre ellos, el hijo del rey en brazos de sus siervos; pero el Apóstol, por el poder divino, le devolvió la vida. Entonces, los sacerdotes del dragón se enfurecieron con él, lo sacaron y lo crucificaron y, estando atado a la cruz, lo apedrearon; de manera que él entregó su espíritu a Dios, orando, como su Divino Maestro, por sus enemigos y torturadores.[1]

Jean Danielou afirma:

Papías había escrito algunas *Exposiciones de los oráculos del Señor*, en las que recogió las tradiciones de los Apóstoles de personas que los habían conocido, y nos dice, en particular, que ha escuchado a las hijas del Apóstol Felipe discursar en Hierápolis; así que podemos creer como verdadera la información que da acerca de que el Apóstol Felipe vivió en Hierápolis. Más tarde, el montañista Proclo declaró que no fue el Apóstol Felipe sino el diácono con el mismo nombre, la persona descrita en el libro de los *Hechos* como quien se había quedado en Cesarea, cuyas cuatro hijas se mantenían vírgenes y pronunciaban profecías. (*HE* III, 31, 4). Pero Polícrates de Éfeso, a finales del siglo segundo, confirma lo que dice Papías, y ciertamente fue el Apóstol Felipe quien murió en Hierápolis (*HE* III, 31, 3). Dos de sus hijas habían quedado vírgenes y también murieron en Hierápolis; las otras se casaron (*HE* III, 29, 1) y una de ellas murió en Éfeso (*HE* III, 31, 3).

Otros hechos parecen confirmar esta conexión entre Felipe y Frigia. La región es cercana a la del Apóstol Juan. Es notable que Felipe ocupe una parte especialmente importante en el Evangelio de Juan, escrito durante esta época, hacia fines del primer siglo.

Además, se ha encontrado un *Evangelio de Felipe* en Nag Hammadi. Es de carácter gnóstico y, por supuesto, de una fecha posterior, pero sus contactos con la teología asiática de Ireneo y el gnosticismo asiático de Marcos el Mago son extraordinarios. También existen los *Hechos de Felipe*, que elogian la virginidad. Por último, se debe notar que Hierápolis no recibió ninguna carta de Pablo ni de Juan, en tanto que las ciudades vecinas de

Colosas y Laodicea sí; quizás esto se debió a que Hierápolis era feudo de Felipe.[2]

En cinco oportunidades visité los asombrosos restos de la ciudad turca de Hierápolis, el antiguo centro termal donde todavía se puede encontrar la tumba de Felipe. Todavía mana de las rocas y forma unas enormes cascadas cristalizadas sobre la ladera de una montaña, casi tan grandes como las del Niágara, un gran manantial de aguas tibias saturadas de químicos. En los tiempos bíblicos, esto era un centro de salud visitado por personas enfermas de todo el mundo conocido hasta ese momento. Sin duda, sirvió como un lugar estratégico para la misión, desde el cual difundir el evangelio a los muchos visitantes y de ahí, a muchos países. No hay duda de que Felipe ministró en esta ciudad grecorromana, ni de que, efectivamente, murió allí. Él era la persona ideal para un ministerio dirigido a gente de habla griega, y murió en una región que en ese momento todavía era griega en lo cultural, aunque gobernada por Roma.

> Felipe era la persona ideal para un ministerio dirigido a gente de habla griega, y murió en una región que en ese momento todavía era griega en lo cultural, aunque gobernada por Roma.

Robert Grant escribe: "El montañista Proclo sostuvo que las tumbas de las cuatro hijas de Felipe, todas profetisas en tiempos del Nuevo Testamento, todavía podían ser vistas en Hierápolis, Asia."[3]

Tradiciones acerca del ministerio y entierro de Felipe

Han existido algunas discusiones acaloradas sobre si Felipe visitó o no Francia. Existen pocas dudas de que Felipe haya muerto en Hierápolis, cercana a Laodicea y a Colosas, ciudades bíblicas. La historia eclesiástica de la era bizantina señala una gran actividad cristiana en estas tres ciudades.

A medida que el cristianismo se extendía a lo largo de toda Asia

Menor (actualmente Turquía), es evidente que la intensa actividad misionera pronto hizo que Asia Menor se convirtiera en una región nominalmente cristiana. Siendo Colosas y Laodicea ciudades importantes en el Nuevo Testamento, es evidente que el evangelio tuvo un comienzo temprano en esta región. Colosas, que está a veintiséis kilómetros de Hierápolis, fue la ubicación de una iglesia sumamente desarrollada durante la vida del apóstol Pablo y la ciudad de la iglesia a la que Pablo dirigió su carta a los Colosenses.

Para la época en la que Juan escribió el Apocalipsis, la cercana Laodicea fue el sitio de una iglesia que sin duda había sido fundada por Pablo y la cual, en tiempos de Juan, había crecido hasta alcanzar una posición de gran riqueza e influencia. Si la tradición de la prédica de Felipe en Escitia (el sur de Rusia) es cierta, desde luego no es desproporcionado creer que él finalmente haya vuelto a Asia Menor, donde habría estado cerca de su viejo amigo Juan, que residía en Éfeso. Puesto que en el Apocalipsis Juan hace referencia a la iglesia de Laodicea, ubicada sólo a diez kilómetros del lugar del ministerio de Felipe en Hierápolis, no puede haber ninguna razón histórica para dudar de que Felipe efectivamente sirvió en Hierápolis y allí murió. Es en los relatos de Felipe que la historia y la tradición se parecen tanto como para validar e iluminarse la una a la otra.

> El único apóstol cuya tradición se asocia con Francia es Felipe.

Existen otras fuertes tradiciones posteriores que hablan de la visita de Felipe a Francia. Antes de revisar la documentación, deberíamos entender que los galos de Francia emigraron originalmente de Galacia, en Turquía. Puesto que el ministerio de Felipe lo llevó indudablemente a Galacia, donde se encontraba la ciudad de Hierápolis, tenemos un buen fundamento para suponer que esta fue la región donde transcurrió la mayor parte de su ministerio. Las tradiciones referidas a la visita de Felipe a Francia (Galia), parecen estar basadas en un error que confunde *Galia* con *Galacia*, dado que ambos nombres están relacionados.

Pero parecería que el argumento funciona también en el otro sentido. Si los galos de Francia pueden ser rastreados a una emigración desde Galacia, ¿por qué no habría de ser completamente razonable que Felipe, como misionero de los gálatas, también haya viajado a Francia para ser un misionero para sus paisanos, los galos? La carga de la prueba está, desde luego, sobre los que sostienen que esto fue lo que sucedió. Pero hay pocas dudas de su sensatez y posibilidad.

Como cualquier estudiante sabe, Galia fue conquistada por Julio César, quien mató a más de un millón de personas en el proceso. En los tiempos del César, los galos tenían grandes ciudades y eran suficientemente civilizados como para que al César le placiera vivir ahí durante casi diez años. Esta conquista ocurrió unos ochenta años antes del ministerio de Felipe. Durante ese tiempo, la civilización y la cultura romana estaban completamente afianzadas. Fue desde Galia que César intentó conquistar Inglaterra en dos oportunidades, y fue desde Galia que Claudio efectivamente concretó este objetivo. Habría sido increíble que el evangelio no hubiera entrado a Galia durante el punto culminante de la era apostólica.

El único apóstol cuya tradición se asocia con Francia es Felipe, aunque hay figuras sub-apostólicas tales como María Magdalena, las hermanas María y Marta, y su hermano Lázaro, quienes están identificados con Marsella, en Francia. De hecho, sus tumbas se exhiben allí hasta el día de hoy.

Por lo tanto, entendiendo que la confusión entre *Galia* y *Galacia* pudo haber llevado por el camino equivocado a algunos escritores de la iglesia primitiva, permítanos examinar las tradiciones de Felipe en Francia.

Isidoro, arzobispo de Sevilla, 600–636 d.C., a quien el Dr. William Smith, autor de *A Dictionary of Christian Biography [Diccionario de biografías cristianas]*, nombra como "indudablemente el hombre más grande de su tiempo en la Iglesia de España . . . un voluminoso escritor de gran conocimiento . . . Tenía también una mente preparada y culta," escribió:

Felipe de la ciudad de Betsaida, de donde también era Pedro, predicó a Cristo a los galos, y trajo a las vecinas naciones bárbaras, aferradas a la oscuridad y próximos al turbulento océano, a la luz del conocimiento y al puerto de la fe. Más tarde, fue apedreado y crucificado, y murió en Hierápolis, ciudad de Frigia, y, habiendo sido sepultado su cuerpo en forma vertical junto con el de sus hijas, descansa allí.[4]

El cardenal Baronio narra: "Se dice que Felipe fue el quinto en orden en adornar Asia Superior con el evangelio, y finalmente en Hierápolis, y a la edad de 87 años fue sometido al martirio, el cual le fue transmitido también a Juan Crisóstomo, y se dice que el mismo hombre viajó por una parte de Escitia, y durante algún tiempo predicó el Evangelio con Bartolomé. En Isidoro, uno lee que Felipe incluso empapó a los galos con la fe cristiana, lo cual también se lee en el Brevario de Toledo de la Escuela de Isidoro. Pero hemos dicho en nuestras notas para el Martirologio romano que 'a los gálatas' debe ser corregido en lugar de 'a los galos.'"[5]

Pero el erudito arzobispo Ussher dice: "No estoy para nada satisfecho con la conjetura de Baronio de trasladar las declaraciones de Isidoro de nuestros galos a los gálatas de Asia; mucho menos con la temeridad de un reciente editor de los trabajos de Isidoro, Jacobus Breulius, en sustituir gálatas por los galos en el texto mismo, sin ninguna referencia a las antiguas lecturas."[6]

El arzobispo Ussher también dice que Beda (o quien haya sido el autor de *Collections and Flowers [Colectas y flores])*, nacido alrededor de 673 d.C., "también atribuyó Galia a Felipe al pie del tercer tomo de sus obras."[7]

Freculfo, obispo de Lisieux, Francia (825–851 d.C.), escribió:

Felipe de la Ciudad de Betsaida, de donde también era Pedro, del cual en los Evangelios y Hechos de los Apóstoles a menudo se hace mención loable, cuyas hijas también fueron destacadas profetisas, y de maravillosa santidad y perpetua virginidad, como narra la historia eclesiástica, predicó sobre Cristo a los galos.[8]

San Epifanio, 315–407 d.C., obispo de Salamina, quien, según *A Dictionary of Christian Biography* de William Smith es "uno de los más fervientes campeones de la fe ortodoxa y de la piedad monástica," escribió:

> El ministerio de la palabra divina habiendo sido confiado a San Lucas, él lo ejercitó pasando a Dalmacia, a Galia, a Italia, a Macedonia, pero principalmente a Galia, de modo que San Pablo asegura en sus epístolas acerca de algunos de sus discípulos: "Crescente," dijo él, "está en Galia." Aquí no se debe leer "en Galacia," como algunos han pensado equivocadamente, sino "en Galia."[9]

Pere Longueval comenta en el libro de Lionel Lewis *St. Joseph of Arimathea at Glastonbury [San José de Arimatea en Glastonbury]* que esta opinión fue tan general en Oriente, que Teodoreto, quien leyó "en Galacia," no se equivocó al entender "Galia" porque, de hecho, los griegos le dieron este nombre a Galia y que los gálatas sólo habían sido así llamados porque eran una colonia de galos.[10] Lewis se equivoca al suponer que Galacia fue colonizada por los galos. Fue al revés.

> **LUCAS ESCRIBE**
>
> *Felipe . . . se dirigió a la ciudad de Samaria y allí le contó a la gente acerca del Mesías. Multitudes escucharon atentamente a Felipe, porque estaban deseosas de oír el mensaje y ver las señales milagrosas que él hacía.*
>
> Hechos 8:5-6

Polícrates (194 d.C.) escribió, como ya hemos dicho, una carta sinodal contra Víctor, obispo de Roma, en la cual dice que él "sigue la autoridad del apóstol Juan y de los ancianos." También agrega: "Felipe, uno de los doce Apóstoles, duerme en Hierápolis."[11] De esta manera, podemos considerar con confianza a Hierápolis como el lugar de la muerte y sepultura original de Felipe.

Si Felipe visitó Francia y volvió a Galacia, donde murió, o si no fue para nada a Francia, es algo que no puede probarse en absoluto, a la luz de la fecha tardía de los escritores que hemos citado arriba.

Sin embargo, sabemos que el Papa Juan III (560–572) adquirió el cuerpo de San Felipe de Hierápolis y lo inhumó en una iglesia de Roma. La llamó la Iglesia de los Santos Apóstoles Felipe y Santiago. Una guía [12] escrita por Emma Zocca y publicada por esa iglesia determina el origen de la construcción de la iglesia hacia el siglo sexto. En la actualidad, es conocida como la Iglesia de los Santos Apóstoles, pero el nombre se remonta solamente al siglo décimo. La largamente denominada Iglesia de los Santos Apóstoles Felipe y Santiago fue el título previo. Hoy en día, uno puede ver los huesos de los apóstoles en un gran sarcófago de mármol debajo del altar y en un salón relicario detrás de él. En el mismo salón pueden verse los fragmentos de los huesos de otros apóstoles.

CAPÍTULO 8

BARTOLOMÉ (NATANAEL)

Mientras [Natanael] se [acercaba], Jesús dijo: "Aquí viene un verdadero hijo de Israel, un hombre totalmente íntegro." Juan 1:47

Literalmente, este nombre significa "hijo de Tolmay." Es mencionado como uno de los doce apóstoles (Mateo 10:3; Marcos 3:18; Lucas 6:14; Hechos 1:13). No hay otras referencias a él en el Nuevo Testamento. Según *Genealogies of the Twelve Apostles [Genealogías de los doce apóstoles]*, era de la casa de Neftalí. Elías de Damasco, un nestoriano del siglo noveno, fue el primer hombre en identificar a Bartolomé con Natanael. En las listas de los doce de los primeros tres Evangelios y en los Hechos, los nombres de Felipe y Bartolomé siempre aparecen juntos. En el cuarto Evangelio, nos enteramos de que fue Felipe quien trajo a Natanael a Jesús (Juan 1:45). Eso ha llevado a muchos a creer que Bartolomé y Natanael son la misma persona.

En el *Evangelio de Bartolomé,* apócrifo, está registrada la tradición de que él predicó el evangelio en la India, y de que llevó consigo una copia del Evangelio de Mateo en hebreo. En la *Prédica de Bartolomé en el oasis,* se dice que predicó en el oasis de El-Bahnasa. Según *La prédica de San Andrés y San Bartolomé*, trabajó arduamente entre los partos. Otra tradición habla de él predicando en Frigia, Asia Menor.

Los *Hechos de Felipe* relatan cómo Felipe y Bartolomé predicaron en Hierápolis, y cómo Felipe fue martirizado, siendo sus muslos perforados y colgado boca abajo. Bartolomé, sin embargo, escapó del martirio en ese lugar. Más adelante, se dice que predicó en Armenia, y la Iglesia Armenia lo reivindica como su fundador. Otra tradición lo menciona como mártir en Albana, que ahora es la moderna Derbent, en la [ex] Unión Soviética. No obstante, es cerca o en la antigua Armenia, de manera que estas tradiciones no implican contradicción.

En el *Evangelio de Bartolomé,* apócrifo, está registrada la tradición de que él predicó el evangelio en la India, y de que llevó consigo una copia del Evangelio de Mateo.

El martirio de San Bartolomé afirma que fue puesto en una bolsa y echado al mar. Sin embargo, existe un relato distinto sobre su martirio en la ciudad de Albana. Esta tradición se encuentra en la *Historia apostólica* de Abdías. Se describe a Bartolomé sanando a la hija del rey, y exponiendo la inutilidad del ídolo del rey. El rey y muchos otros fueron bautizados, pero los sacerdotes y el hermano del rey, Astiages, permanecieron hostiles. Ellos arrestaron a Bartolomé, lo golpearon y, finalmente, lo crucificaron.

Los relatos históricos y tradicionales de Bartolomé

Aparentemente, las tradiciones acerca de Bartolomé han sido larga y ampliamente conocidas, como prueba el siguiente relato.

En 1685, Dorman Newman refiere una historia asombrosamente completa:

> Bartolomé, para la extensión de la Iglesia Cristiana, llegó con este propósito tan lejos como a *la India;* allí encontró un Evangelio de San *Mateo* en *hebreo,* entre algunos que todavía retenían el conocimiento de Cristo, quienes le aseguraron de la Tradición de los Ancestros, que les había sido dejada por San *Bartolomé,* cuando él predicó el Evangelio en aquellos Lugares.
>
> Para un relato más extenso sobre nuestro Apóstol, se dice que él volvió de *la India* hacia las Regiones del Noroeste de

África. En *Hierápolis* de *Frigia* lo encontramos en compañía de San *Felipe* (como se observó anteriormente en su Vida), en cuyo Martirio fue también atado a una Cruz, para que sufrieran juntos, pero que por alguna razón especial, los Jueces hicieron que lo bajaran, y lo dejaran ir. De ahí, probablemente, él se dirigió a *Licaonia*, donde *Crisóstomo* afirma, *Serm, en SS. XII. Apost.* que él instruyó al Pueblo en la Religión Cristiana. Su último viaje fue hacia *Albanópolis*, en la Gran *Armenia* (la misma, sin duda, que *Nicéforo* llama *Vrbanople*, una Ciudad de *Cilicia*), un lugar miserablemente invadido por la Idolatría, en el cual, mientras él procuraba regenerar al Pueblo, fue condenado por el Gobernador del lugar a ser crucificado. Algunos añaden que fue crucificado con la Cabeza hacia abajo; otros, que fue desollado vivo, lo cual puede ser coherente con su Crucifixión; este Castigo era usado no sólo en *Egipto*, sino también entre los *Persas*, Vecinos cercanos de estos *Armenios*, de quienes fácilmente pudieron haber tomado prestada esta pieza de Crueldad bárbara y brutal. *Teodoro Lector* 1.2. nos asegura que el Emperador *Anastasio*, quien levantó la Ciudad de *Daras* en la *Mesopotamia*, en 508 d.C., llevó al Cuerpo de San *Bartolomé* hacia allá; lo cual parece contradecir *Gregorio de Tours*, diciendo que el pueblo de *Lipari*, cerca de *Sicilia*, lo trasladó desde el lugar donde había sufrido a su Isla, y construyó una Iglesia majestuosa sobre su tumba. Es difícil explicar por qué medios fue sacado de ahí hacia *Benevento* en *Italia*, y después a la Isla de *Tíber* en *Roma*, donde fue construida otra Iglesia en Honor a este Apóstol.

Los Herejes (según su Costumbre), han falsificado un Evangelio bajo el Nombre de San *Bartolomé*, el cual *Gelasio*, Obispo de *Roma*, con justicia tildó de *Apócrifo*, por completo indigno del Nombre y Patrocinio de un Apóstol. Y quizás tampoco sea legítima la Frase que le atribuye *Dionisio*, el Seudoareopagita: *Esa Teología es copiosa y sin embargo, muy pequeña; y el Evangelio, difuso y extenso, y además, conciso y breve.*[1]

En el Irán moderno, los líderes cristianos están de acuerdo respecto al ministerio de Bartolomé en el primer siglo:

> Por tradición comúnmente aceptada, el honor de sembrar las primeras semillas del cristianismo en Armenia, y de regarlas con su sangre, recae sobre San Tadeo y San Bartolomé, quienes, consecuentemente, son venerados como los Primeros Iluminadores de Armenia.
>
> Las obras y el martirio de San Bartolomé en Armenia generalmente son reconocidos por todas las Iglesias Cristianas. Se dice que después de predicar en Arabia, el Sur de Persia y las fronteras de la India, pasó a Armenia, donde padeció el martirio de ser desollado vivo y luego crucificado cabeza abajo, en Albak o Albanópolis, cerca de Bashkale.
>
> La misión de San Bartolomé en Armenia duró dieciséis años.[2]

En *A History of Eastern Christianity [Una historia del cristianismo en Oriente]*, Aziz Atiya escribe:

> Los primeros iluminadores de Armenia fueron San Tadeo y San Bartolomé, cuyos santuarios aún permanecen en Artaz (Macoo) y en Alpac (Bashkale), en el sudeste de Armenia, y han sido venerados desde siempre por los armenios. Una tradición popular entre ellos atribuye la primera evangelización de Armenia a los apóstoles Judas Tadeo quien, según su cronología, estuvo en ese país desde el año 43 al 66 d.C., y al que se unió San Bartolomé en el año 60 d.C. El segundo fue martirizado en el año 68 d.C. en Albanus (Derbent). Además, los anales de la martirología armenia hacen referencia a una multitud de mártires en la época apostólica. Una lista de unas mil víctimas, que incluía hombres y mujeres de origen noble, perdieron la vida con San Tadeo, mientras otros perecieron con San Bartolomé. En dos ocasiones Eusebio (VI, xlvi), menciona a los armenios en su *Historia eclesiástica*. Primero declara

que Dionisio de Alejandría, alumno de Orígenes, escribió una Epístola "Sobre arrepentimiento," "a aquellos en Armenia . . . cuyo obispo era Meruzanes."[3]

El Dr. Edgar Goodspeed menciona la localización del ministerio de Bartolomé:

También debemos recordar que "India" era un término utilizado con mucha ligereza por los antiguos, como lo muestran las declaraciones de que Bartolomé fue allí como misionero y que encontró "el Evangelio de Mateo en hebreo." Eusebio declara, en su *Historia de la Iglesia* (v: 10:12), que alrededor del tiempo del ascenso de Cómodo, 180 d.C., Pantanus, el maestro principal de la iglesia de Alejandría, fue enviado como misionero a un lugar tan lejano como la India. Prosigue diciendo que Bartolomé les había predicado y dejado el Evangelio de Mateo "en lengua hebrea," ¡una declaración muy desconcertante! Efectivamente, a veces se ha dicho que "India" en el primer siglo fue utilizado de una manera muy general, entendiéndose como que comenzaba en el Bósforo. La marcha de Alejandro a la India había hecho mucho, tres siglos y medio antes del comienzo de la misión cristiana, hacia la apertura del interior del gran Parto para la mentalidad occidental. Había llegado al afluente más oriental del río Indo antes de torcer rumbo al sur, hacia el Océano Índico, y después nuevamente hacia el oeste. Su gran marcha y las setenta ciudades que había levantado o fundado, en cierta medida, abrieron el camino a la India.[4]

> **JUAN ESCRIBE**
>
> *Felipe fue a buscar a Natanael y le dijo:*
>
> *—¡Hemos encontrado a aquel de quien Moisés y los profetas escribieron! Se llama Jesús, el hijo de José, de Nazaret.*
>
> *—¡Nazaret! —exclamó Natanael—. ¿Acaso puede salir algo bueno de Nazaret? Juan 1:45-46*

La historia de Bartolomé en Persia fue conocida muy temprano:

> Pantaneus, filósofo de la escuela estoica, según cierta antigua costumbre alejandrina, donde, desde los tiempos de Marcos el evangelista, los eclesiásticos eran siempre doctores, era de una prudencia y erudición tan grandes, tanto en las Escrituras como en literatura secular, que, a pedido de los embajadores de ese país, fue enviado a la India por Demetrio, obispo de Alejandría, donde encontró que Bartolomé, uno de los doce Apóstoles, había predicado la llegada del Señor Jesús según el evangelio de Mateo. En su regreso a Alejandría, lo llevó consigo, escrito en caracteres hebreos.[5]

William Barclay menciona dos leyendas acreditando a San Jerónimo con lo siguiente:

> De lejos, la conjetura más interesante proviene de Jerónimo. Jerónimo sugiere que Bartolomé fue el único de los doce de origen noble. Como hemos visto, su nombre quiere decir "hijo de Tolmay" o, posiblemente, "hijo de *Talmay.*" En 2 Samuel 3:3 hay una mención de Talmay, quien fue rey de Guesur; este Talmay tuvo una hija llamada Macá; y esta Macá llegó a ser madre de Absalón, cuyo padre fue David. La sugerencia es que fue de este Talmay de quien descendía Bartolomé y que, por lo tanto, era de linaje real. Más tarde, surgió otra historia. La segunda parte del nombre de Bartolomé estaba conectada con *Ptolomeo*, y se dice que era llamado *hijo de Ptolomeo.* Los Ptolomeos fueron los reyes de Egipto, y se dice que Bartolomé estaba conectado con la casa real de Egipto. No puede decirse que estas sugerencias sean realmente probables; pero sería muy interesante que en el grupo apostólico hubiera uno de linaje real viviendo en perfecta hermandad con los humildes pescadores de Galilea.

Se dice que predicó en Armenia, y la Iglesia Armenia lo reivindica como su fundador; y se dice que fue martirizado en

Albana, que es la moderna Derbent. Hay un relato del martirio de Bartolomé en *La historia apostólica* de Abdías, aunque ahí la muerte de Bartolomé parece situarse en la India. La historia transcurre de la siguiente manera: Bartolomé predicó con tanto éxito que los dioses paganos se volvieron impotentes. Sobre él se dio una descripción personal muy interesante. "Tiene el cabello negro y rizado, la piel blanca, ojos grandes, nariz recta, el cabello le cubre las orejas, su barba es larga y canosa, de estatura mediana. Usa una túnica blanca con una raya púrpura y una capa blanca con cuatro joyas púrpura en las puntas. Las ha usado durante veintiséis años y nunca envejecen. Su calzado le ha durado veintiséis años. Ora cien veces durante el día y cien veces por la noche. Su voz es como una trompeta; los ángeles están atentos a él; siempre está alegre y sabe todos los idiomas."

Bartolomé hizo muchas cosas maravillosas allí, incluyendo la curación de la hija loca del rey, y la exposición de la inutilidad del ídolo del rey y la expulsión del demonio que habitaba en aquel. El demonio fue visiblemente expulsado del ídolo por un ángel y hay una descripción interesante de él: "negro, rostro severo, con una barba larga, cabello hasta los pies, ojos ardientes, aliento de fuego, y alas con puntas como las de un erizo."

El rey y muchos más fueron bautizados; pero los sacerdotes permanecieron hostiles. Los sacerdotes acudieron a Astiages, hermano del rey. Este hizo que arrestaran a Bartolomé, lo apalearan, lo desollaran vivo y lo crucificaran en agonía. Y de esa manera, Bartolomé murió como mártir por su Señor.

Aún existe un apócrifo *Evangelio de Bartolomé* que Jerónimo conocía. Describe una serie de preguntas que Bartolomé le dirigió a Jesús y a María en el tiempo que transcurrió entre la Resurrección y la Ascensión.[6]

La tradición armenia referida a Bartolomé es un motivo de orgullo para el Patriarcado Armenio:

El amor indestructible y eterno y la veneración de los armenios por la Tierra Santa tienen su comienzo en el primer siglo de la Era Cristiana, cuando el cristianismo fue traído a Armenia directamente desde la Tierra Santa por dos de los Apóstoles de Cristo, San Tadeo y San Bartolomé. La Iglesia que ellos fundaron convirtió a la mayor parte del pueblo durante los siglos II y III. A comienzos del siglo IV, en 301, a través de los esfuerzos de San Gregorio el Iluminador, el rey de Armenia Tiridates el Grande junto con todos los miembros de su familia y de la nobleza fueron convertidos y bautizados.

La temprana conexión con Jerusalén se debió naturalmente a la pronta conversión de Armenia. Aun antes del descubrimiento de los lugares santos, los armenios, como otros cristianos de los países vecinos, vinieron a la Tierra Santa por los caminos romanos y los caminos más viejos para venerar los lugares que Dios había santificado. En Jerusalén vivieron y adoraron en el Monte de los Olivos.

Después de la declaración del testamento de Constantino, conocido como el Edicto de Milán, el descubrimiento de los Lugares Santos, los peregrinos armenios se volcaron a Palestina en un torrente constante a lo largo del año. El número e importancia de iglesias y monasterios armenios se incrementó año tras año.

El obispo Marcarius de Jerusalén, quien dirigió el descubrimiento y construcción de los Lugares Santos dentro y alrededor de Jerusalén, estaba en comunicación con la cabeza de la Iglesia Armenia, el obispo Vertanes. Una de las epístolas que le escribió entre los años 325 y 335 d.C. aborda ciertos asuntos eclesiásticos y transmite saludos para los obispos, sacerdotes y el pueblo de Armenia.[7]

Otra tradición, aceptada universalmente por los armenios, es que "Los fundadores tradicionales de la Iglesia Armenia fueron los apóstoles Tadeo y Bartolomé, cuyas tumbas se exhiben y veneran en Armenia como sepulcros sagrados."[8]

La tradición católica romana nos habla de la disposición de los restos del apóstol:

> Un relato escrito dice que, luego de que el emperador Anastasio edificara la ciudad de Duras en Mesopotamia en 508, hizo que las reliquias fueran llevadas allí. San Gregorio de Tours nos asegura que, antes de fines del siglo sexto, fueron llevadas a las Islas de Lipari cerca de Sicilia; y Anastasio, el Bibliotecario, nos dice que en 809 fueron llevadas a Benevento, y luego transportadas a Roma en 983 por el Emperador Otto III. Ahora yacen en la iglesia de San Bartolomé en el Tíber, en un santuario de pórfido, debajo del altar mayor. Un brazo fue enviado por el obispo de Benevento a San Eduardo el Confesor, quien lo entregó para la Catedral de Canterbury.[9]

La cita anterior representa en parte la tradición católico-romana; sin embargo, también hay una tradición griega ortodoxa que no puede ser ignorada. John Julius Norwich, en su monumental libro *Mount Athos [El Monte Athos]*, narra la historia de sus viajes a los remotos monasterios griego ortodoxos ubicados en el Monte Athos, Grecia.

> Mientras el sol comenzaba a ponerse detrás de la montaña, llegamos a nuestra meta a pasar la noche, *la abadía cenobítica de Karakallou*, retiro predilecto de los albanos y epirotes.
>
> El sacristán apareció en su investidura apropiada, y expuso las reliquias sobre una mesa de caballetes en frente del iconostasio: los cráneos del apóstol Bartolomé y de San Dionisio el areopagita, los restos del neo mártir San Gedeón, un turco convertido.[10]

Del relato anterior, es obvio que los huesos (reliquias) de Bartolomé, como los de la mayoría de los otros apóstoles, hoy están ampliamente diseminados.

Otto Hophan agrega algunos detalles más. "Una tradición armenia sostuvo que su cuerpo fue enterrado en Albanópolis —también escrita Urbanópolis— una ciudad de Armenia donde se dice que el Apóstol sufrió el martirio. Luego, sus restos fueron llevados a Nephergerd-Mijafarkin y más tarde a Daras, en Mesopotamia."[11]

No obstante, las partes más grandes del cuerpo de Bartolomé probablemente estén en Roma. Como escribe Hugo Hoever: "Las reliquias del santo están preservadas en la iglesia de San Bartolomé en la isla del río Tíber, cerca de Roma."[12]

> Se dice que después de predicar en Arabia, Persia y la India, pasó a Armenia, donde padeció el martirio de ser desollado vivo y luego crucificado cabeza abajo.

En el libro *El Escorial: The Wonders of Man [El Escorial: las maravillas del hombre]*, Mary Cable dice: "San Martín, el apóstol Bartolomé y María Magdalena estaban representados en la colección de brazos, y en cuanto a reliquias tales como dedos de manos, dedos de pies, y pequeñas articulaciones, esta categoría era tan extensa que tan sólo tres santos famosos no estaban representados: San José, San Juan Bautista y Santiago (el último siendo preservado completo en Santiago de Compostela, en el noroeste de España). Los sucesores de Felipe se sumaron a la colección y ahora hay más de 7.000 reliquias en el Escorial, incluyendo 10 cuerpos, 144 cabezas y 306 miembros."[13]

Una biografía hipotética de Bartolomé

Bartolomé parece haber sido el "hijo de Tolmay." La sugerencia de que hubo un movimiento político llamado "los hijos de Tolmay" no parece tener un amplio apoyo. Aunque haya existido tal grupo, no hay motivo para suponer que Bartolomé estuviera conectado con él. Es más probable que se tratara de un patronímico, es decir, una persona que llevaba el nombre de su padre. (De esta manera, el hijo de Fernando se convierte en Fernández, etc.).

Fue llevado a Cristo en la región de Galilea, posiblemente por Felipe, y está enumerado como apóstol en la lista final de Hechos 1:13. Naturalmente, habría estado presente en compañía de los otros apóstoles durante los primeros años de la iglesia de Jerusalén. Su ministerio pertenece más a la tradición de las iglesias de Oriente que a las de Occidente. Sin embargo, es evidente que fue a Asia Menor (Turquía), acompañado por Felipe, donde trabajó en Hierápolis (cerca de Laodicea y Colosas en Turquía).

La esposa de un procónsul romano había sido sanada por los apóstoles y se había hecho cristiana. Su esposo ordenó que Felipe y Bartolomé fueran ejecutados por crucifixión. Felipe efectivamente fue crucificado, pero Bartolomé escapó y salió hacia el este, a Armenia. Bartolomé llevó con él una copia del Evangelio de Mateo (que posteriormente fue encontrada por un filósofo estoico convertido, Panteno, quien luego la llevó a Alejandría). Bartolomé trabajó en la zona alrededor del extremo sur del Mar Caspio, en la sección que entonces se llamaba Armenia, pero que en la actualidad está dividida entre Irán y la [ex] Unión Soviética.

El nombre moderno del distrito donde el apóstol murió es Azerbaiyán, y el lugar de su muerte, llamado Albanópolis en los tiempos del Nuevo Testamento, actualmente es Derbent. Esta es la puerta al mar por la cual los jinetes salvajes de las Estepas (escitas, alanos, hunos y jázaros) invadieron a las comunidades civilizadas. La ciudad de Tabriz, que fue el mercado principal de la Azerbaiyán iraní, también estaba en esta región. Marco Polo la visitó en 1294. La declaración de que Bartolomé fue desollado vivo antes de ser decapitado está contenida en el *Breberium Apostolorum*, prefijado a ciertos manuscritos antiguos.

En *Lives of the Saints [La vida de los santos]* de Butler, un notable resumen católico-romano de las biografías de los santos, aparece el siguiente relato con referencia:

> Las tradiciones populares relacionadas a San Bartolomé están resumidas en la Martiriología Romana, la cual dice que él "predicó el evangelio de Cristo en la India; de ahí fue a la Gran Armenia, y cuando había convertido a muchas personas a la fe allí, fue desollado vivo por los bárbaros, y por orden del rey

Astiages, completó su martirio por decapitación. . . ." Se dice que el lugar fue Albanópolis (Derbent, en la costa oeste del Mar Caspio), y se dice que predicó también en Mesopotamia, Persia, Egipto y en otros lugares. La primera referencia a la India la dio Eusebio a comienzos del siglo cuarto, donde relata que San Panteno, casi unos cien años antes, al internarse en la India (San Jerónimo agrega: "para predicar a los brahmanes"), encontró algunos allí que todavía conservaban el conocimiento de Cristo y que le mostraron una copia del Evangelio de San Mateo escrito en hebreo, y le aseguraron que San Bartolomé lo había llevado a esos lugares cuando sembró la fe entre ellos. Pero "India" era un nombre aplicado indistintamente por los escritores griegos y latinos a Arabia, Etiopía, Libia, Partos, Persia y las tierras de los medos, y lo más probable es que la India visitada por Panteno fuera Etiopía o Arabia Felix, o quizás ambas. Otra leyenda oriental dice que el apóstol se encontró con San Felipe en Hierápolis, Frigia, y viajó hacia Licaonia, donde San Juan Crisóstomo afirma que instruyó al pueblo en la fe cristiana. Es posible que haya predicado y muerto en Armenia, y es una tradición unánime entre los posteriores historiadores de ese país; pero los primeros escritores armenios hacen poca o ninguna referencia a él como conectado con su nación. Los viajes atribuidos a las reliquias de San Bartolomé son todavía más desconcertantes que los que hizo en vida; las presuntas reliquias son veneradas principalmente en Benevento y en la iglesia de San Bartolomé en el Tíber en Roma.

Aunque, en comparación con otros apóstoles tales como San Andrés, Santo Tomás y San Juan, el nombre de San Bartolomé no es sobresaliente en la literatura apócrifa de los primeros siglos, aun así tenemos un relato de su prédica y 'pasión', conservado para nosotros en griego y en varias copias en latín. Max Bonnet (*Analecta Bollandiana*, vol. xiv, 1895, pp. 353–366) piensa que el latín fue el original; Lipsius argumenta con menos probabilidades por la prioridad del griego; pero es posible que ambos deriven de un arquetipo siríaco perdido. Los textos están en el *Acta Sanctorum*, Augusto, vol. v; en Tischendorf, *Acta Apostolorum Apocrypha*, pp. 243-260; y también en Bonnet, *Act. Apocryph.*, vol. ii, pt. 1, pp. 128 *seq.* También existen fragmentos considerables de un apócrifo Evangelio de Bartolomé (sobre el cual recomendamos la *Revue Biblique* de 1913, 1921 y 1922), y los vestigios de los coptos 'Hechos de Andrés y Bartolomé.' El evangelio que lleva el nombre de Bartolomé es uno de los escritos apócrifos condenados en el decreto de Pseudo-Gelasio. La afirmación de que San Bartolomé fue desollado vivo antes de ser decapitado, aunque esto no se menciona en la *passio*, se encuentra en el llamado 'Breviarium Apostolorum' prefijado a ciertos manuscritos del 'Hieronymianum.' Es la desolladura lo que probablemente sugirió el cuchillo, asociado a menudo con un emblema en las pinturas del santo; pero acerca de San Bartolomé en el arte ver Künstle, *Ikonographie*, vol. ii, pp. 116-120. El interrogante sobre la India es examinado con cierto detalle por Fr. A. C. Perumalil en *The Apostles in India [Los apóstoles en India]* (Patna, 1953).[14]

CAPÍTULO 9

TOMÁS

Entonces [Jesús] le dijo a Tomás: —Pon tu dedo aquí y mira mis manos; mete tu mano en la herida de mi costado. Ya no seas incrédulo. ¡Cree!
—Mi Señor y mi Dios! —exclamó Tomás. Juan 20:27-28

Tomás también era conocido como Dídimo. La palabra significa "gemelo," pero no sabemos nada acerca del hermano o hermana que fue su gemelo. Fue un nativo de Galilea y pescador de profesión. Las pocas referencias bíblicas que lo señalan de entre los Doce con especial atención parecen indicar que fue un cuestionador o un escéptico. Hasta el día de hoy, es conocido como "Tomás el incrédulo."

Tomás poseía una naturaleza con ciertos elementos contradictorios: tenía una excesiva dificultad para la reconciliación, un escaso optimismo natural de espíritu, y a menudo era propenso a mirar la vida con una frialdad glacial o con abatimiento. Pero Tomás era un hombre de un coraje indomable y una generosidad absoluta. Combinaba una fe continua en la enseñanza de Jesús, mezclada con un amor sincero por Jesús, el maestro. Solamente en el Evangelio de Juan hay referencia a él en detalle, aunque su elección entre los Doce está registrada en Mateo 10:3, en Marcos 3:18; en Lucas 6:15 y en Hechos 1:13.

Juan apunta que cuando Jesús, a pesar del inminente peligro en manos de los judíos hostiles, declaró su intención de ir a Betania a ayudar a Lázaro, sólo Tomás se opuso a los otros discípulos que intentaban disuadirlo, y protestó: "Vamos nosotros también y moriremos con Jesús" (Juan 11:16). ¿Era coraje o un pesimismo fatalista? Tal vez, de una manera extraña, era ambas cosas.

En la víspera de la Pasión, Tomás le planteó a Jesús: "No tenemos ni idea de adónde vas, ¿cómo vamos a conocer el camino?" (Juan 14:5). En esta pregunta, reveló una insensibilidad por lo que Jesús había enseñado que provenía de una falta de voluntad para creer.

Después de la Crucifixión, Tomás no estuvo presente cuando el Cristo resucitado se les apareció a los discípulos por primera vez. Cuando llegó, al escuchar sobre la Resurrección, se mostró terco en su incredulidad. Dijo Tomás: "No lo creeré a menos que vea las heridas de los clavos" (Juan 20:25).

Es una paradoja que a pesar de no creer en la resurrección, Tomás se quedó con los otros apóstoles ocho días más, hasta Jesús apareció de repente en medio de ellos. Dirigiéndose a Tomás, Jesús lo invitó a acercarse y examinar sus heridas y a "no se[r] incrédulo. ¡Cree!"

Con lo cual, Tomás se postró y pronunció la expresión: "¡Mi Señor y mi Dios!" Fue reprendido por Jesús por su previa incredulidad: "Tú crees porque me has visto, benditos los que creen sin verme" (Juan 20:24-29).

Juan, quien nos dio la mayor cantidad de detalles sobre Tomás y quien probablemente lo conociera desde la niñez, ya que eran del mismo oficio y de la misma ciudad, menciona que Tomás estuvo presente cuando Jesús se manifestó a los discípulos que estaban pescando en el Mar de Tiberíades.

> Tomás era un hombre que luchaba contra sus dudas y que estaba dispuesto a abandonarlas cuando podía hacerlo.

La imagen permanente de Tomás es de una personalidad que insiste en el pesimismo y la duda, y a la vez es creyente. Jamás tuvo un corazón malvado de incredulidad. Más bien, era un hombre que luchaba contra sus dudas y que estaba dispuesto a abandonarlas cuando podía hacerlo.

Es bueno que tengamos en el registro bíblico la descripción del incrédulo Tomás porque, como ha sido frecuentemente señalado por los comentaristas, "Tomás dudó para que nosotros no tuviéramos dudas."

Las actividades misioneras de Tomás

Han crecido numerosas leyendas alrededor del ministerio de grandes repercusiones de este apóstol. No obstante, a la luz de las tradiciones, que tienen mucho de historia como respaldo, no tenemos que preocuparnos por los mitos, sino más bien podemos reconstruir confiadamente los verdaderos viajes misioneros de Tomás. De hecho, realmente sabemos más acerca de Tomás que sobre casi cualquier otro apóstol, a excepción de Juan y de Pedro.

Es evidente que Tomás visitó Babilonia. Debido a que la tradición de las iglesias occidentales gira en torno a Constantinopla y a Roma, es asombroso lo poco que se sabe, incluso por muchos historiadores de la iglesia, sobre los otros movimientos cristianos importantes que comenzaron durante los tiempos apostólicos. Estos movimientos rápidamente se extendieron hacia el este y, por lo tanto, no le deben nada al cristianismo occidental.

Algunas de las iglesias orientales se jactan de que sus organizaciones jerárquicas sean de fechas anteriores a las establecidas en Constantinopla y Roma. Esta puede ser más una presunción que un hecho histórico, puesto que la jerarquía fue un desarrollo tardío en todas partes. Pero las tradiciones son claras: existió un movimiento apostólico hacia el este, y Tomás fue una figura central.

La tradición de la Iglesia de Oriente

El nombre oficial de la Iglesia de Oriente es la Santa Iglesia Apostólica y Católica de Oriente. Sus publicaciones afirman:

> Fue fundada por los apóstoles San Pedro, Santo Tomás, San Tadeo y San Mari de los Setenta. En los primeros siglos del cristianismo había una sola Iglesia. Los asuntos de la Iglesia eran administrados por los Obispos en sus respectivas áreas.

También había Obispos principales, conocidos como Patriarcas. Mar Yacob Manna, un Obispo Uniata de la Iglesia Romana, escribe en su libro *Margy Peghyany*: "Los lugares donde los santos Apóstoles organizaron Patriarcados son las siguientes madres de ciudades; la primera, Babilonia. Es la metrópoli, sí, la madre de todas las ciudades, y por eso fue la Cabeza del Reino Asirio. Luego Alejandría, Antioquía, Roma y Constantinopla." De ellas, únicamente Babilonia estaba fuera del Imperio Romano de Occidente en ese momento. . . . La Iglesia de Oriente es llamada de distintas maneras por diferentes historiadores. Algunos de los títulos populares son Iglesia Asiria, Iglesia Nestoriana, Iglesia Sirio-caldea, etc. . . . La Iglesia de Oriente remonta su origen directamente a los Apóstoles originarios. Uno de sus templos, fundado por los Tres Reyes Magos a su regreso de Belén, todavía está en uso en la ciudad de Resaieh, en Irán del Norte. El Patriarca asistió a ese templo cuando era niño.[1]

Este volumen especial, publicado para conmemorar la visita a la India del Patriarca de la Iglesia de Oriente, contiene muchas referencias a la tradición apostólica del cuerpo de esa iglesia y a Santo Tomás.

Hace más de mil novecientos años, el Apóstol Santo Tomás, luego de establecer la primera Iglesia Cristiana entre su propia gente en la antigua Babilonia, vino a India, guiado por el Espíritu Santo, y con gran celo evangélico atravesó este subcontinente predicando la buena nueva y bautizando a los que creían en Él. Sus palabras "habían caído en buena tierra, produciendo fruto al ciento por uno" y extendiéndose a los países por toda Asia. Pero por las vicisitudes de la historia, a través de los siglos, esta Iglesia, fundada con la sangre de los mártires, casi se ha extinguido, dejando un remanente disperso.

Luego de fundar iglesias y de ordenar el clero en Medio Oriente, Santo Tomás vino a este país comisionado por su

Señor. Aquí también enseñó a miles y miles de personas en la verdadera fe de nuestro Señor, bautizándolos en el nombre del Padre, del Hijo y del Espíritu Santo, levantó iglesias para su adoración y ordenó el clero necesario para alimentar sus necesidades espirituales. Más tarde, soportó varias persecuciones y finalmente el martirio por la fe y justicia de nuestro Señor, por una lanza clavada por villanos comandados por el rey Mizdi.[2]

Tradiciones de la iglesia siro-india

El doctor Edgar J. Goodspeed da testimonio a la tradición de la iglesia siro-india: "Es un hecho llamativo que los denominados Hechos de Tomás relacionen la misión de Tomás a la India y que fueron escritos tempranamente a principios del siglo tercero, como consienten las autoridades modernas (Harnack, M.R. James). Esto contribuye de forma significativa a confirmar la leyenda de la iglesia siro-india de que efectivamente Tomás no sólo atravesó el Partos con su mensaje, ¡sino que en efecto llegó a la India con él! Estos Hechos también tienen algunas conexiones con la historia del primer siglo indio.[3]

Tradiciones de la iglesia nestoriana

Cuando visité Irán en 1971, mantuve entrevistas con un número de célebres autoridades cristianas. Entre ellos estaba Su Excelencia Yohannan S. Issayi, el archivista de la Biblioteca Caldeo Católica de Teherán. Él tenía un libro escrito por un historiador de la iglesia, John Stewart, Ph.D. (Narsai Press, Trichur, Kerala, India, 1928, 1961). En la introducción, Stewart escribe: "El mensaje debe haber sido llevado a los confines más remotos del continente asiático, casi con la rapidez de un fuego en la pradera. Es evidente de que Santo Tomás llegó a la India a más tardar en 49 d.C."[4]

Al hablar de los nestorianos y de sus orígenes apostólicos, Stewart dice: "El centro de esta maravillosa iglesia estuvo al principio en Edesa, y luego en la provincia persa de Abiabene. Hubo una comunidad cristiana grande y ampliamente extendida a través de toda

Asia Central en los primeros siglos de la era actual. Países tales como Afganistán y el Tíbet eran centros de actividad cristiana."[5]

Confirmación histórica de los viajes a la India en el siglo I
Una noticia del *Los Angeles Times* confirma el hecho de que muchas personas viajaban del Imperio Romano a la India en el siglo I. La historia fue titulada: "Desaparición de una antigua colonia judía en la India."

> Cochín, India —La sinagoga local celebró su cuadrigentésimo aniversario en 1968 y los invitados incluyeron a la Primer Ministra Indira Gandhi y a judíos de lugares tan lejanos como los Estados Unidos. Ahora no hay rabino.
>
> Los judíos blancos a lo largo de la Costa de Malabar alguna vez fueron contados por decenas de miles. En la actualidad sólo hay 80.
>
> Los judíos de Cochín llegaron a la India en 72 d.C., expulsados de Jerusalén por legiones romanas. Hoy, muchos —un número crítico— están volviendo a Israel.
>
> La sinagoga de Cochín —otras cerraron cuando sus congregaciones regresaron a Israel— contiene muchos tesoros históricos. Entre ellos están los platos de cobre obsequiados por el gobernante local a la comunidad judía en 379 d.C., en los que constaba una gran cesión de terrenos.[6]

Algunos detalles del relato confirman la probable historicidad de las tradiciones del cristianismo primitivo en la India. El hecho de que una colonia judía llegara allí en 72 d.C. prueba que los judíos del primer siglo *conocían* esta parte del mundo y que el *viaje* incluso de grandes grupos era posible. No hay discusión sobre la exploración de un continente desconocido. Además, la continuidad de la comunidad judía demuestra cómo una comunidad cristiana también pudo existir en forma continua desde el siglo I hasta el presente en la misma zona. La mención de los platos de cobre es similar a varias historias sobre esta forma de ceder y certificar derechos políticos y de propiedad en los tiempos antiguos.

Erudición moderna

Existe una gran obra de erudición que revela un estudio muy minucioso sobre la tradición de Santo Tomás en la India, que parece confirmar su historicidad. Estamos en deuda con el erudito católico-romano, A. M. Mundadan, quien escribió su disertación doctoral sobre Santo Tomás en la Universidad Alemana en 1960, y posteriormente la amplió y publicó como *The Sixteenth Century Traditions of the St. Thomas Christians [Las tradiciones del siglo XVI de los cristianos de Santo Tomás]*. Presenta una cantidad verdaderamente enorme de documentación, parte de la cual está en el siguiente extracto:

> Los portugueses llegaron a la India a fines del siglo XV. Cuando llegaron, ya tenían alguna información imprecisa relacionada con el apostolado de Santo Tomás en la India. No mucho después de su llegada, comenzaron a escuchar informes sobre la existencia de lo que era descrito como la "casa" y la "tumba" de Santo Tomás en Milapore, en la Costa de Coromandel. Pero fue solamente a comienzos de la segunda década del siglo XVI que hicieron serios esfuerzos por explorar Coromandel y Milapore y la "casa" de Santo Tomás.
>
> El primer registro escrito de la prédica de Santo Tomás en la India es la obra romántica apócrifa *Hechos de Santo Tomás*, escrito en siriaco hacia finales del segundo siglo o a comienzos del tercero. Del tercer siglo en adelante, encontramos frecuentes alusiones al apostolado parto o indio de Santo Tomás en los escritos de los Padres de la Iglesia y de otros escritores eclesiásticos.

El contenido de la tradición occidental, ya sea único o combinado, puede resumirse de esta manera: Tomás el Apóstol predicó el Evangelio en Parto e India, convirtió a muchos,

> Tomás predicó en Parto e India, convirtió a muchos, incluyendo a miembros de una familia real. Padeció allí el martirio, y fue primero sepultado en la India.

incluyendo a miembros de una familia real, padeció allí el martirio, y fue primero sepultado en la misma India; más tarde sus restos fueron trasladados a Occidente (a Edesa), donde fueron honorablemente depositados y venerados. El principal origen de esta tradición es, sin duda, los *Hechos de Santo Tomás*, en los que se nombra a la India como campo de actividad de Santo Tomás.

La tradición india no es tan claramente uniforme; varía en tanto vamos de una fuente a otra y de un lugar a otro. La tendencia general puede ser resumida: Santo Tomás, uno de los doce Apóstoles de nuestro Señor, vino directamente del Cercano Oriente y desembarcó en Cranganor alrededor de 52 d.C.; convirtió a familias hindúes de las castas altas en Cranganor, Playur, Quilon, etc.; consagró sacerdotes de algunas de estas familias; levantó unas siete iglesias, erigió cruces; luego pasó hacia la costa oriental y allí sufrió el martirio; su tumba está en Milapore, en la costa.

Se sabe que todas las reliquias fueron sacadas de la India hacia Edesa y más tarde hacia Ortona, en Italia, donde descansan actualmente.

Thome Lopes, quien acompañó a V[asco] da Gama en su segundo viaje a la India en 1503, dice que, entre otros sucesos informados por ellos, los cristianos que se reunieron con Gama les contaron a los portugueses cómo estaban conduciendo una gran peregrinación a la tumba de Santo Tomás, quien estaba enterrado cerca de su país, y quien había hecho muchos milagros.

El apostolado

Mundadan explica el largo alcance del ministerio de Tomás:

> Santo Tomás predicó el evangelio y bautizó a personas en todos los lugares a los que fue, y fundó iglesias. Según una inscripción en piedra que los Cristianos de Santo Tomás leyeron e interpretaron para Roz, el Apóstol convirtió a tres de los principales

reyes de la India: el de Bisnaga, llamado Xoren Porumal; el de Pandi, llamado Pandi Perumal y el de toda Malabar, llamado Xaran Perumal. Fr. Guerreiro encontró en un libro caldeo que el Apóstol había convertido a seis reyes y a tres emperadores: los emperadores corresponden a los tres principales reyes de Roz. El reino Pandi, según Guerreiro, correspondió al reino existente por aquel entonces, de Cabo Comorin.

El caldeo Abuna les dijo a los investigadores en 1533 que el Apóstol fue asesinado con una lanza por uno de una casta inferior. Barros tiene la siguiente versión. El Apóstol fue asesinado mientras les predicaba a unas personas cerca de un aljibe. Ante la instigación de los brahmanes, fue apedreado por algunas personas y se desplomó. Mientras yacía casi muerto en el piso, un brahmán lo atacó con una lanza y el santo dejó de respirar. Según Dionisio, el Apóstol fue martirizado con una lanza mientras predicaba en una montaña.

Nadie puede tener serias dudas en cuanto a la posibilidad de que Santo Tomás hubiera predicado en la India, ya sea al sur o al norte de la India. Es ofensivo pensar que el cristianismo haya sido predicado en sus comienzos en el Imperio Romano solamente, y que los doce Apóstoles fueron hacia los puntos occidentales del imperio. En los albores del cristianismo había rutas de comercio que conectaban Occidente con Oriente, caminos sumamente frecuentados. Las rutas terrestres llegaban a partes del norte de la India, mientras que las rutas marítimas alcanzaban las costas de Malabar y otras partes del sur de la India. Por lo tanto, nadie puede negar sensatamente la posibilidad de que uno u otro de los doce Apóstoles haya llegado a la India y haya predicado el cristianismo allí.

En cuanto a las reliquias, es muy probable, como se ha sugerido antes, que los primeros exploradores portugueses no supieran nada respecto del presunto traslado de las reliquias a Edesa y más tarde a Ortona, y que por consiguiente, creyeran que habían descubierto todo el cuerpo del Apóstol en la tumba.

Pero por su propio testimonio queda claro que en realidad no descubrieron el cuerpo completo. Sin embargo, su creencia persistió.[7]

Comentarios de varios eruditos acerca de la vida de Santo Tomás
Asbury Smith presenta un interesante punto de vista de los *Hechos del Apóstol Santo Tomás en la India*:

> Existe una antigua tradición de que Tomás llevó el Evangelio a la India. Los *Hechos del Apóstol Santo Tomás en la India,* un manuscrito que se remonta al segundo o tercer siglo, es el registro escrito más antiguo que sostiene esta tradición.
>
> En los *Hechos de Santo Tomás*, se muestra a los apóstoles dividiéndose el mundo entre ellos para dirigir su actividad evangelística. Cuando a Tomás se le asignó la India, protestó: "No puedo ir allí por la fatiga del cuerpo en el viaje, pues soy un hebreo." Entonces Jesús se le apareció a Tomás y lo exhortó a que fuera a la India, pero él siguió resistiéndose, diciendo: "Te suplico que me envíes a otro país, pues hasta el país de la India no puedo ir."
>
> Fue entonces que nuestro Señor se manifestó a Abbanes, un comerciante de la India, y le vendió a Tomás como esclavo. Reconociéndose como un esclavo de Jesús, Tomás se rindió y, de esta manera, llegó a India como esclavo de Abbanes.
>
> Hasta hace unas pocas décadas, no existían registros de un rey llamado Gondaforus y esta historia era considerada completamente legendaria. Pero recientes excavaciones han verificado que un rey de nombre Gondaforus efectivamente reinó el norte de India durante el tiempo en que Tomás pudo haber vivido allí. Se han desenterrado monedas e inscripciones que llevan el nombre de Gondaforus. Esto deja pendiente la explicación de la presencia de Tomás en el norte de India cuando los cristianos que llevan su nombre siempre parecen centrarse al sur de India. El doctor J. N. Farquhar lo explica diciendo que Tomás permaneció en el norte de India hasta que la guerra destruyó

a Gondaforus y a su reinado, y entonces se fue al sur de India. Hazel E. Foster piensa que "esta reconstrucción de lo que pudo haber sucedido tiene buenos fundamentos históricos, como lo tienen varias de las historias en relación al origen de otras iglesias antiguas."

En 1952 los cristianos sirios celebraron los 1900 años de la llegada de Tomás a su país. En relación con esta celebración, el Consejo Mundial de Iglesias llevó a cabo tres importantes reuniones. El Comité de Estudio y el Comité Central se reunieron en Lucknow y el Consejo Mundial de Jóvenes Cristianos se reunió en Kottayam.

Además de la tradición de que Tomás fundó la Iglesia en la India, poco se sabe de la historia primitiva de esta antigua Iglesia siria. Lamentablemente, cuando los portugueses llegaron a la India, destruyeron los registros de la iglesia, con la esperanza de que de ese modo destruirían lo que ellos consideraban un grupo hereje del cristianismo.

Dice la tradición que Tomás sufrió la muerte de un mártir en un lugar actualmente llamado Monte de Tomás en Mylopur, un suburbio de Madrás. Su muerte fue completada al ser atravesado por una lanza. Un santuario erigido por los portugueses indica el sitio sagrado.

Un himno de alabanza registrado en los *Hechos de Tomás* expresa el gran honor que los cristianos sirios rendían a la iglesia. "La iglesia es aquella en quien está el esplendor de la realeza. Es agradable de aspecto y hermosa. Es bella para aquel que la contempla. Sus prendas son como de flores de toda clase, y el aroma de las mismas baja y unge la cabeza. . . . La verdad está sobre su cabeza y el gozo a sus pies."

Los *Hechos de Tomás* brindan una descripción de la vigilia nocturna que Tomás dedicó para recibir a Gondaforus en la iglesia cristiana:

Trajeron aceite e iluminaron muchas lámparas, pues era de noche. Entonces el Apóstol se levantó y oró por ellos con su

voz, diciendo: "La paz sea con ustedes, O hermanos míos."
Entonces escucharon únicamente su voz, pero no vieron su
forma, pues aún no habían recibido el bautismo, y el Apóstol
tomó el aceite y lo derramó sobre sus cabezas, y rezó plegarias
por ellos, y respondió diciendo:

> "¡Que el nombre de Cristo, que está por sobre todas las cosas,
> venga!
> ¡Que el nombre que es santo, y exaltado, y perfecto en
> misericordia, venga!
> ¡Que tu misericordia venga!
> ¡Que lo que sea un misterio escondido venga!
> Que la madre de las siete mansiones venga, y que tu descanso
> esté en la octava habitación."[8]

Mundadan, ya citado, describe la reciente historia de la tumba
de Santo Tomás:

> Durante los cuatrocientos años que van desde 1523 a 1903,
> la tumba de Mylapore fue violada en tres oportunidades por
> un motivo u otro: en 1523 tuvo lugar la primera excavación
> portuguesa; entre 1893 y 1896 fue construida la actual catedral
> gótica; en 1903 la tumba fue ensanchada hacia el oeste, cuando
> la cripta actual fue construida en conmemoración del tricente-
> nario de la construcción de la diócesis de Mylapore."[9]

El lugar de entierro de Santo Tomás

Está confirmado que Tomás fue enterrado en Mylapore, actual
suburbio de Madrás, en la India. En su interesante libro devocio-
nal *By Post to The Apostles [Cartas a los apóstoles]*, Helen Homan se
refiere a la historia del tratamiento de los restos de Santo Tomás,
el cual evidentemente obtuvo de la *Enciclopedia católica*. Ella dice
que se acepta como un hecho el que algunos de los huesos de Santo
Tomás fueron transportados a Edesa, en Mesopotamia. Describe
cómo los cruzados evidentemente los llevaron a la isla de Chíos

y relata cómo más tarde Manfredo, príncipe de Tarento, los llevó en barco a Ortona, en Italia, donde fueron puestos en una gran catedral. Luego de esto, los turcos saquearon Ortona y la tumba en busca de presuntos tesoros.[10]

En *A Traveller's Guide to Saints in Europe [Una guía para el viajero a los santos en Europa]*, Mary Sharp informa los resultados de su investigación acerca de las reliquias de Santo Tomás. "Se supone," dice ella, "que están en Goa y Meliapore, en la India, y en Ortona, Italia. El dedo está en la iglesia de Santa Croce in Gerusalemne de Roma." Y agrega: "En la iglesia de Mylapore (ahora Meliapore) hay una cruz de piedra: la Cruz de Tomás del siglo sexto al octavo, que se dice que indica el lugar donde su cuerpo estuvo enterrado hasta que fue llevado a Edesa en el siglo cuarto." Ella concluye: "Por más disparatadas que suenen las historias sobre Santo Tomás en sus *Hechos*, los nombres de Gundafor y Gad, los gobernantes indios que se dice que él encontró, recientemente fueron comprobados como existentes, ya que emitieron monedas que han perdurado."[11]

Una guía publicada por la Iglesia de la Santa Cruz (Santa Croce), titulada *The Sessorian Relics of the Passion of Our Lord [Las reliquias sesorianas de la pasión de nuestro Señor]*, por Bedini, afirma que en esta iglesia:

> . . . se preserva el dedo índice de Santo Tomás. Algunos dicen que esta reliquia ha estado en esta iglesia desde los tiempos de Santa Helena. En la basílica hay un altar dedicado a Santo Tomás. El relicario, que fue rehecho después de la Revolución Francesa, tiene la forma de un cáliz en su parte inferior. Sobre las manijas, dos palmas, el símbolo del martirio del apóstol, se entrelazan en forma de una corona superpuesta por una cruz con rayos. En el centro de la corona hay insertado un estuche oval cuyos lados son de cristal. En medio del estuche se levanta un soporte con forma de un dedo y dos orificios al costado. Las falanges del Dedo venerado pueden ser vistas a través de los orificios.[12]

Es evidente que Tomás, quien como discípulo era pesimista y estaba lleno de dudas, se transformó en un misionero enérgico. El peso de la erudición acerca de su misión a Babilonia, Persia e India ha crecido tanto que debe ser aceptado como probable. Las historias de Tomás, como las de varios otros de los apóstoles, proveen un registro que arroja mucha luz al mundo del primer siglo, más allá de las fronteras del Imperio Romano. A su vez, mientras los eruditos contemporáneos descubren la historia del primer siglo en esa región, eso arroja abundante luz sobre la vida de Tomás.

La gran percepción sobre el propio Tomás, la cual llega a nosotros de la historia de Tomás en Babilonia e India, es que fue un evangelista intrépido y un gran fundador de iglesias. Aquellas personas en el mundo moderno que aceptarían el cristianismo pero que rechazarían a la *iglesia* (por ejemplo, a la asamblea o congregación local) como el instrumento humano central en la estrategia de Dios se han divorciado de la tradición apostólica. Si los apóstoles volvieran a la tierra hoy, no se interesarían por los que imaginan que pueden vivir un cristianismo sin iglesia. Ese "cristianismo," si es que nos atrevemos a llamarlo así, es incapaz de sobrevivir.

Si queremos que el cristianismo sobreviva, nuestra primera lealtad debe ser para Aquel a quien Tomás llamó "Mi Señor y mi Dios," y en segundo lugar, a la única institución divinamente establecida en el mundo, la asamblea o congregación local de su hijos. Nadie puede calcular cuántos millones de cristianos llegaron a creer en Cristo por medio de Tomás. Son incontables. Las iglesias que Tomás fundó en la India han mantenido vivo al cristianismo y han extendido la fe, que sobrevive allí hasta hoy.

Tanto las iglesias como la fe apostólica con las que Tomás se identificó, desde luego, sufrieron cambios, decadencia e incluso corrupción. El ser humano inevitablemente produce estos efectos. Pero hasta ahora, los misioneros en la India informan que el mensaje puro del Nuevo Testamento todavía es bien recibido y todavía es efectivo entre los cristianos de Santo Tomás allí.

MATEO

Mientras caminaba, Jesús vio a un hombre llamado Mateo sentado en su cabina de cobrador de impuestos. "Sígueme y sé mi discípulo," le dijo Jesús. Entonces Mateo se levantó y lo siguió. Mateo 9:9

Mateo era hermano de Jacobo el Menor, y ambos eran hijos de Alfeo (Marcos 2:14). Otro nombre de Mateo era Leví. Era recaudador de impuestos (Mateo 10:3) en Capernaúm, en el territorio gobernado por Herodes Antipas. Pertenecía a la clase de burócratas llamada *portitores*, quienes servían debajo de los *publicani*, los funcionarios que eran concesionarios para impuestos, según la costumbre romana de aquel tiempo. Como tal, debe haber recibido cierta educación y debe haber conocido el arameo, el griego, y las lenguas latinas. Los recaudadores de impuestos, de los cuales él era uno, aunque desdeñados por los judíos, como grupo parecían dispuestos a escuchar el mensaje de Jesús con mucho gusto (Mateo 11:19; Lucas 15:1).

Cuando Mateo fue llamado, Pedro, Jacobo y Juan, quienes también provenían de Capernaúm, ya eran discípulos de Jesús (Marcos 5:37). A diferencia de algunos de los otros apóstoles, Mateo no ingresó al grupo desde los seguidores de Juan el Bautista.

De una manera significativa, entre los acontecimientos registrados en su Evangelio está la anotación de que lo primero que hizo Mateo después de su llamado fue invitar a Jesús a un banquete que daría en su casa. Mateo llenó el lugar con las únicas personas que pondrían un pie en su hogar, sus colegas los "recaudadores de impuestos y pecadores" (Mateo 9:11, NVI). El término era un insulto, no una descripción. Cuando Jesús fue criticado por estar en compañía de ellos, respondió: "La gente sana no necesita médico, los enfermos sí." Y en una paráfrasis de las palabras de Miqueas 6:6-8, Jesús agregó: "Ahora vayan y aprendan el significado de la siguiente Escritura: 'Quiero que tengan compasión, no que ofrezcan sacrificios.' Pues no he venido a llamar a los que se creen justos, sino a los que saben que son pecadores" (Mateo 9:12-13).

Como la mayoría de los apóstoles, Mateo parece haber evangelizado en varios países. Ireneo dice que predicó el evangelio entre los hebreos. ¿Significa esto en Palestina o a los judíos que estaban en el extranjero? Probablemente, ambas cosas. Clemente de Alejandría declara que Mateo dedicó quince años a su obra. También dice que Mateo fue a los etíopes, a los griegos de Macedonia (al norte de Grecia), a los sirios y a los persas.[1] Uno de los primeros escritores cristianos, llamado Heracleón, declaró que Mateo no padeció martirio. Pero la mayoría de las autoridades afirma que fue dolorosamente ejecutado.

La redacción del Evangelio

Jerónimo nos relata la historia de la autoría del Evangelio según Mateo:

> Mateo, también llamado Leví, Apóstol y ex publicano, redactó un Evangelio de Cristo que primero fue publicado en Judea en hebreo para los circuncisos que creían, pero luego fue traducido al griego, aunque es incierto quién lo hizo. El manuscrito en hebreo ha sido preservado hasta la actualidad en la biblioteca de Cesarea, que tan diligentemente reunió Pamfilo. También tuve la oportunidad de que los nazarenos de Berea, una ciudad de Siria, quienes lo usan, me describieran el volumen. En esto debemos tener en cuenta que, donde sea que el Evangelista, ya sea por su cuenta o en la persona de nuestro Señor el Salvador,

cita el testimonio del Antiguo Testamento, no sigue la autoridad de los traductores de la Septuaginta, sino del hebreo.
Porque estas dos formas existen: "De Egipto he llamado a mi
hijo," y "por lo cual será llamado nazareno."[2]

Eusebio cita a Papías, que vivió hacia 100 d.C., en sus dichos de
que Mateo había redactado en arameo
los Oráculos del Señor, que fueron traducidos al griego por cada hombre como
era capaz de hacerlo. Ireneo, unos ciento
cincuenta años antes que Eusebio, había
afirmado que "Mateo también publicó
entre los hebreos un Evangelio escrito
en su propio dialecto."[3] San Agustín
dijo también que Mateo había escrito
únicamente en hebreo, mientras que los
escritores de los otros Evangelios escribieron en griego.

> Mateo comprendió la
> manera en que Jesús
> cumplió las profecías
> del Antiguo
> Testamento. En su
> Evangelio aparecen
> más referencias a este
> hecho que en los otros
> tres.

Mateo comprendió la manera en que Jesús cumplió las profecías
del Antiguo Testamento. En su Evangelio aparecen más referencias a
este hecho que en cualquiera de los otros tres Evangelios.

Estamos en deuda con Mateo por la única versión de la historia
del hombre que encontró un tesoro escondido en un campo y vendió
todo lo que tenía para comprarlo. Mateo sabía por su experiencia
personal lo que eso significaba. Él también había abandonado su
carrera rentable y lucrativa para seguir a Jesús.

Varias tradiciones sobre el ministerio y la muerte de Mateo

Hay tantas tradiciones que parecen contradecirse mutuamente que
uno no puede sino hacer una lista con todas ellas y tratar de hacer
una síntesis, como lo ha hecho Barclay:

> Sócrates dijo que a Mateo le tocó Etiopía en el acuerdo del
> comité apostólico (E. H., 1, 19; ver Rubinus, 1, 9). Ambrosio

lo relaciona con Persia, Paulino de Nola con Partos, Isidoro con Macedonia.

Clemente de Alejandría indica que murió de muerte natural (*Las Misceláneas*, 4, 9). Clemente dice que era vegetariano y se alimentaba de semillas, nueces y vegetales sin carne. El *Talmud* dice que Mateo fue condenado a muerte por el Sanedrín judío.

Los apócrifos *Hechos de Andrés y Mateo*, que posteriormente fueron llevados a versos anglosajones, afirman que fue enviado a los caníbales *Anthropophagi*, quienes intentaron sacarle los ojos y lo encarcelaron durante 30 días antes de comérselo. En el día 27, fue rescatado por Andrés, quien llegó por el mar, escapando milagrosamente de una tormenta y rescatando de esa manera a Mateo. Mateo volvió a los *Anthropophagi*, haciendo milagros entre ellos, y el rey se puso celoso de él. Ataron a Mateo, lo cubrieron con papiros embebidos en aceite de delfín, derramaron azufre, asfalto y brea sobre él, apilaron estopa y madera y lo rodearon con las imágenes de oro de 12 dioses del pueblo. Pero el fuego se convirtió en rocío y las llamas salieron volando y derritieron el metal de las imágenes. Finalmente, el fuego tomó la forma de un dragón, persiguió al rey hasta adentro de su palacio y se cernió sobre él para que no pudiera moverse. Entonces Mateo reprendió al fuego y oró y entregó el espíritu. El rey se convirtió y se hizo sacerdote, y Mateo partió al cielo con dos ángeles.[4]

Según Edgar Goodspeed en su libro *Matthew, Apostle and Evangelist [Mateo: apóstol y evangelista]*, en las primeras historias hubo una confusión entre Matías y Mateo. La tradición del *Talmud de Babilonia* (Sanedrín 43 a.) habla acerca del juicio y la ejecución de un "Matthai." Mateo probablemente no haya muerto en el mismo país que Matías.

La dificultad en saber con certeza qué países probablemente hayan sido visitados por Mateo radica en la identificación del país llamado

"Etiopía." La Etiopía de África nos resulta bien conocida, pero también había una Etiopía en Asia al sur del Mar Caspio, en Persia. Estaba en el reino de los partos, pero según todos los informes, estaba fuera de las transitadas rutas comerciales.

Como hemos visto, Ambrosio vincula a Mateo con Persia. Las asociaciones a Tomás con un "Evangelio de Mateo" que, según se dice, fue hallado en la India son bien conocidas. Esto parecería indicar al menos una tradición respecto a que el apóstol Mateo estuvo cerca de la Etiopía asiática. Sería natural que una copia del Evangelio de Mateo hubiera sido encontrada en su camino a la India de haber estado él mismo en Persia, lugar que probablemente haya visitado, ya que Persia estaba directamente en la ruta comercial desde Antioquía a la India.

El actual sepulcro del cuerpo de Mateo

Al lado de la catedral de Salerno, en Italia, que contiene el cuerpo de Mateo, hay un museo arqueológico que publica una guía para los que hacen peregrinajes a la iglesia. Está escrita por Arturo Carucci y ofrece la siguiente información sobre la tumba del apóstol:

> Un fresco al lado del balcón central muestra a Juan, Obispo de Paestum, recibiendo a Atanasias, el monje que encontró el cuerpo de Mateo. Otro muestra a Gisolfo I ordenando al Abad Juan que vaya a Capaccio a buscar el cuerpo del Mateo el evangelista para traerlo a Salerno. Sobre los asientos del coro hay un recordatorio del traslado del cuerpo de San Mateo. Muestra una procesión con el cuerpo del Apóstol cuando lo traen a la iglesia.
>
> En el centro de la cripta está la tumba de San Mateo situada a casi 2 metros de profundidad y coronada por un altar de dos frentes, rico en mármoles y dominada por un amplio "baldaquín con forma de paraguas," finamente adornado, que cubre dos estatuas de bronce que representan al Evangelista: una en cada frente del altar. Fueron hechas en 1606 por Michelangelo

Naccarino (1622); el Santo está en la posición tradicional. El escultor supo cómo darle al bronce una gran expresión de poder. La tumba y los altares están adornados por una base de mármol elegante, la cual tiene un candelabro enorme en cada esquina. Estos fueron obsequio de la Facultad de Medicina.

En 1969 el piso del lado norte fue abierto y se erigió un altar sobre la tumba del Evangelista, alterando la armonía y el diseño original del altar de dos frentes.[5]

Carucci también nos brinda la fecha de la construcción de la catedral y del entierro del cuerpo del apóstol Mateo:

En el interior está el "asiento santo" [silla especial, ed.] que se dice que fue la de San Gregorio VII; porque, desde el siglo XI el Santo Pontífice ascendió durante la consagración del templo en 1084. En cambio, los siete peldaños circulares son nuevos, como las sillas del "bema." La inscripción celebra el milenio (1954) del traslado de las reliquias de San Mateo.

Dedicada a la Virgen María, la iglesia fue elevada sobre la tumba de San Mateo por el duque normando Roberto Guiscardo inmediatamente después de la conquista de Salerno en 1076.

No todos saben que el cuerpo [de San Mateo] es confiado a Salerno y honrado allí. Está enclaustrado en una magnífica cripta digna de la veneración del pueblo de Salerno y digna de San Mateo.[6]

Leyendas sobre Mateo

De las leyendas y tradiciones de los apóstoles es evidente que la confusión en los registros de la Edad Media acerca de los nombres de los lugares ha hecho imposible estar seguros de cuál "Etiopía" está asociada con Mateo. Por ejemplo, la siguiente historia ¿surge por imaginación o asocia correctamente a Mateo con la Etiopía de África?

En el *Perfetto Legendario* se relata que, después de la dispersión de los Apóstoles, él viajó a Egipto y a Etiopía, predicando el Evangelio; y, habiendo arribado a la capital de Etiopía, se alojó en la casa del eunuco que había sido bautizado por Felipe, quien lo recibió con gran honor. Había dos magos terribles en esa época en Etiopía que por sus hechizos y encantamientos diabólicos mantenían sometido a todo el pueblo, al mismo tiempo afligiéndolos con enfermedades raras y terribles; pero San Mateo los venció y, habiendo bautizado al pueblo, fueron liberados para siempre de la influencia maligna de estos encantadores. Y además se relata que San Mateo levantó de la muerte al hijo del Rey de Egipto, y que sanó de lepra a su hija. La princesa, cuyo nombre era Ifigenia, fue puesta por él a la cabeza de una comunidad de vírgenes entregadas al servicio de Dios. Cierto malvado rey pagano, que había amenazado con arrancarla de su asilo, fue atacado por la lepra, y su palacio fue destruido por el fuego. San Mateo permaneció veintitrés años en Egipto y Etiopía, y se dice que pereció en el año 90 de nuestra era, bajo Domiciano; pero la forma de su muerte es incierta; según la leyenda griega, murió en paz, pero según la tradición de la Iglesia Occidental, padeció el martirio por la espada o por la lanza.[7]

La tradición católico romana de la vida y la muerte de Mateo nos es otorgada por Mary Sharp en *A Traveller's Guide to Saints in Europe*:

Se dice que el cuerpo de Mateo está en la catedral de San Mateo en Salerno, Italia, y otras reliquias en muchas iglesias, incluida Santa Maria Maggiore, en Roma.

Después de la Ascensión, se dice que San Mateo viajó a Etiopía, donde fue recibido por el eunuco al que San Felipe había bautizado. Hizo varios milagros, incluyendo la sanación de la hija del Rey de Egipto de la lepra. Los relatos difieren en cuanto a su muerte. Algunos dicen que murió decapitado; otros dicen que murió en paz.[8]

Una biografía hipotética de Mateo

Mateo, también llamado Leví, era el hijo de Alfeo y el hermano de Jacobo el Menor. Aparentemente, Alfeo era un hombre devoto, pero aunque Mateo recibió el nombre sacerdotal de Leví, es probable que en su juventud estuviera lejos de la devoción. Era necesaria una gran cuota de ambición y codicia para que un judío estuviera dispuesto a ser conocido como un asociado de la casa de Herodes Antipas y un sirviente de los odiados romanos por haberse convertido en un cobrador de impuestos para ellos. La manera en que este término (publicano) se usa en la Biblia indica que ser un cobrador de impuestos era obtener una posición en la cual el soborno y la corrupción no sólo eran posibles, sino probables. También estaba la vergüenza de ser conocido como un colaborador de Roma. Las tropas de la ocupación romana eran odiadas con la misma clase de desdén que los judíos sentían por los nazis en el siglo XX.

> Era necesaria una gran cuota de ambición y codicia para que un judío estuviera dispuesto a ser un sirviente de los odiados romanos por haberse convertido en un cobrador de impuestos para ellos.

Sin embargo, Jesús buscó reconciliar a Jacobo, quien bien pudo haber sido un zelote nacionalista, con su hermano Mateo, el colaborador de Roma. Ambos, a su tiempo, se convirtieron en ardientes discípulos de Jesús.

Es probable que Mateo se haya quedado en Tierra Santa, como dice la tradición, durante quince años. Después de esto, animado por los informes del éxito de otros líderes cristianos entre los judíos de la Diáspora, y también entre los gentiles, se embarcó en varios viajes misioneros.

Es probable que primero haya escrito su Evangelio en arameo, que era el lenguaje más difundido entre los judíos del norte de Palestina. Luego puede haber hecho copias en hebreo y haberlas distribuido por los lugares a los que fue. Esto es lo más probable, como es posible que Mateo haya dirigido más su llamamiento a los potenciales conversos entre los judíos que entre los gentiles. El Evangelio de Mateo está lleno de referencias a las profecías del Antiguo Testamento sobre el Mesías, como cumplidas por Jesús. Estas citas habrían sido meramente de un interés pasajero para los gentiles. Pero, como otros apóstoles, Mateo provocó la ira de la clase dirigente judía y fue forzado a volcarse a los gentiles, quienes estuvieron más dispuestos a escucharlo.

> Mateo fue un escritor brillante, un ardiente discípulo y quizás el más culto de los Doce.

En las tradiciones y leyendas del ministerio de Mateo hay muchas referencias a reyes y otros altos funcionarios del gobierno como para que ignoremos la posibilidad de que su evidente alfabetización y antigua experiencia como burócrata pudo haberlo equipado bien para entender cómo presentar el evangelio a las personas de las altas esferas. Es cierto que efectivamente fue a Persia y a la misteriosa región conocida en ese momento como "Etiopía." Y es posible que allí su vida haya estado en grave peligro.

No es imposible que pueda haber viajado a la Etiopía de África, como indica la tradición católico-romana. Simplemente no sabemos cómo o cuándo fue descubierto su cuerpo. Pero es evidente que el monje Atanasias apareció ante el duque normando de Salerno y que anunció confiadamente que el cuerpo efectivamente había sido hallado, y que él le aconsejó al duque llevarlo a Salerno como una reliquia apostólica digna de la gran catedral construida allí. Probablemente unos pocos de aquellos huesos fueran luego trasladados a Roma. (No existe una buena razón para negar, no obstante, que la mayoría de los huesos permanece en Salerno hasta el día de hoy.)

Existen demasiadas historias sobre la muerte de Mateo como para saber la manera exacta en que murió. Es probable que no haya sido en Etiopía, África, sino en Egipto. Es notable la relación de las leyendas de Mateo con el Sanedrín. El Sanedrín era un cuerpo de judíos importantes en Alejandría, Egipto. Esto daría indicios de una relación histórica de Mateo con Egipto. Tal vez sea posible que Mateo fuera martirizado en Egipto a su regreso de Etiopía en África, pero no es segura esta conclusión.

Lo que sí es seguro es que Mateo fue un escritor brillante, un ardiente discípulo y quizás el más culto de los Doce. Por lo tanto, estaba bien preparado para dar testimonio ante personas en puestos de autoridad, y fue una vasija bien elegida para escribir el gran Evangelio que lleva su nombre.

CAPÍTULO 11

JACOBO, HIJO DE ALFEO

Jesús subió a un monte a orar y oró a Dios toda la noche. Al amanecer, llamó a todos sus discípulos y escogió a doce de ellos para que fueran apóstoles [incluyendo] . . . Santiago (hijo de Alfeo). Lucas 6:12-13, 15

Jacobo, el hijo de Alfeo, también llamado el "Menor" o quizás el "Joven," era hermano de Mateo Leví, e hijo de María. De qué María no es del todo seguro, aunque parece haber sido la esposa de un Cleofas, que pudo haber sido otro nombre o el segundo nombre de Alfeo.

Así como Mateo, Jacobo era natural de Capernaúm, una ciudad de la costa norte del Mar de Galilea. Aquí a comienzos de su ministerio Jesús también se mudó a su propia casa. Predicaba en las sinagogas locales, en casas particulares, así como a orillas del mar, donde a menudo se reunía una gran cantidad de personas. No sabemos cómo ni dónde conoció Jesús a Jacobo y a Mateo. Probablemente habían escuchado predicar a Jesús. Es muy probable que cuando Jesús le dijo a Mateo que lo siguiera, no estuviera (tanto) llamando a alguien a quien recién conocía, sino haciendo el llamamiento final a la decisión de alguien que ya había mostrado mucho interés. Si Jacobo y Mateo eran hermanos, y primos de Jesús, el hecho desde luego arrojaría luz sobre su previa relación.

Mateo, sin duda, sufría en su conciencia porque, como cobrador de impuestos para la casa de Herodes Antipas, el sátrapa de Roma, necesariamente debe haber provocado el disgusto de los judíos, que odiaban a Herodes y a Roma por igual. En cualquier caso, resulta bastante evidente que Mateo hizo las paces con el gobierno de Herodes, si no con los romanos. Pero para lograr esa paz incómoda, habría tenido que negar su conciencia. Después de que Jesús lo llamara, Mateo inmediatamente dio un banquete para sus amigos, que incluía a un número de otros cobradores de impuestos y amigos en común, ninguno de los cuales habría sido de buena reputación ante la comunidad judía.

Jesús fue el huésped de honor en este banquete. Tenemos un cuadro de la enemistad de la comunidad judía hacia los cobradores de impuestos cuando Jesús fue amargamente criticado por los fariseos locales por comer con quienes ellos llamaban "publicanos y pecadores." En esa época, en Israel la frase "publicanos y pecadores" parece haber sido coloquialismo para referirse a quienes eran irremediablemente corruptos o estaban fuera de la misericordia o del interés de Dios. Al haberse mancillado a sí mismos, necesariamente mancillarían a cualquier persona con la que tomaran contacto.

No tenemos indicios de que Jacobo estuviera entre los que se habían reunido para el banquete. Todo parece indicar que no. Temperamental y quizás ideológicamente, él difería de su hermano Mateo.

> Temperamental y quizás ideológicamente, Jacobo difería de su hermano Mateo.

Se dice que Jacobo y Mateo Leví Bar Alfeo pertenecían a la tribu de Gad, una de las diez tribus de la confederación norte que en el siglo octavo a.C. habían sido llevadas cautivas como resultado de la invasión asiria dirigida por Tiglat Piléser. Sin embargo, por llevar el nombre Leví, es más probable que tanto Mateo como Jacobo fueran de la tribu de Leví, la tribu sacerdotal. La tribu de Leví, a diferencia de la de Gad, había huido del norte de Israel antes de la invasión asiria, y se había unido a Judá. En los tiempos bíblicos, habría sido improbable que un hijo que no pertenecía a la tribu sacerdotal de Leví recibiera el nombre Leví.

Pero Mateo había traicionado su legado sacerdotal y se había vuelto un colaborador de Herodes y de Roma. Sería natural suponer que su hermano Jacobo estaba en total desacuerdo con la elección de Mateo Leví en cuanto a los asuntos seculares. Una tradición posterior sobre Jacobo indica que él mismo al principio era un "zelote" (el grupo revolucionario que buscaba librarse del yugo, tanto de Herodes Antipas como de Roma). Pero su idealismo patriótico y nacionalista fue groseramente defraudado por la política de derramamiento de sangre que caracterizaba a los zelotes. Por lo tanto, probablemente Jacobo se haya convertido en un asceta, quien buscaban en su propia piedad separarse del derramamiento de sangre de los zelotes. Pero ¿era él un asceta? Esto abre el interrogante que debemos resolver sobre la identidad de Jacobo.

La distinción entre los hombres llamados "Jacobo"

Con la identidad de Jacobo, el hermano de Juan, el hijo de Zebedeo, conocido también como Jacobo el Mayor o Jacobo el Grande, no tenemos problemas. Su historia es la más completa de cualquiera de los doce apóstoles originales, a excepción de la de Judas Iscariote. Este Jacobo fue decapitado por orden de Herodes Antipas para complacer a los líderes judíos, quienes sospechaban siempre que la devoción de Herodes por el judaísmo era sólo de la boca para afuera.

Jacobo el Menor, o el Joven, hijo de Alfeo y de María, del que nos ocupamos aquí, es un hombre de quien sabemos relativamente poco, excepto que su hermano también fue un apóstol y que sus otros hermanos fueron José, uno de los primeros cristianos, y Salomé, una mujer desconocida.

También hay un Jacobo que fue el padre del apóstol llamado Judas o Tadeo, ahora conocido como Judas, que en las Escrituras es cuidadosamente diferenciado de Judas Iscariote. Jacobo, el padre de Judas, probablemente sea el mismo Jacobo hijo de Zebedeo y hermano de Juan.

Santiago (Jacobo), el hermano de Jesús, es el más conocido de los primeros apóstoles, excepto Pedro, Juan y Pablo. Sin embargo, no fue uno de los Doce.

Es la confusión de identidad entre Jacobo el Menor y Santiago el hermano de Jesús la que hace prácticamente imposible saber quién fue cada uno, y qué acciones los diferencian.

La mayoría de las denominaciones antiguas, tal como la católica romana o la ortodoxa armenia, identifica a Jacobo el Menor y a Santiago el hermano de Jesús como uno y el mismo. Su razonamiento es complicado, contradictorio y no es defendible por los documentos de las Escrituras. Esencialmente es un intento por afirmar que, contrario a lo que Pablo escribió en Gálatas sobre "Santiago el *hermano* del Señor," Santiago el Justo era *primo* de Jesús. La razón para este complicado intento de desechar la simple afirmación de Pablo es proteger la doctrina de la perpetua virginidad de María, implicando que cuando Pablo escribió "hermano," en realidad quiso decir primo. Algunos utilizan oscuras referencias en la literatura griega para mostrar que esto era posible.

La temprana herejía docética intentó convencer a los cristianos de que todas las relaciones sexuales eran malas. La posterior elevación de María a la estatura de semidiosa forzó a algunos de los que habían adoptado esta opinión a inventar completamente la noción de que los hermanos y las hermanas de Jesús fueron quizás hijos de un matrimonio anterior de José. De esta manera, Santiago el hermano del Señor se convierte en Santiago el medio hermano. Sin embargo, a esta altura, se introduce otra contradicción. ¿Cómo pudo Santiago el Menor ser el hijo de José y de Alfeo a la vez?

> Santiago el hermano de Jesús en realidad fue eso. Santiago no creía en Jesús antes de la Resurrección. Jesús hizo una especial aparición post-resurrección a un "Santiago."

La respuesta que aparentemente más satisfizo a la mayoría de los eruditos de las ramas más viejas del cristianismo organizado ¡es hacer que María, la madre de Jacobo el Menor, fuera hermana de María, la madre de Jesús! Eso coloca a Jacobo el Menor al grado de primo de Jesús en lugar de su medio hermano.

Uno no puede más que simpatizar con los defensores de este punto de vista, por la presión bajo la que ellos estaban de preservar la doctrina de la perpetua virginidad de María, la madre de Jesús. Pero su solución es simplemente imposible. El propósito de los nombres es el de distinguir entre los hijos. Con la gran cantidad de nombres que tenían en la antigüedad, es improbable que hubiera dos Marías en la misma familia.

Por lo tanto, podemos estar seguros al suponer que Santiago el hermano de Jesús en realidad fue eso. Hay pocas dudas de que este Santiago no creía en Jesús antes de la Resurrección, pues el Nuevo Testamento es cuidadoso en decirnos que Jesús hizo una especial aparición post-resurrección a un "Santiago." Este probablemente fue el hermano de Jesús. No se nos dice cuándo sucedió, o por qué fue necesario, pero sí tenemos dos hechos. Los hermanos de sangre de Jesús no creían en él antes de la Resurrección; sin embargo en el libro de los Hechos, Santiago, el hermano de Jesús, es descrito como el líder principal de la iglesia de Jerusalén, sobrepasando en rango a Pedro y a Juan. Pablo ciertamente hace mención a él como el primer y único apóstol con quien él personalmente pasó tres años después de su conversión, excepto Pedro.

Cuando Pablo regresó a Jerusalén antes de su último encarcelamiento, Santiago volvió a aparecer como el vocero de los Doce, instando a Pablo que demostrara su fidelidad a la Ley de Moisés para no ofender a los judíos de Jerusalén. A propósito Pablo se refiere a este Santiago como una de las "columnas" de la iglesia, junto con Juan.

Una lectura meticulosa revela que es Santiago, el hermano de Jesús, a quién Pablo se refiere, más que a Jacobo el Grande, ya que para ese entonces, Jacobo el Grande había muerto. No es absolutamente imposible que se refiriera a Jacobo el Menor, pero la totalidad de referencias históricas de Pablo a Santiago parecen ser, según el contexto de los escritos de Pablo, al Santiago que era hermano del Señor.

Santiago, el hermano de Jesús, indudablemente escribió la Epístola que lleva ese nombre.

También hay una gran cantidad de información tradicional sobre la vida y la muerte de Santiago el hermano de Jesús, que ha sido erróneamente atribuida a Jacobo el Menor.

Unos doscientos años atrás, el erudito inglés Dorman Newman resumió esta tradición:

> La oración era un constante tema y deleite [para Santiago]. Parecía vivir para ella y no ocuparse de otra cosa que de la frecuente tarea de conversar con el cielo.
>
> En la procuraduría de Albino, sucesor de Festo, los enemigos de Santiago decidieron matarlo. Apresuradamente se convocó a un consejo. Hicieron un complot para disponer que los escribas y los fariseos lo atraparan. Le dijeron que tenían una enorme confianza en él y que harían que él corrigiera el error y la falsa opinión que tenía el pueblo sobre Jesús. Con ese fin, fue invitado a subir a lo más alto del templo, donde pudiera ser visto y escuchado por todos. Allí le exigieron: "Dinos, ¿cuál es la institución del Jesús crucificado?" Las personas que estaban abajo, al escucharlo, glorificaron al bendito Jesús.
>
> Los escribas y fariseos, percibiendo en ese momento que habían ido demasiado lejos, y que en vez de recuperar al pueblo, lo habían reconfirmado en su (supuesto) error, pensaron que no les quedaba otra opción que matarlo en ese mismo instante, y que por su triste destino otros podrían considerar no creerle. Entonces, gritando de pronto que el mismo Santiago el Justo había sido seducido y se había convertido en un impostor, lo lanzaron hacia abajo desde el lugar donde estaba parado. Aunque recibió heridas, no murió por la caída, sino que recobró tanta fuerza como para ponerse de rodillas y orar al cielo por ellos.
>
> Ellos empezaron a arrojarle una lluvia de piedras, hasta que uno, más piadosamente cruel que los demás, con un garrote de lavandero le aplastó el cerebro. De esta manera murió aquel buen hombre a los 90 años [esto, por supuesto, es imposible

—ed] y casi 24 años después de la ascensión de Cristo. Fue enterrado en el Monte de los Olivos en una tumba que él había preparado para sí mismo.[1]

Newman basó su relato en tradiciones primitivas bastante seguras.

Santiago el hermano de Jesús es, por tanto, el Santiago importante en la iglesia de Jerusalén y fue martirizado siendo arrojado desde el pináculo del templo y luego enterrado en el Monte de los Olivos.

Este es el Santiago al cual los armenios y otros confunden con Jacobo el Menor. Según la tradición armenia, luego de la destrucción del monasterio donde había sido originalmente enterrado el cuerpo del apóstol martirizado, sus huesos fueron trasladados a la catedral de Santiago en Jerusalén en el Monte Sión. Fueron puestos debajo del altar mayor. También se cree que es esta catedral el lugar donde fue enterrada la cabeza del apóstol Jacobo el Grande, hermano de Juan.

El monasterio armenio de Santiago cubre toda la cima del Monte Sión, sumando ciento veinte hectáreas, o un sexto del total de la antigua ciudad de Jerusalén. Los restos de Santiago el hermano de Jesús fueron transferidos del Valle de Cedrón en el siglo cuarto y enterrados en su casa, ruinas que posteriormente fueron incorporadas a la catedral.

En la Tesorería del Patriarcado Armenio de Jerusalén figura un relicario que contiene el "brazo de Jacobo el Menor" y otro que guarda "los dedos de Santiago el hermano del Señor."

Lo más probable es que los relicarios guarden los huesos del mismo hombre, Santiago, el hermano del Señor.

La tumba en el Valle de Cedrón, ahora llamada la Gruta de Santiago, originalmente fue el sepulcro de una familia sacerdotal herodiana de los hijos de Hezir. En el siglo cuarto, los monjes que vivían en la gruta encontraron un esqueleto que parecía ser el de uno de los apóstoles llamados Jacobo, aunque por error lo identificaron con el de Jacobo el Menor. No se puede decir nada en contra de que sea el auténtico esqueleto de Santiago el hermano de Jesús, simplemente porque haya sido encontrado en la tumba familiar de los hijos de Hezir. Por el tratamiento al cuerpo de Jesús por parte de José de Arimatea, quien recibió el cuerpo de Jesús en la tumba de su familia, es posible inferir que la familia de Hezir pueda haber ofrecido un entierro piadoso al cuerpo de Santiago. Es el esqueleto que actualmente yace bajo el altar de la Catedral de Santiago.

Una tradición que permanece intacta entre los armenios rastrea a este cuerpo hasta su descubrimiento en el siglo cuarto.

La tumba de los hijos de Hezir permanece hasta hoy al otro lado del pináculo de la zona del templo. Teodoro dijo de Santiago: "Fue arrojado desde el pináculo del templo y [esto] no lo lastimó, pues un lavandero lo asesinó con un garrote que llevaba, y fue enterrado en el Monte de los Olivos."[2]

Es interesante y quizás significativo que las recientes excavaciones de la pared exterior sudeste de la Ciudad Vieja hayan descubierto vasijas de lavanderos. La "tierra" de los lavanderos ("tierra de batán") era una especie de jabón de uso muy difundido hasta tiempos relativamente modernos. El agua que sale del estanque de Siloé, que no está lejos del pináculo del templo, habrá sido una necesidad para las lavanderías públicas de Jerusalén.

Uno puede hacerse la imagen fácilmente: la multitud se reúne en el pináculo del templo para arrojar a Santiago a su muerte en el valle que se extiende abajo. No lejos de allí, los lavanderos suben corriendo dejando su lavado, llevando en sus manos los garrotes que han usado para golpear sus ropas. Atrapados en la furia de la muchedumbre, aplastaron el cráneo del anciano apóstol después de su caída. Los piadosos miembros de los hijos de Hezir, una familia de sacerdotes, ofrecen un nicho en su amplia tumba. No lejos del lugar donde fue asesinado, el cuerpo golpeado del hermano de Jesús descansa en paz. De pie en la entrada de la tumba, sobre la empinada pared de piedra occidental de las laderas inferiores del Monte de los Olivos, el visitante de la actualidad puede reconstruir fácilmente la espantosa escena completa del martirio y del entierro.

Para un estudio crítico como este, sería útil si este Santiago el hermano de Jesús efectivamente pudiera ser exitosa y firmemente identificado también como Jacobo el Menor, pero simplemente no es posible en un estudio honesto.

¿Pero qué pasó entonces con Jacobo el Menor?

La manera de vincular a Jacobo, el hijo de Alfeo, en varias de las listas de los apóstoles da la impresión de que no se trata de una agrupación arbitraria o accidental. Jacobo es incluido en la lista junto con Simón el Zelote. Judas, el hijo de Jacobo el Grande, también es nombrado como un zelote en las *Constituciones Apostólicas*. La cita en dos de los manuscritos antiguos de esa obra lo describe de esta manera: "Tadeo era llamado Lebeo; se apellidaba Judas el Zelote."[3]

> La madre de Jacobo fue una fiel seguidora de Jesús, junto con María, la madre de Jesús, en todo el camino hacia la Cruz.

La cuarta figura en la lista apostólica es Judas Iscariote. Según Barclay, él también pudo haber sido un zelote.[4] Sin embargo, es bastante evidente que no es más que una especulación, por lo que respecta a Jacobo el hijo de Alfeo. Su madre fue una fiel seguidora de Jesús, junto con María, la madre de Jesús, en todo el camino hacia la Cruz. ¿Fue esta madre, María, quien lo convenció para que fuera a Cristo; o fue Jacobo quien convenció a su madre? No lo sabemos. Pero, por cierto, una cosa es clara. Si Jacobo, el hijo de Alfeo, fue un zelote durante su juventud idealista, pronto abandonó el movimiento y se convirtió en un ferviente cristiano.

Hegesipo, uno de los primeros historiadores cristianos, que es citado por Eusebio, escribió en 169 d.C. que Jacobo vivió la vida como un nazareo, antes y después de convertirse en apóstol de Jesucristo. Como miembro de esta orden, no bebía vino y no comía carne, a excepción del cordero pascual, nunca se afeitaba ni se cortaba el cabello, y jamás se bañó. Jacobo no usaba ropas, salvo por una prenda sencilla de lino, la cual (él) también evitó cuidadosamente lavar (con) agua. Pasaba tanto tiempo orando que las rodillas se le endurecieron como las pezuñas de un camello. [Estas leyendas (que carecen de probabilidad y que son un eco de los primeros tiempos monásticos más que del primer siglo) le dieron a Jacobo el título de "Jacobo el Justo."] Tan virtuosa fue su vida que solamente a él, de entre los cristianos, se le permitió ingresar al Lugar Santísimo, y tanto los judíos como los cristianos se esforzaban por tocar el dobladillo de su ropa mientras pasaba por la calle.

Esta tradición de Hegesipo no suena convincente. En primer lugar, la descripción se ajusta más a Santiago el hermano de Jesús, quien es el más probable portador del título "Jacobo el Justo." En segundo lugar, es casi seguro que nadie sino el sumo sacerdote judío tuviera permitido ingresar al Lugar Santísimo. Así fuera judío o judío cristiano, no hay motivo para creer que ninguna otra persona, por más santa que fuera su vida, pudiera ingresar en el Lugar Santísimo. Tercero, no se ha registrado que ninguno de los otros apóstoles tuviera escrúpulos de comer carne y de bañarse. Esto habría sido contrario tanto a las tradiciones judías como a las de los primeros cristianos. Sentimos que en esta descripción no hay nada que corresponda a Jacobo, el hijo de Alfeo.

Una tradición más interesante, y quizás más probable, se conserva en *Golden Legend [Leyenda dorada]*, una compilación de siete volúmenes sobre la vida de los santos organizada por Santiago de la Vorágine, obispo de Génova en 1275 d.C., la cual relata que Santiago se parecía tanto a Jesús en lo físico, en el rostro y en los modales que era difícil distinguir entre uno y el otro. Según esta tradición, el beso de Judas en el Getsemaní fue necesario para asegurarse de que era Jesús, y no Santiago, al que tenían que llevar preso.[5]

Si María, la madre de Jesús, era prima de María, la madre de Jacobo, eso puede explicar el parecido familiar entre ambos. Ciertamente no hubo una relación más cercana entre las dos Marías que la de primas. Pero, por otro lado, los hombres jóvenes de barba de la misma raza a menudo se parecen. Sin embargo, debemos señalar que no es seguro que Jesús usara barba. Aun así, *podría* haber existido un parecido facial. Basado en esta tradición, Jacobo usualmente es representado en el arte cristiano con un semblante hermoso. Sus rasgos atractivos, lleno de belleza espiritual e intelectual, lo hacen fácilmente reconocible en las primeras pinturas de los Doce.

Nuevamente, debemos poner en tela de juicio el concepto que por lo general se tiene de que Jesús era un hombre apuesto. No hay ningún tipo de indicio en el Nuevo Testamento de que eso sea verdad. La única referencia del aspecto de Jesús la encontramos en Isaías 53:2 (NVI), donde leemos la predicción profética de que no había en el Mesías "belleza ni majestad alguna; su aspecto no era atractivo y nada en su apariencia lo hacía deseable."

> Una tradición relata que Santiago se parecía tanto a Jesús que era difícil distinguir entre uno y el otro.

Sin embargo, en todo esto quizás podamos detectar una pequeña pizca de verdad. Es posible que Jacobo el hijo de Alfeo haya tenido un parecido facial con Jesús. Tales tradiciones que permanecen a menudo contienen al menos un grano de verdad.

Aunque confunde a Jacobo el Menor con Santiago el hermano de Jesús, en su *History of Eatern Christianity* [*Historia del cristianismo oriental*], el reconocido escritor Aziz S. Atiya cuenta una tradición histórica que tiene algo de probabilidad. Dice: "Las semillas del cristianismo sirio fueron sembradas en Jerusalén durante la era apostólica, y se ha argumentado que el primer obispo de la iglesia Siria no fue otro que San Jacobo, el de los Doce Apóstoles, identificado como 'San Jacobo el Menor.'"[6]

Según el estudio realizado por E. A. Wallis Budge, Jacobo fue apedreado por los judíos por predicar a Cristo, y fue enterrado junto al Santuario en Jerusalén.[7] A estas alturas, tenemos que especular cómo y cuándo fue descubierto en Jerusalén el cuerpo de Jacobo el Menor, y llevado a Constantinopla para su sepultura en la Iglesia de los Santos Apóstoles. Esto puede haber sucedido durante el reinado de Justiniano. Según Gibbon, Justiniano rehabilitó la Iglesia de los Santos Apóstoles, la cual había sido construida por Constantino el Grande en el año 332, en Constantinopla.[8] Justiniano tenía un conocimiento profundo de historia bíblica, y comparó su construcción de Santa Sofía con el templo de Salomón.[9]

Puesto que esta era la época de las búsquedas frenéticas de las reliquias de los primeros cristianos, especialmente las de los apóstoles, es posible que el cuerpo identificado como de Jacobo el Menor fuera traído de Palestina a Constantinopla para avalar un vínculo apostólico a la Iglesia Ortodoxa y al imperio de Oriente. No es algo que se pueda probar, pero es altamente posible, ya que la palabra de Justiniano era ley en todo Medio Oriente y los eclesiásticos estaban ansiosos por complacerlo.

En tiempos de Justiniano, la iglesia armenia en Jerusalén había presentado sus reclamos por el cuerpo de Santiago el hermano de Jesús, sobre quien habían supuesto erróneamente que era idéntico a Jacobo el Menor.

Es probable que Justiniano haya honrado esta convicción y dejado el cuerpo de Santiago, el hermano de Jesús, en Jerusalén, a pesar de estar en desacuerdo con la identificación del cuerpo como de Jacobo el Menor. Por qué luego remitió el cuerpo, o partes de él, a Roma sólo puede ser conjeturado. Quizás fuera parte de algún acuerdo político para mantener intacta su alianza con Roma.

El cuerpo de Jacobo, el hijo de Alfeo, fue traído desde Constantinopla a Roma alrededor del año 572[10] y fue enterrado por el Papa Juan III en una iglesia que primero se conoció como la Iglesia de los Apóstoles Felipe y Jacobo el Menor. Recién en el siglo décimo el nombre fue acortado en el lenguaje corriente al de la Iglesia de los Santos Apóstoles.

Los arqueólogos que han examinado la parte inferior de la estructura actual de la iglesia en Roma afirman que es obra del siglo sexto y que no hay ninguna duda que fue construida por el Papa Juan III. La iglesia original fue consagrada el 1 de Mayo del año 560 d.C. Es probable que los huesos de Felipe hayan sido enterrados en esa fecha y posteriormente se agregaron los huesos de Jacobo. Más tarde aún, fueron añadidos los huesos de otros apóstoles. Pueden ser vistos allí hasta el día de hoy.

CAPÍTULO 12

JUDAS TADEO

Durante los cuarenta días posteriores a su crucifixión, Cristo se apareció varias veces a los apóstoles y les demostró con muchas pruebas convincentes que él realmente estaba vivo. Y les habló del reino de Dios. Hechos 1:3

Hay una cantidad de hombres llamados Judas que se menciona en el Nuevo Testamento, porque Judas es simplemente la forma griega de "Judá," probablemente el nombre más común entre los judíos. Jude es la forma latina para Judá.

Jerónimo llamó a Judas "Trionius," que quiere decir "hombre con tres nombres." En el Evangelio de Mateo, se lo llama "Lebeo, por sobrenombre Tadeo" (Mateo 10:3, RVA). En el Evangelio de Marcos, se lo llama "Tadeo" (Marcos 3:18). En Lucas 6:16 y Hechos 1:13, se lo conoce como "Judas (hijo de Santiago)."

La correcta identificación de este Judas es extremadamente complicada, no sólo por los tres nombres que se usan para él en los registros bíblicos, sino también por la enigmática referencia a él como el "hijo de Jacobo." Podríamos decir más acerca de él si estuviéramos seguros de quién fue este Jacobo.

Las versiones católico romanas de las Escrituras prefieren traducir la referencia de Lucas 6:16 como "hermano de Jacobo" (RVA). Pero las versiones revisadas generalmente están de acuerdo en que él fue el hijo del hombre llamado Jacobo. En el griego, simplemente decía "Judas de Jacobo," pero el significado corriente de esto es "hijo de."

La identificación de este apóstol se complica más por el hecho de que existen otros dos personajes destacados en el Nuevo Testamento llamados Judas. Está Judas Iscariote, el que traicionó a Jesús, y Judas el medio hermano de Jesús, que probablemente haya sido el autor de la Epístola de Judas. En esa epístola, el escritor habla de sí mismo como el "hermano de Jacobo." Se cree que la modestia le impedía reivindicar que Jesús era su hermano en la carne, pero es bastante seguro que él fuera un hijo más joven de José y María.

Sin embargo, el "Judas, hijo de Jacobo" al que estamos considerando probablemente fuera el hijo de Jacobo el Grande, el hijo de Zebedeo. Esta identificación está basada en el siguiente argumento. (1) Este Judas era el hijo de Jacobo. (2) Difícilmente podría haber sido hijo de Jacobo (Santiago), el hermano de Jesús, ya que ese Jacobo era probablemente más joven que Jesús y habría sido imposible que tuviera un hijo de suficiente edad como para haber sido un apóstol. Además, todas las tradiciones primitivas describen al hermano de Jesús como un hombre santo que posiblemente fuera un asceta y, por lo tanto, es muy probable que no estuviera casado. (3) Jacobo el Menor era hijo de Alfeo, el hermano de Mateo, de José y de Salomé.

> El nombre Tadeo puede ser un diminutivo de *Theudas* o *Teodoro*, derivados del nombre arameo *tad*, que significa "pecho" y que podría significar "querido" o "amado," esto es, uno cercano al corazón del que lo nombró.

Si su título, "Jacobo el Menor," en realidad quiere decir "Jacobo el Joven," tenemos que preguntarnos: ¿más joven que quién? Obviamente, más joven que Jacobo el Grande. Por lo tanto, un hombre que claramente se declara como el más joven de los dos Jacobo ¿tendría un hijo en edad suficiente como para ser un apóstol? Esto nos deja como padre de Judas a Jacobo el Grande, llamado a veces Jacobo el Mayor. Si esto es así, entonces claramente podemos identificar a Judas Tadeo Lebeo como el nieto de Zebedeo y sobrino del apóstol Juan.

El nombre Tadeo puede ser un diminutivo de *Theudas* o *Teodoro*, derivados del nombre arameo *tad*, que significa "pecho" y que podría significar "querido" o "amado," esto es, uno cercano al corazón del que lo nombró.

El otro nombre, Lebeo, puede ser una derivación del nombre hebreo *leb*, que quiere decir corazón, y en ese caso, tendría el mismo significado que Tadeo.[1]

Las primeras tradiciones cristianas sobre San Judas

El *Evangelio de los ebionitas* mencionado por Orígenes narra que Judas también estaba entre esos que recibieron su llamado a seguir a Jesús en el Mar de Tiberíades. En las *Genealogías de los doce apóstoles*, se dice que Judas era de la casa de José. Según el *Libro de la abeja*, él era de la tribu de Judá. (No obstante, es más probable que si Judas era el hijo de Jacobo el Grande, perteneciera a la tribu de Judá —ed.)

Otro documento apócrifo, llamado *La fe del bendito Judas el hermano de nuestro Señor, que tenía por sobrenombre Tadeo*, describe su misión en Siria y Dacia y lo señala como uno de los Doce. El libro apócrifo *Los hechos de San Pedro* describe a ese apóstol como designando a Judas "sobre las islas de Siria y Edesa." En este punto, estamos obviamente recibiendo una traducción equivocada, ya que no puede existir un lugar tal como "la *isla* de Siria." Siria es un país interno, cuya capital es Damasco.

Una solución se sugiere a sí misma. Damasco es una "isla" de verdes, por decir que es un oasis en un "mar" de arena y desierto. Además, cuando el apóstol Pablo recibió su bautismo de manos de un cristiano llamado Ananías, fue en Damasco. Pablo (entonces Saulo), estaba quedándose en la "casa de Judas," una persona de quien no sabemos nada, más que por esta única referencia (Hechos 9:11). La verdad es que es una evidencia frágil para que un escritor apócrifo construya sobre ella una leyenda, al efecto de que Pedro designara que Judas fuera un misionero en "la isla de Siria." Pero esta oscura referencia de las Escrituras a un Judas en Damasco, y el hecho de que la palabra "oasis" pueda significar una "isla" de fertilidad en un desierto inhóspito, en realidad pueden bastar para el nacimiento de la leyenda. El Judas de Damasco no es San Judas, pero la referencia bien pudo haber ayudado a la asociación de San Judas con Siria.

Cuando se trata de una referencia a una ciudad llamada Edesa, estamos, desde luego, sobre un terreno más firme, ya que abundan las tradiciones que asocian a Judas con esa parte de Armenia de la cual Edesa era la ciudad principal.

El *Acta Thaddaei* mencionada por Tischendorf[2] se refiere a Tadeo como uno de los Doce y también como uno de los Setenta; Eusebio hace lo mismo. Jerónimo, sin embargo, identifica a este mismo Tadeo con Lebeo y "Judas de Jacobo."

Un libro publicado por la Iglesia de Oriente en India contiene una declaración que confirma el movimiento de Judas desde Jerusalén hacia el este. Esta iglesia alega que la levadura que ellos utilizan en el pan de la Comunión está hecha de la "levadura consagrada. . . . una porción del pan original usado por Cristo en la última cena, traído a Oriente por el apóstol Tadeo. Y en cada Santa Comunión desde entonces, el pan usado se hace de la comida continua con la utilizada en la primera Cena del Señor." El mismo libro prosigue: "La liturgia apostólica de Jacobo de Jerusalén, hermano de nuestro Señor, quien celebró la primera Qurbana o Santa Comunión, todavía está en uso en la Iglesia de Oriente, sin cambio ni variación. Es conocida entre nosotros por el nombre de los santos "Aday" [San Judas Tadeo —ed] y Mari, quienes trajeron la Liturgia desde Jerusalén a Edesa."[3]

A pesar del encanto de esta tradición, presenta al menos una dificultad. El pan de la Santa Cena no podía haber sido hecho con levadura, puesto que la primera Cena del Señor era la celebración de la Pascua, para la cual, en la Ley de Moisés, se ordenaba no usar levadura (Éxodo 12:15). De manera que no podemos aceptar la tradición de que Tadeo (Judas) trajo la levadura o la masa fermentada de la original Cena del Señor. Sin embargo, el nombre de la ciudad de Edesa aparece en conexión con Tadeo (Judas), y por lo menos esto demuestra la continuidad histórica de esa asociación.

El antiguo historiador de la iglesia cristiana Nicéforo Calixto (*His. Eccl.*, 240) cuenta cómo Tadeo (Judas) predicó en Siria, Arabia, Mesopotamia y Persia. Él agrega que Tadeo (Judas) padeció el martirio en Siria.

San Judas y la Iglesia armenia

La asociación de la Iglesia armenia con los apóstoles es uno de los hechos más firmes de toda la tradición histórica cristiana postbíblica. Judas es consecuentemente asociado como uno de los cinco apóstoles que visitó Armenia y predicó allí el evangelio. Armenia se convirtió en la primera nación cristiana del mundo. El cristianismo fue proclamado oficialmente en 301 d.C. como la religión nacional de Armenia. El rey Tiridates y la nobleza de su país fueron bautizados por San Gregorio el Iluminador. Al escribir sobre la historia de la Iglesia armenia, Assadour Antreassian afirma:

> Judas es consecuentemente asociado como uno de los cinco apóstoles que evangelizaron Armenia. Armenia se convirtió en la primera nación cristiana del mundo.

De esta manera, todas las Iglesias Cristianas aceptan la tradición de que el cristianismo fue predicado en Armenia por los apóstoles Tadeo y Bartolomé en la primera mitad del siglo primero, cuando los apóstoles estaban cumpliendo su tarea de predicar el Evangelio en Jerusalén, en toda Judea y en Samaria y hasta los lugares más lejanos de la tierra (*Hechos* 1:8). Armenia estuvo entre las primeras que respondieron al llamado de Cristo tan tempranamente. Así, los apóstoles mencionados antes se convirtieron en los primeros iluminadores de Armenia. La cronología aceptada generalmente otorga un período de ocho años a la misión de San Tadeo (35–43 d.C.) y dieciséis años al de San Bartolomé (44–60 d.C.), los cuales padecieron el martirio en Armenia (Tadeo en Ardasa en 50 d.C. y Bartolomé en [Derbent] en 68 d.C.).[4]

Al escribir sobre la organización de la Iglesia armenia, Antreassian realiza la siguiente reivindicación: "Como cabeza de la Iglesia armenia, el Catholicos de todos los armenios en Echmiatsin es considerado como el sucesor de los Apóstoles Tadeo y Bartolomé."

En su autorizada *History of Eastern Christianity*, Aziz S. Atiya aborda los orígenes y el desarrollo del cristianismo armenio con moderación, pero con un claro reflejo de esta tradición:

Es concebible que Armenia, por su proximidad a Palestina, la principal fuente de la fe en Jesús, pueda haber sido visitada por los primeros propagadores del cristianismo, aunque es difícil definir el alcance de la difusión de esta nueva religión entre sus habitantes. Los historiadores armenios ortodoxos, como Ormanian, insisten en argumentar a favor de la continuidad de la sucesión Apostólica en su iglesia. Para él, los 'Primeros Iluminadores de Armenia' fueron los Santos Tadeo y Bartolomé, cuyos santuarios permanecen aún en las iglesias de Artaz (Macoo) y en Alpac (Bashkale), al sureste de Armenia, y han sido venerados desde siempre por los armenios. Una tradición popular entre ellos atribuye la primera evangelización de Armenia al Apóstol Judas Tadeo quien, según su cronología, estuvo entre los años 43 a 66 d.C. en 'Derbent.' Por lo tanto, según la tradición armenia, Tadeo se convirtió en el primer patriarca de la Iglesia armenia, lo cual la acreditaba tanto Apostólica como autocéfala. Otra tradición atribuye a la Sede de Artaz una línea de siete obispos cuyos nombres son conocidos y los períodos de cuyos episcopados llevan la sucesión hasta el segundo siglo. Además, los anales de la martirología armenia se refieren a una gran cantidad de mártires en la era Apostólica. Una lista de mil víctimas, incluidos hombres y mujeres de ascendencia noble, perdieron sus vidas junto a San Tadeo, mientras otros perecieron junto a San Bartolomé.

Es interesante notar que la historia apócrifa del rey Abgar y Nuestro Señor fue reiterada por algunos escritores nativos como acontecida en Armenia, para realzar la antigüedad de esa religión entre sus antepasados.

Aunque es difícil confirmar o refutar la historicidad de estas leyendas tan caras para el corazón de los armenios, se puede deducir de los escritores contemporáneos que hubo cristianos en Armenia antes de la llegada de San Gregorio el Iluminador, el apóstol del siglo cuarto del cristianismo armenio. Eusebio de Cesarea (circa 260–340 d.C.) en su *Historia eclesiástica* menciona a los armenios en dos ocasiones. Primero, afirma que Dionisio de Alejandría (murió circa 264), alumno de Orígenes, escribió una epístola "Sobre arrepentimiento," "a los de Armenia . . . cuyo obispo era Meruzanes." En una segunda oportunidad, hablando de la persecución de los años 311–313 del emperador Maximino, dice que "el tirano tuvo posteriores problemas de guerra con los armenios, hombres quienes desde tiempos remotos habían sido amigos y aliados de los romanos; pero como eran cristianos y tremendamente fervientes en su piedad hacia la Deidad, este aborrecedor de Dios [es decir, Maximino] al intentar obligarlos a hacer sacrificios a los ídolos y demonios, los volvió adversarios en vez de amigos, y enemigos en vez de aliados." Aunque este segundo episodio debe haber ocurrido durante la vida de Gregorio el Iluminador, no hay duda en cuanto a la antigüedad de la primera referencia a los armenios.

Además, si creemos en el argumento adelantado por Ormanian y otros historiadores armenios nativos sobre la cita de Tertuliano del siglo segundo, se debe admitir que el cristianismo no era desconocido en esa región en esa fecha tan temprana.[5]

En un libro publicado por los cristianos armenios en Jerusalén llamado *El Patriarcado Armenio de Jerusalén*, la tradición armenia de San Judas se describe como natural a partir de la temprana relación de Armenia con la Tierra Santa:

El amor indestructible y eterno y la veneración de los armenios por la Tierra Santa tienen su comienzo en el primer siglo de la Era Cristiana, cuando el cristianismo fue traído a Armenia directamente desde la Tierra Santa por dos de los apóstoles de Cristo, San Tadeo y San Bartolomé.

La temprana conexión con Jerusalén se debió naturalmente a la pronta conversión de Armenia. Aun antes del descubrimiento de los Lugares Santos, los armenios, como otros cristianos de los países vecinos, vinieron a la Tierra Santa por los caminos romanos y los caminos más antiguos para venerar los lugares que Dios había santificado. En Jerusalén vivieron y adoraron en el Monte de los Olivos.

Después del anuncio del testamento de Constantino, conocida como el Edicto de Milán, y del descubrimiento de los Lugares Santos, los peregrinos armenios se volcaron a Palestina en un torrente constante a lo largo de todo el año. El número e importancia de iglesias y monasterios armenios se incrementaba año a año. [6]

Una de las referencias secundarias más inusuales a la asociación de Judas (Tadeo) con Armenia se encuentra en los *Tesoros del Patriarcado Armenio en Jerusalén*. "Los fundadores tradicionales de la Iglesia armenia fueron los apóstoles Tadeo y Bartolomé, cuyas tumbas se muestran y son veneradas en Armenia como santuarios sagrados. Durante el período entre los orígenes apostólicos de la Iglesia armenia y el comienzo del siglo cuarto, cuando todo el país adoptó formalmente el cristianismo, hubo obispos armenios cuyos nombres son mencionados por historiadores antiguos." [7]

La asociación de Judas con Persia, donde actualmente se encuentra una parte de la antigua Armenia (las otras partes están dentro de Turquía y la [ex] Unión Soviética), es reconocida por las tradiciones católico romanas de la siguiente manera: "San Judas predicó por Samaria, Edesa y Mesopotamia y llegó tan lejos como a Persia, donde fue martirizado con una jabalina o con flechas o siendo atado a una cruz. En el arte sacro, se lo representa como un hombre joven o de mediana edad. Sus reliquias están extensamente repartidas. Algunas están en San Pedro, en Roma, y otras, en la Basílica de San Saturnino en Tolosa, España."[8]

Tenemos una mezcla de tradiciones acerca de la muerte y los lugares de sepultura relacionados con San Judas. En la *International Standard Bible Encyclopaedia [Enciclopedia internacional estándar de la Biblia]*, C. M. Kerr dice que el lugar de sepultura de Tadeo es indistintamente ubicado en Beirut y en Egipto.[9] Sin embargo, en 1971, yo investigué cuidadosamente estas afirmaciones y no encontré evidencia de alguna tradición egipcia sobre la tumba de San Judas, y ningún tipo de conocimiento en Beirut de alguna asociación por el estilo. Cuando consulté con los líderes de la Iglesia Católica y de la Iglesia Ortodoxa Siria en el Líbano, no encontré indicios de que una tradición de ese tipo existiera allí en la actualidad.

Por otro lado, los líderes sirios, así como un general de división del Ejército iraní, me informaron durante la visita que hice el 16 de octubre de 1971 a Teherán que la tumba original de Judas (Tadeo) estaba en una pequeña aldea llamada Kara Kelisa, cerca del Mar Caspio, a unos sesenta y cinco kilómetros de Tabriz. Esto es en Irán, cerca de la [ex] frontera soviética. Este bien pudo ser el sitio de la tumba original de Judas, aunque es probable que para mantener las reliquias a salvo de la invasión de Gengis Kan, las mismas hayan sido mudadas hacia el oeste y repartidas desde Roma a España. La impresionante tumba construida para estas reliquias en la Basílica de San Pedro en Roma, la cual está ubicada en dirección sur del altar en un área lateral, avala la firme creencia entre las autoridades católicas de que en verdad algunas de las reliquias auténticas de Judas se encuentran hasta ahora en Roma.

La biografía de Judas

Sujeto a correcciones o a posteriores descubrimientos, el siguiente bosquejo biográfico puede ser deducido de las tradiciones y hallazgos que tenemos a mano.

Judas fue hijo de Jacobo el Mayor y nieto de Zebedeo. Era de la tribu de Judá, como corresponde a un hombre cuyo nombre es la forma griega de Judá. Probablemente haya acompañado a su padre en las filas de los apóstoles desde el lugar cercano a Capernaúm donde estaban ocupados pescando. Puede haber tenido una íntima alianza con los setenta que también eran discípulos de Jesús. Pero también tenía una firme posición como uno de los Doce.

Judas es mencionado en la Biblia por haber hecho una sola pregunta a Jesús: "¿Señor, ¿por qué te darás a conocer sólo a nosotros y no al mundo en general?" (Juan 14:22).

Muchos eruditos creen que esta fue la última pregunta que le haya hecho cualquiera de los discípulos a Jesús antes de su oración de vigilia en Getsemaní, la cual concluyó cuando Jesús fue detenido por los guardias de los sumos sacerdotes. Jesús le contestó a Tadeo: "Todos los que me aman harán lo que yo diga. Mi Padre los amará, y vendremos para vivir con cada uno de ellos" (Juan 14:23).

> Se cree que la sola pregunta de Judas a Jesús —"¿Señor, ¿por qué te darás a conocer sólo a nosotros y no al mundo en general?"— fue la última que le haya hecho cualquiera de los discípulos a Jesús.

Después de la resurrección, Tadeo se suma a la lista oficial de los apóstoles (Hechos 1:13). Estuvo presente en el día de Pentecostés. Sin duda, fue uno de los primeros apóstoles en dejar Jerusalén hacia un país extranjero. Si hay siquiera una pizca de verdad en la leyenda de Abgar, Judas se convirtió en uno de los primeros apóstoles en dar testimonio ante un rey de otro país, un gentil. No existe razón seria para dudar de que Judas efectivamente haya evangelizado esa región armenia relacionada con la ciudad de Edesa, quizás acompañado por Bartolomé y, durante un breve período, por Tomás.

También podemos creer que pasó sus años de esfuerzos de evangelización en Siria y en el norte de Persia. Es probable que haya muerto allí y que originalmente haya sido enterrado en Kara Kelesia.

También es probable que luego una parte, o todo su cuerpo, fuera trasladado para su custodia debido a la amenaza de la invasión mongola. Tampoco sería inaceptable creer que una parte importante de las reliquias está ahora en Roma y en Tolosa, España.

Otro apóstol con el que se lo relaciona frecuentemente es Simón el Zelote. Se dice que los huesos de Judas están mezclados con los de Simón en la tumba del Vaticano. La tradición persa dice que los dos fueron asesinados casi a la vez, o posiblemente juntos.

CAPÍTULO 13

SIMÓN EL CANANITA

Simón el Zelote pudo haber sido miembro de los zelotes, un partido político radical que luchaba por el derrocamiento violento del gobierno romano en Israel. —Life Application Study Bible

S imón también era llamado el *Cananista, Cananita* o *Zelote* (en griego, *Kanaios*) en varias referencias del Nuevo Testamento; "el cananista" (Mateo 10:4; Marcos 3:18, RV60), o "el cananita" (Mateo 10:4; Marcos 3:18, RV95), o "el zelote" (Lucas 6:15; Hechos 1:13, NTV).

Según el *Evangelio de los ebionitas* o el *Evangelio de los doce apóstoles* (del segundo siglo y mencionado por Orígenes), Simón recibió su llamado al apostolado junto con Andrés y Pedro, los hijos de Zebedeo, Tadeo y Judas Iscariote en el Mar de Tiberíades (ver también Henneke, *Neutestamentliche Apokryphen*, 24–27).

En su escrito de 1685, Dorman Newman informa sobre Simón el Zelote:

> Se dice que dirigió su viaje hacia Egipto, Cirene, África, Martania y Libia. Ni la frialdad del clima pudo entumecer su celo religioso, ni impedir que se embarcara hacia las Islas de Occidente, sí, hasta Britania misma. Se dice que aquí predicó y obró muchos milagros, y después de los infinitos problemas y dificultades que atravesó, padeció el martirio por la fe en Cristo, siendo crucificado por los infieles y enterrado entre ellos.

Otros efectivamente afirman que luego de haber predicado el evangelio en Egipto fue a Mesopotamia, donde se encontró con San Judas el Apóstol y junto con él emprendió su viaje a Persia donde, habiendo ganado una cosecha considerable para la Fe cristiana, ambos fueron coronados con el martirio, pero todos los eruditos coinciden en que esto es fantasioso, y que carece de fundamento claro en la Antigüedad.[1]

La Iglesia copta de Egipto afirma que Simón "fue a Egipto, África, Britania y murió en Persia."[2]

En su libro *The Apostles [Los apóstoles]*, Otto Hophan dice: "Una tercera opinión general, que posteriormente siguieron los comentaristas griegos en particular, ubica las escenas de las obras apostólicas de Simón al noroeste de África, Mauritania e incluso en Britania."[3]

Los estudios exhaustivos de los bolandistas apuntan que "Alford, en sus anales de la iglesia británica acepta que un Apóstol vino a Britania porque Eusebio dice: 'Seguramente más tarde, los Apóstoles predicaron en Britania.'"[4]

> La Iglesia copta de Egipto afirma que Simón "fue a Egipto, África, Britania y murió en Persia."

Según los bolandistas, el brazo de San Simón fue entregado por un obispo persa al convento de los premonstratenses en Tréveris, pero preservado en la iglesia del monasterio de San Norberto, en Colonia, Alemania.[5] Este monasterio parece haber sido destruido en el bombardeo masivo de Colonia durante la Segunda Guerra Mundial. Cuando investigué más en Noviembre de 1971, no encontré ni rastros del monasterio.

En su libro *Los siglos cristianos*, Jean Danielou indica que el cristianismo efectivamente había penetrado a lo largo de toda la costa del norte de África.

El cristianismo fue probablemente plantado en Cartago tan pronto como a fines del siglo primero; de otro modo, es difícil de explicar cómo la ciudad tenía una gran población cristiana en tiempos de Tertuliano. "Nosotros llenamos tus plazas, tus mercados, tus anfiteatros," escribe él en el *Apologeticum*. Al Consejo de Cartago, en 216, asistieron setenta y un obispos africanos, pero no sabemos nada sobre las condiciones en que era predicado el Evangelio.[6]

La importancia de la presencia del cristianismo en Cartago para nuestra historia de los viajes de Simón es que el registro histórico y las tradiciones indican que Simón viajó hacia el oeste desde Jerusalén, a través de Mauritania, que era el nombre de uno de los países del norte de África. Probablemente incluyera Cartago. La tradición es mencionada en *The Popular and Critical Bible Encyclopaedia [La enciclopedia popular y crítica de la Biblia]*:

> Sin embargo, estas tradiciones le asignan a Simón un destino diferente, afirmando que predicó el Evangelio a lo largo del norte de África, desde Egipto a Mauritania, y luego incluso siguió a las remotas islas de Britania.[7]

Las tradiciones de Simón en Britania

Existe una tradición larga y ampliamente difundida que relaciona a varias de las figuras apostólicas con Gran Bretaña. Luego mostraremos que esto no deja de ser razonable. Si Tomás pudo viajar hacia el este a India, seguramente los otros apóstoles pudieron haber viajado al noroeste, hacia Britania. Sería de lo más extraño si alguno de ellos no lo hubiera hecho. En su libro sobre la vida de los apóstoles, Dorman Newman nos brinda la siguiente tradición:

> San Simón continuó en la Adoración y en la Comunión con los otros Apóstoles y Discípulos de Cristo en *Jerusalén*; y en la Fiesta de *Pentecostés* recibió los mismos Dones milagrosos del Espíritu Santo; de manera que estaba igualmente capacitado que el resto de sus Hermanos en el Ministerio del Evangelio. Y no podemos dudar sino que ejercitó sus Dones con Celo y Fidelidad: pero en qué parte del Mundo, no hay mucha certeza. Algunos dicen

que fue a *Egipto*, *Cirene* y *África*, y por toda *Mauritania*, predicando el Evangelio en aquellos Países remotos y bárbaros. Y, si podemos dar crédito a nuestros propios Autores, vino hasta estas Partes de Occidente, tan lejana como nuestra Isla de la *Gran Bretaña*; donde, habiendo convertido a grandes Multitudes, con múltiples Privaciones y Persecuciones, finalmente padeció el Martirio por Crucifixión, como está documentado en las Menologías *Griegas*. Pero *Beda*, *Vsuardus* y *Ado* ubican su Martirio en Persia, en una ciudad llamada *Suanir*, donde dicen que los Sacerdotes idólatras lo ejecutaron, y para esto ellos alegan el Respaldo de *Eusebio* en su Martirología traducida por San *Jerónimo*, la cual, aunque no careció de muchos Errores, ni fue completamente obra de *Eusebio* ni San *Jerónimo*, sin embargo tiene la ventaja de la Antigüedad sobre cualquiera de lo que ahora existe. En cuanto a la ciudad *Suanir* en *Persia*, no es conocida para nuestros Geógrafos. Posiblemente sea el país de Suani o *Surani*, un pueblo mencionado por *Plinio* y *Ptolomeo*, en *Colchis*, o un poco más arriba, en *Sarmatia*; que puede concordar con un Pasaje de la Historia espuria de San *Andrés*, que en el *Bósforo Cimeriano* hay una Tumba en una Gruta, con una Inscripción: *que Simón el Zelote, o Cananita, fue enterrado allí.* Pero esta es una Tradición incierta.[8]

El erudito Lionel S. Lewis enumera la siguiente tradición histórica:

Existe confirmación de parte de Oriente de la historia de que Simón vino a Britania.

(1) Doroteo, Obispo de Tiro (303 d.C.), o el escritor que le atribuye la *Sinopsis* a él, en su *Sinopsis de apóstol.*, 9. Simón Zelote dice: "Simón Zelote predicó a Cristo por toda Mauritania, y África menor. Finalmente, fue crucificado en Britania, muerto y enterrado."

(2) Nicéforo, Patriarca de Constantinopla e historiador bizantino, 758–829 d.C., escribió (Libro II, c. 40): "Simón, nacido en Caná de Galilea, quien por su ferviente afecto por su

Maestro y el gran celo que mostró por todos los medios por el Evangelio, se apodaba el Zelote, y habiendo recibido al Espíritu Santo de lo alto, viajó por Egipto y África; luego por Mauritania y toda Libia, predicando el Evangelio. Y la misma doctrina enseñó al Mar Occidental y a las Islas llamadas Britanniae."

(3) Menología griega. La Menología de la Iglesia griega celebra el Día de San Simón el 10 de Mayo, y sostiene las declaraciones de que predicó y fue martirizado en Britania (*Annales Ecclesiastici*, Baronius bajo 44 d.C. Sec. XXXVIII).[9]

George F. Jowett llega a la misma conclusión:

En el año 60 d.C. se hace una mención especial de José yendo a Galia y regresando a Britania con otro grupo de reclutas, entre los cuales Simón Zelote, uno de los doce discípulos originales de Cristo, es mencionado particularmente. Es la segunda vez que se menciona especialmente que Felipe consagró a José y su grupo de colaboradores antes de embarcar hacia Britania. Probablemente, la inclusión de Simón Zelote indique un importante esfuerzo misionero, de ahí la consagración. Este fue el segundo viaje de Simón Zelote a Britania, y el último. Según el cardenal Baronio e Hipólito, el primer arribo de Simón a Britania fue en el año 44 d.C., durante la guerra Claudiana. Evidentemente su estadía fue breve, ya que volvió al continente.

Nicéforo, patriarca de Constantinopla e historiador bizantino, 758–829 d.C., escribe: "Simón, nacido en Caná de Galilea, quien por su ferviente afecto por su Maestro y el gran celo que mostró por todos los medios por el Evangelio, se apodaba el Zelote, y habiendo recibido al Espíritu Santo de lo alto, viajó por Egipto y África; luego por Mauritania y toda Libia, predicando el Evangelio. Y la misma doctrina enseñó al Mar Occidental y a las Islas llamadas Britanniae."

Simón llegó a Britania durante el primer año de la Guerra de Boudica, 60 d.C., cuando toda la Isla estaba convulsionada por una ira profunda y ardiente contra los romanos, que nunca antes (ni después) fue igualada en los largos años de conflicto entre las dos naciones. Tácito declara que las brutalidades de la guerra fueron las peores durante los años 59 a 62 d.C. Las atrocidades ocurrieron de ambos lados, pero los romanos llevaron sus acciones perversas a tal punto que hasta Roma se conmocionó. Teniendo esto en mente, podemos entender que cualquier cristiano que evangelizara fuera del escudo británico cargaría con un peligro inminente. En todo momento, los discípulos de Cristo estuvieron ajenos al peligro, pero cuando la presión se volvió demasiado severa, en todos los casos huían, hasta que los problemas se calmaban. En el año 44 d.C. un Edicto Claudino expulsó a los líderes cristianos de Roma. Muchos de ellos buscaron refugio en Britania. Entre los que huyeron de Roma a Britania estaba Pedro.

El sur de Inglaterra estaba escasamente habitado por los nativos británicos y, por consiguiente, mucho más poblado por romanos. Estaba mucho más allá del fuerte escudo protector de las armas silurianas y los poderosos celtas al norte de Yorkshire. En este territorio peligroso, Simón, sin duda, estaba solo. Sin desanimarse, con un infinito coraje, comenzó a predicar el evangelio cristiano en el corazón del dominio romano. Sus sermones apasionados hicieron que rápidamente captara la atención de Cato Deciano, pero no sin antes haber sembrado la semilla de Cristo en los corazones de los británicos y de muchos romanos, quienes, a pesar del infatigable odio de Deciano hacia todo lo que fuera cristiano, guardaron el secreto de la verdad encerrado en su corazón.

La misión evangelista de Simón fue efímera. Finalmente fue arrestado por orden de Cato Deciano. Como era costumbre, su juicio fue una parodia. Fue condenado a muerte y crucificado por los romanos en Caistor, Lincolnshire, y allí fue enterrado, alrededor del 10 de mayo de 61 d.C.

El día del martirio de Simón Zelote, el devoto discípulo de Cristo, se celebra oficialmente por la iglesia oriental y occidental el 10 de mayo y así está registrado en la Menología griega. En sus *Annales Ecclesiastici*, el cardenal Baronio da la misma fecha al describir el martirio y entierro de Simón Zelote en Britania.[10]

No podemos estar de acuerdo con Jowett en cuanto a que Simón fue asesinado en Gran Bretaña. Pero no hay duda de que Simón pudo *también* haber ido a Britania, predicado allí durante un tiempo, quizás hasta en Londres, y luego huido a Medio Oriente a causa de la destrucción de Londres por las manos de los revolucionarios anti-romanos dirigidos por la reina Boudica.

Teodoreto, el obispo de Cirro, escribió en el siglo quinto:

> Sepa, O santísimo Augusto, que esta fe es la fe predicada desde siempre, esta es la fe que confesaron los Padres congregados en Nicea. Esta es la fe en la que todas las iglesias del mundo están de acuerdo, en España, en Britania, en Galia, en toda la Italia y Campania, en Dalmacia y en Misia, en Macedonia, en toda Grecia, en las iglesias de África, Cerdeña, Chipre, Creta, Panfilia e Isauria, y Licia, las de todo Egipto y Libia, del Ponto, Capadocia y todos los distritos aledaños y todas las iglesias de Oriente, excepto unas pocas que han abrazado el arianismo.[11]

En su libro, *Roman Britain [Britania romana]*, I. A. Richmond relata el desarrollo y crecimiento de la industria y el comercio británicos con el continente europeo:

> Gran parte de los metales británicos más renombrados en los días previos a la ocupación romana era el estaño. Los vívidos relatos de Diodoro Sículo del transporte por tierra a lomo de caballo del estaño cornuallés desde la costa gala hacia Narbo (Narbona) en el siglo primero a.C., y del emporio de la isla en la costa británica, de donde lo obtenían los comerciantes, todos hablan de un temprano comercio, activo y floreciente, monopolizado por los Beneti de Bretaña en los tiempos del César.[12]

Debemos ser conscientes de que Britania fue primero invadida por Julio César mucho tiempo antes del nacimiento de Jesús. En tanto que este intento de conquista no duró, definitivamente demuestra una presencia romana ochenta años antes de la conquista permanente de Britania por los romanos bajo el gobierno de Claudio en 43 d.C. Todo aquel que se interese por la carrera de los apóstoles también se interesará por Claudio, no el peor de los Césares, y el único durante cuyo reinado se estableció la mayor parte de la labor apostólica.

Al relacionar la vida de los apóstoles al reinado de los Césares muestra que Pablo se convirtió inmediatamente después de la muerte de Tiberio (37 d.C.), quizás durante el breve reinado del demente Calígula (37–41). Claudio fue obligado a vestir el color púrpura después del asesinato de Calígula en 41 d.C. y gobernó hasta que fue envenenado por su reina en 54 d.C. Este fue un período intensivo para la actividad apostólica, como también lo fue la época de Nerón (54–68 d.C.). Por lo tanto, todo el ministerio de Pablo fue realizado durante los tiempos de Claudio y Nerón; el segundo sobrevivió al gran apóstol quizás un año y medio luego de ordenar la ejecución de Pablo en 67 d.C.

Lo que fue verdad para Pablo, también lo fue para los demás apóstoles, excepto que ellos trabajaron durante los últimos siete años del gobierno de Tiberio y, en algunos casos, después de Nerón, hasta la dinastía Flavia (69–96). Los historiadores de la iglesia creen que únicamente el apóstol Juan vivió hasta el final del primer siglo.

Como hemos dicho, Simón era un zelote. Este movimiento era el partido nacionalista judío extremista y violento que buscaba expulsar a los odiados romanos de Palestina mediante la revolución y la guerra de guerrillas. Si Simón era un zelote, ciertamente también era

> Si Simón era un zelote, ciertamente también era un revolucionario idealista. La sublevación de los zelotes causó la destrucción del Templo por parte de Vespasiano y Tito en 70 d.C.

un revolucionario idealista. El destino de su partido, en efecto, sería sangriento. Fue el principal responsable de la sublevación de los años 68–70 d.C., que derribó las murallas de Jerusalén y causó la destrucción del Templo por parte de Vespasiano y Tito en 70 d.C. La última resistencia de los zelotes fue en Masada en 71 d.C., donde su último baluarte de resistencia vio el suicidio de cientos de judíos, luego del prolongado asedio conducido por el general romano Silva.

Masada, una remota "fortaleza en el cielo" con vista al Mar Muerto, es uno de los lugares más desolados en la Tierra Santa. Herodes el Grande la fortificó como un lugar de refugio que no pudiera ser tomado fácilmente. Solamente construyendo una enorme rampa de tierra los romanos finalmente pudieron asaltar la meseta, y encontraron apenas a tres personas con vida. Masada es sinónimo de heroísmo para el pueblo judío, de alguna manera como lo es El Álamo para los texanos y por una razón similar, excepto que la defensa del Álamo fue llevada a cabo para ganar tiempo para el ejército del General Sam Houston, mientras que la defensa de Masada fue simplemente un acto de resistencia heroica y desesperada, la decisión de los zelotes de morir antes que soportar la esclavitud romana.

No es difícil de suponer qué llevó a Simón a abandonar a los zelotes. Estos eran unos fanáticos nacionalistas, pero muchos también eran idealistas puros. Aparentemente Simón era más idealista que nacionalista, y cuando se le presentó el idealismo supremo de Jesucristo, abandonó el menor por el más grande. Sin embargo, no hay motivo para dudar de que Simón estuviera interesado en la noción de que Jesús, como Mesías, restauraría el Reino de Israel y triunfaría sobre los romanos. Tal vez en Caná de Galilea, el milagro de Jesús al transformar el agua en vino pudo haber convencido a Simón de que el poder de los milagros divinos era más grande que el de la espada, y así pudo haberse unido a Jesús por su interés en el destino de Israel.

Probablemente Simón haya renunciado a ese concepto recién después de la declaración de Jesús, posterior a la Resurrección, de que los apóstoles no sabrían la hora y en qué época sería la restauración del

Reino de Israel. Uno de ellos había preguntado: "Señor, ¿ha llegado ya el tiempo de que liberes a Israel y restaures nuestro reino?" (Hechos 1:6). Aunque no se dice quién es en particular el vocero, seguramente podría haber sido Simón el que lo expresó. Jesús sacó firmemente esa cuestión de la consideración de los apóstoles y la reemplazó por el mandamiento de ir por todo el mundo y discipular a todas las naciones hasta el fin de los tiempos. Además, y en lo más inmediato, tendrían que demorarse en Jerusalén hasta que recibieran el poder de lo Alto.

El milagro de Jesús al transformar el agua en vino pudo haber convencido a Simón de que el poder de los milagros divinos era más grande que el de la espada.

Simón, por lo tanto, fue obedientemente con los otros doce al Aposento Alto, el cual quizás estuviera ubicado en la casa de María, la madre de Juan Marcos. Se quedaron allí hasta el día de Pentecostés. Simón participó en el día de evangelismo de Pentecostés, en el que tuvo su inicio la tarea del evangelismo cristiano internacional. En el día de Pentecostés había personas de todo el mundo mediterráneo visitando Jerusalén. Después de que unos tres mil se convirtieran, muchos deben haber regresado a sus tierras natales y allí se convirtieron en los primeros evangelistas.

Cuando finalmente los apóstoles dividieron el mundo civilizado en áreas de evangelización individual, podemos estar seguros de que siguieron las mismas rutas y llegaron a los mismos destinos de aquellos que ya habían escuchado la palabra en Jerusalén en el día de Pentecostés. Es instructivo ver que Jerusalén era una ciudad internacional en el siglo primero. Los judíos de todo el imperio llegaban a ella de vez en cuando, así como otros que no eran judíos, como el tesorero etíope bautizado por Felipe en su camino de regreso a Etiopía después de su visita a Jerusalén.

Una y otra vez en nuestra búsqueda de los apóstoles, nos impresiona la relativa facilidad de viaje durante el primer siglo, la cual fue posible por la vasta red de caminos romanos a lo largo de todo el imperio, desde Persia hasta Britania. Los romanos no solamente obligaban a las personas en los puntos locales a construir los caminos, sino que también ellos mismos los construían y los protegían. No fue sino hasta la invasión de los godos, los hunos, los visigodos y demás en el siglo quinto, que el imperio se quebró, mayormente porque los caminos romanos no pudieron ser mantenidos ni asegurados.

Mientras duró, la conquista romana no fue del todo mala. De hecho, el ciudadano promedio quizás se sentía más seguro dentro del imperio que fuera de él. Cuando los soldados romanos fueron retirados de Britania en el siglo quinto (porque sus líneas de comunicación con Roma habían sido interrumpidas por los godos), la historia revela que los británicos les imploraron que se quedaran, intentando en vano retenerlos como su protección contra los daneses y los sajones, quienes avanzaban a medida que los romanos se marchaban.

Las conquistas romanas eran sangrientas y los que se resistían eran aniquilados o esclavizados. Pero los que se rendían eran tratados con sorprendente justicia y, en breve, recibían los beneficios de la cultura romana, que superaba todo lo que el mundo no romano del norte de Europa había conocido. Era tan extraordinario el Sistema Romano (el cual duró casi mil años, desde 500 a.C. hasta 500 d.C.), que las ruinas de ese período, en lugares tales como Britania, revelan que los romanos y los provincianos por igual pudieron disfrutar de la civilización romana con la misma plenitud que si hubieran vivido en la propia Italia. Por todas partes había ciudades ordenadas, aldeas y rutas, tal como en Italia y en Francia.

Al principio, Britania estaba ubicada en el límite extremo de la frontera del imperio. Pero las crudas condiciones de la frontera pronto fueron superadas. Hay muchos motivos para creer que el Sistema Romano había penetrado en todas partes, incluso antes de los tiempos de Claudio. Las riquezas en minerales de Inglaterra seguramente fueron importadas por Roma antes de la era de Claudio, particularmente el mineral, plomo, que se utilizaba en la plomería altamente desarrollada de las ciudades y las aldeas de Italia. (Los romanos no sabían que lentamente estaban envenenándose con el plomo, pero tampoco lo supieron los otros países hasta los tiempos modernos.) Roma también necesitaba del plomo y la plata en grandes cantidades, dos metales que se hallaban juntos en las mismas minas. Para asegurar el suministro regular de estas materias primas, los romanos usaron los barcos de España para comerciar con Britania mucho antes de los tiempos del César.

El profeta Ezequiel hace una referencia a los comerciantes de *Tarsis* (Ezequiel 38). Tarsis era una ciudad de la costa oeste de España, a veces llamada Tartessos. Era el punto ideal para comerciar por mar con toda la costa atlántica de Europa, incluyendo Irlanda y Britania. Ezequiel tuvo conocimiento de esta ciudad en 550 a.C., mientras estaba cautivo en Babilonia. Sin duda Roma, al estar más cerca de España, conocía a Britania desde mucho antes de los tiempos del César, quien guerreó en España para lograr su ambición como supremo cónsul de Francia, cinco siglos después de que Ezequiel mencionara a Tarsis.

El punto que no podemos pasar por alto es que Europa, como región "bárbara," no era tan incivilizada como se nos ha llevado a creer. En tiempos de Julio César, Francia tenía grandes ciudades. España también las tenía. Hasta los bárbaros de Inglaterra eran bastante civilizados, aunque no tanto como los de Francia. El pueblo de Inglaterra tenía minas, ciudades y gobiernos desarrollados mucho antes de Julio César. Para la época de Claudio, el Sistema Romano obviamente era bastante atractivo para los británicos, y a Claudio le resultó sospechosamente fácil conquistar Britania. De hecho, uno se pregunta si los británicos de la época se defendieron lo suficiente o no. ¿Acaso ofrecieron solamente una resistencia simbólica al ejército romano? ¿De qué otra manera se puede explicar el hecho de que Claudio solamente estuviera dieciséis días en Inglaterra? Parece obvio que los reyes locales en general querrían estar dentro del imperio, pues ¡ni siquiera los romanos habrían podido controlar por la fuerza el vasto territorio del sur de Inglaterra en tan sólo dieciséis días! Aparentemente, Claudio quería, y logró, una "victoria" barata con fines de propaganda a su regreso a casa inmediatamente después de convertirse en emperador, y Britania fue el lugar adecuado para hacerlo.

Como fuere, durante un tiempo Inglaterra se volvió tan romana y tranquila como Italia, al menos, esa parte de Inglaterra del sur hasta las tierras de los Pictos. Londinium (Londres) se convirtió en una ciudad portuaria romana, organizada según el típico plano de una ciudad de Roma. Otras ciudades también se transformaron según el estilo romano. En poco tiempo los caminos se extendieron por todo el sur de Inglaterra. Se construyeron ciudades fortaleza para cuidar los caminos. Los soldados romanos se retiraban a la campiña inglesa cuando concluía su alistamiento.

La cuestión para nosotros es esta: para el tiempo en que Simón el cananita posiblemente visitó Britania, digamos en 50 d.C., había una pacificación general y un Sistema Romano establecido en grandes áreas de Britania. Permítanos analizar esto en detalle, ya que lo más probable es que de haber ido Simón a Britania (lo cual es ciertamente posible y hasta probable), debe haber servido a personas con las cuales él pudiera conversar. Esto sería con las tropas de habla griega y latina, y con sus feudos y familias. Es probable que los británicos civilizados pudieran hablar latín aun antes de la conquista de Claudio, debido a sus relaciones comerciales con los romanos.

Además, los ejércitos romanos no eran italianos en su totalidad, ya que los romanos habitualmente reclutaban gente de todos los países que conquistaban. Es muy posible que la mayor parte del ejército romano que ocupaba Britania estuviera compuesto de españoles, galos, suizos y hasta de griegos de Asia Menor. Todos esos países, en ese momento, eran partes vitales del Imperio Romano. En todo caso, las personas de todos estos países hablaban griego y latín, y

¿Cómo llegó el cristianismo por primera vez a Britania? Quizás un británico que visitó Roma pudo haberse convertido y llevado el evangelio a su regreso a Inglaterra.

probablemente además otros idiomas. Y, muy probablemente, Simón también.

Pero ¿cómo llegó el cristianismo por primera vez a Britania? Quizás un británico que visitó Roma pudo haberse convertido y llevado el evangelio a su regreso a Inglaterra. Varias de las personas mencionadas por el apóstol en sus epístolas desde la prisión escritas en Roma llevan el mismo nombre que ciertos rehenes reales británicos que por aquel entonces moraban en Roma. Estos rehenes eran tratados amablemente, como huéspedes, aunque permanecieran como prisioneros para asegurar el comportamiento de los reyes de Britania. Tal vez al ser liberados llevaron el evangelio cuando volvieron a Inglaterra.

O quizás un viajante de comercio cristiano, o incluso un soldado cristiano romano haya sido el primer portador de la fe cristiana a Inglaterra.

Cottrell escribe: "Sin duda había cristianos en estas ciudades romano-británicas. En Silchester hay una pequeña construcción que puede haber sido una iglesia cristiana, y en Caerleon, en 1954, el doctor Nash-Williams descubrió una lámpara de aceite hecha de arcilla con un diseño de puntos en la base, que ha sido reconocido como un símbolo secreto utilizado por los primeros cristianos para revelar su fe a sus compañeros conversos."[13]

Acerca de la excavación de una iglesia cristiana mucho antes de que Agustín llevara el catolicismo a Inglaterra, Cottrell cita de *The Journal of Roman Studies [Diario de estudios romanos]*:

> Entre el barro revuelto y el material consolidado que llenaba los huecos había un puñado de monedas Constantinas, tres de las cuales todavía tenían pegado argamasa blanca del pavimento, en el que evidentemente alguna vez estuvieron incrustadas. Las tres monedas en cuestión son una *follies* de 309 a 313 d.C., una *Urbis Roma* (330–335 d.C.) y una copia de una *Fel. Temp. Reparatio* (348–353 d.C.), esta última un poco gastada. Esto da un *terminus post quem* de por lo menos 360 d.C. por la colocación del pavimento y la construcción del edificio.

. . . La combinación de la fecha y del tipo de edificio favorece fuertemente la noción de una iglesia cristiana, con una mesa de ofrendas en el extremo norte del vestíbulo y un baptisterio en posición axial en frente de la iglesia. El plano de las salas del transepto repiten las de las famosas y enormes iglesias Constantinas, tales como las de San Pedro y la de Letrán en Roma, y la Iglesia de la Natividad en Belén.

En la actualidad, parece casi seguro que unos 250 años antes de que San Agustín desembarcara en Kent para convertir a los paganos sajones, Cristo ya era adorado en un pequeño edificio, cuyos cimientos permanecen hoy enterrados debajo de un prado de Hampshire, y esa humilde estructura, en su planta, se parece a tres de los santuarios más sagrados de la cristiandad.[14]

El Venerable Beda, monje británico mayormente conocido entre los primeros historiadores católicos británicos, escribió (cerca del año 730) que Lucio, un rey británico del siglo segundo, había escrito a Roma para recibir instrucciones sobre cómo convertirse al cristianismo. Obviamente, Beda estaba interesado en investigar la historia de la sumisión de los reyes cristianos al prelado romano, ya que casi no dice nada en su *A History of the English Church and People [Historia de la iglesia y el pueblo de Inglaterra]* que trata del cristianismo antes del tiempo de San Agustín (579 d.C.), de quien obtuvo su principal ímpetu la Iglesia Católica medieval. Sin embargo, Beda relata las frecuentes luchas dentro del movimiento cristiano entre los católicos *y otros cristianos*. Quiénes eran esos otros cristianos o cómo se hicieron cristianos, Beda no lo dice. Pero Beda no cuestiona el hecho de que estuvieran en Inglaterra.

La muerte de Simón

Si Simón visitó Inglaterra, no pudo haber sido por mucho tiempo. Al relacionar los sucesos de esa época, llegaríamos a la conclusión de que si el apóstol visitó Inglaterra, pudo haber ido a Glastonbury en compañía de José de Arimatea. Por cierto, no se conoce otra tradición referida a la historia de José de Arimatea y, puesto que la tradición británica es rotunda, no vemos motivo para cuestionarla, aunque la verdad es que se basa sólo en la tradición y no es una historia probada. Insistimos: es obvio que todos los primeros cristianos tuvieron que haber ido a alguna parte, o el cristianismo no habría podido diseminarse tan rápidamente como lo hizo a lo largo de todo el Imperio Romano. Si en algún país existe una tradición fuerte sobre algunas figuras apostólicas, y en otra parte no hay otra tradición que la contradiga, entonces al menos debemos aferrarnos a la posibilidad e incluso a la probabilidad. Así ocurre con Simón y José.

> El Venerable Beda escribió que un rey británico del siglo segundo había escrito a Roma para recibir instrucciones sobre cómo convertirse al cristianismo.

Por lo tanto, la manera en que presuponemos la historia de Simón es esta: se fue de Jerusalén y viajó primero a Egipto y luego a través del norte de África hacia Cartago, desde ahí a España y rumbo al norte a Britania. En esta teoría no hay nada imposible o irracional. Entonces, de ahí pudo haber ido desde Glastonbury a Londres, que para esa época era la capital de la nueva conquista romana. Allí, él pudo haber predicado en latín a miembros de la comunidad romana. No habría podido predicarles a los nativos británicos en su idioma natal, pero el latín ya era ampliamente utilizado por los británicos, e incluso es posible que algunos de ellos hayan escuchado el evangelio por boca de Simón.

Si había judíos en Londres, seguramente Simón habría ido a ellos. Sin embargo, no hay pruebas históricas de que haya fundado una iglesia, y en poco tiempo, los revolucionarios dirigidos por la reina británica Boudica se opusieron a las fuerzas de ocupación romanas. Los rumores aterradores del exterminio de todos los romanos y de la destrucción de Londres por órdenes de la reina seguramente habrían hecho que Simón huyera hacia el sur de Inglaterra. Allí se habría embarcado de regreso a Palestina, porque es obvio que la alteración de la paz romana haría de Inglaterra en ese momento un campo incierto para la proclamación del evangelio. En otras palabras, Simón dio testimonio y predicó, pero debido a las condiciones inestables, fue forzado a retirarse.

La siguiente tradición fuerte encuentra a Simón en Persia acompañado por Judas, con quien fue martirizado. Mary Sharp escribe: "Se cree que predicaron juntos en Siria y en Mesopotamia, viajando hasta Persia y, en su martirio, San Simón fue cortado en dos con una sierra, y San Judas, muerto con una alabarda."[15]

Sacred and Legendary Art menciona la misma tradición sobre San Judas y San Simón: "Juntos predicaron el Evangelio en Siria y en Mesopotamia, y padecieron martirio en Persia."[16]

Según la tradición católico-romana, los cuerpos de Judas y de Simón están enterrados juntos y los huesos están entremezclados; la tumba más grande está en San Pedro en Roma, y se encuentran fragmentos en las iglesias de San Saturnino, Tolosa, España; en San Sernín, Toulouse, Francia y, hasta la Segunda Guerra Mundial, en la capilla del monasterio de San Norberto, en Colonia, Alemania.[17]

CAPÍTULO 14

JUDAS ISCARIOTE

[Jesús dijo:] "Pero aquí en esta mesa, sentado entre nosotros como un amigo, está el hombre que me traicionará. Pues está establecido que el Hijo del Hombre tiene que morir. Pero ¡qué aflicción le espera a aquel que lo traiciona!" Lucas 22:21-22

La noche en la que fue traicionado por Judas, Jesús ofreció una plegaria que está registrada en el Evangelio de Juan: "Durante el tiempo que estuve aquí, los protegí con el poder del nombre que me diste. Los cuidé para que ni uno solo se perdiera, excepto el que va camino a la destrucción como predijeron las Escrituras" (Juan 17:12).

De todos los personajes que pasan por el escenario de la historia bíblica, ninguno es tan trágico ni tan despreciable como el de Judas Iscariote. Un poeta lo describió como

> El ruin hombre de Judea que desechó una perla más preciosa
> que toda su tribu.

Hay algo horrible en la manera en que él traicionó a Cristo con un beso. Un predicador lo describió como "el siseo de un beso."

Tampoco es para menos, entre los oscuros y sombríos aspectos de su vida, la forma en que murió. En este personaje hay un misterio de horror que lo hace típico de los traidores cobardes de todos los tiempos. Hasta Jesús dijo de él: "¡Para ese hombre sería mucho mejor no haber nacido!" (Mateo 26:24).

Thomas De Quincey, en su ensayo sobre Judas Iscariote, ha tratado de pintarlo meramente como un patriota fracasado. Lo describe como alguien que de verdad *amó* a Jesús y que se ahorcó porque había fracasado su confabulación para que Jesús asumiera el liderazgo político contra Roma, y el mismo Jesús fue ejecutado *por error*. El único problema con este y con otros intentos recientes de blanquear el carácter de Judas es que Jesús mismo impugnó esa interpretación antes de que Judas siquiera lo traicionara. Jesús dijo: "Yo los elegí a ustedes doce, pero hay uno de ustedes que es un diablo" (Juan 6:70).

Y nuevamente: "Pues el Hijo del Hombre tiene que morir, tal como lo declararon las Escrituras hace mucho tiempo. Pero qué terrible será para el que lo traiciona. ¡Para ese hombre sería mucho mejor no haber nacido!" (Mateo 26:24).

> Pensamos de Judas como el peor de los traidores. Sin embargo, originalmente los discípulos no lo consideraban de esta manera porque *aparentaba* ser digno de confianza.

El nombre *Judas Iscariote* es una deformación de *Judas de Kerioth*. Kerioth era una ciudad pequeña algunas millas al sur de Hebrón. Judas fue el único de los apóstoles que no era galileo, sino de Judá. El nombre de su padre era Simón (Juan 13:2).

Hoy en día, el nombre de Judas es sinónimo de desprecio y de odio. Ninguna madre le pondría Judas a su hijo. Sin embargo, cuando Judas lo llevaba, era un nombre honorable. Uno de los patriotas más grandes de la nación judía fue Judas Macabeo. Uno de los hermanos de Jesucristo se llamaba Judas. En realidad, el nombre Judas no es más que otra forma de Judá. Judas, entonces, recibe su nombre por su tribu, la tribu de Judá.

Pensamos de Judas como el peor de los traidores. Aún hoy, la cabra que se usa como señuelo para llevar a las ovejas para ser sacrificadas en el matadero es conocida como la "cabra de Judas." Una planta que crece en Oriente de aspecto atractivo pero de sabor amargo es conocida como "árbol de Judas."

Sin embargo, originalmente los discípulos no lo consideraban de esta manera. Estuvieron perfectamente dispuestos a confiar en él porque *aparentaba* ser digno de confianza. Abiertamente, lo eligieron como su tesorero. No sólo eso; quedaron estupefactos cuando salió a la luz su traición.

Cuando Jesús aseguró que alguien lo traicionaría, los discípulos comenzaron a preguntarle: "¿Seré yo?" No preguntaron: "¿Será Judas?"

Probablemente Judas se haya hecho uno de los discípulos de Jesús cuando andaba en uno sus viajes de prédica por Judea. Al menos, es probable que Judas se encontrara con Jesús por primera vez en esa época, aunque su llamamiento a convertirse en discípulo podría haber tenido lugar en el Mar de Galilea.

Desde el momento de su llamado a ser un discípulo hasta la semana de la Pasión, no tenemos referencias específicas de Judas que describan alguna de sus actividades. El Evangelio de Juan deja constancia de algunas cosas, mayormente en retrospectiva para mostrar que el carácter de Judas fue oscuro desde el principio. (*Faltaba casi un año para su crucifixión* cuando Jesús dijo que Judas era un diablo. Por mucho que Judas haya engañado a los apóstoles, desde luego, no pudo engañar a Jesús.)

Alrededor de la época de la semana de la Pasión, empezamos a leer más acerca de su siniestro carácter. Cuando María ungió a Jesús con aceite, Judas le dijo: "'Ese perfume valía el salario de un año. Hubiera sido mejor venderlo para dar el dinero a los pobres.' No es que a Judas le importaran los pobres; en verdad, era un ladrón y, como estaba a cargo del dinero de los discípulos, a menudo robaba una parte para él" (Juan 12:5-6).

Jesús también hizo alusión a la inminente deserción de Judas cuando dijo: "El que come de mi comida se ha puesto en mi contra" (Juan 13:18).

Esta es una cita al Salmo 41:9. Parecía que mediante esas referencias veladas, Jesús estaba dándole a Judas todas las oportunidades de arrepentirse, como si le informara que él sabía en todo momento que iba a traicionarlo, pero avisándole que la puerta de la misericordia estaba abierta.

Hay muchas dificultades para conciliar en la vida de Judas. Antes que nada, debemos intentar responder la pregunta: "¿Por qué Judas se convirtió en discípulo?" Algunos han dicho que todo el tiempo intentó delatar a Jesús porque vio en él una amenaza para la nación judía. Otros sugieren que fue sincero durante un tiempo, pero luego entendió que Jesús no iba a cumplir con su destino como libertador político y, por consiguiente, buscó salirse del grupo buscando el favor de los sacerdotes, así como ganando cuanto dinero lamentable pudiera como precio por su traición. Hay quienes incluso han sugerido que Dios dispuso que Judas fuera un traidor, debido a las referencias proféticas del Antiguo Testamento. Sin embargo, esto debe ser desestimado, porque, sin duda, Dios no condena a nadie de antemano, ya que cada ser humano es libre de hacer *su propia voluntad*.

Tal vez lo más significativo que se pueda decir de Judas es que cuando se sintió apenado por cometer esa traición, no procuró compensar su pecado con Aquel a quien él había hecho daño, sino que acudió a sus cómplices, los sacerdotes, y allí buscó rectificarse. Y a causa de que las personas a las que él había servido en su egoísmo al final le fallaron, salió y se ahorcó.

La vida de Judas es una tragedia continua. De hecho, no hay un espíritu más trágico en toda la historia del mundo. Judas es el

MATEO ESCRIBE

Llegó Judas, uno de los doce discípulos, junto con una multitud de hombres armados con espadas y palos. Los habían enviado los principales sacerdotes y los ancianos del pueblo. El traidor, Judas, había acordado con ellos una señal: "Sabrán a cuál arrestar cuando lo salude con un beso." Entonces Judas fue directamente a Jesús. —¡Saludos, Rabí! —exclamó, y le dio el beso.

Jesús dijo: —Amigo mío, adelante, haz lo que viniste a hacer. Mateo 26:47-50

fracaso más grande que el mundo haya conocido jamás. *Su* vida es una lección que señala vívidamente los peligros latentes de *nuestro* peregrinaje espiritual.

En la *International Standard Bible Encyclopaedia [Enciclopedia internacional estándar de la Biblia]* se brinda un excelente resumen de los últimos días de Judas:

> Después de la traición, Marcos, Lucas y Juan guardan silencio en cuanto a Judas, y los relatos dados en Mateo y en Hechos sobre su remordimiento y muerte varían en los detalles. Según Mateo, la sentencia sobre Jesús despertó el sentido de culpa en Judas, y cuando se sintió aún más abatido por el rechazo de los principales sacerdotes y los ancianos, "arrojó las piezas de plata dentro del santuario y se fue; y salió y se ahorcó." Con ese dinero, los sacerdotes compraron el campo del alfarero, posteriormente llamado "el campo de sangre" y de este modo se cumplió la profecía de Zacarías (11:12-14) que Mateo le atribuye a Jeremías (Mateo 27:2-10). El relato brindado en Hechos 1:16-20 es mucho más breve. No menciona el arrepentimiento de Judas ni los jefes de los sacerdotes; solamente expone que "Judas había comprado un campo con el dinero que recibió por su traición. Allí cayó de cabeza, se le reventó el cuerpo y se le derramaron todos los intestinos" (vers. 18). El autor de Hechos ve en esto el cumplimiento de la profecía de Sal. 69:25. La traducción de la Vulgata: "Cuando se hubo colgado a sí mismo, cayó y se reventó," sugiere un modo de conciliar los dos relatos.

Según un relato legendario mencionado por Papías, la muerte de Judas fue a causa de la elefantiasis (compárese Hennecke, *Neutesta-mintliche Apokryphen*, 5). El llamado "Evangelio de Judas" estuvo en uso entre la secta gnóstica de los cainitas.

> La vida de Judas señala los peligros latentes en *nuestro* peregrinaje espiritual. Cuando las personas a las que él había servido en su egoísmo al final le fallaron, se ahorcó.

. . . Es significativo que entre los discípulos sólo Judas fuera de origen sureño; y las diferencias de temperamento y punto de vista social, junto con los abundantes prejuicios que generalmente suelen ocasionar, pueden explicar en parte, aunque no justificar, su posterior traición: la falta de simpatía que existía entre Judas y el resto de los Apóstoles. Sin duda, él tenía cierta habilidad para los negocios, y por eso fue nombrado el cuidador de la bolsa. Pero su corazón no podría haber sido honrado, ni siquiera desde el comienzo, ya que incluso administró su primer cargo deshonestamente. El cáncer de esta avaricia se extiende desde lo material a lo espiritual.

Para ninguno de los discípulos el desvanecimiento del sueño de un reino terrenal de pompa y gloria trajo más desilusión que para Judas.

Buscó enmendarse a sí mismo, no con el inocente Jesús a quien él había traicionado, sino con sus cómplices en el crimen; y debido a que ese mundo, que el egoísmo había hecho su dios, le falló al final, se fue y se ahorcó.

Las cuerdas de amor mediante las cuales Jesús gradualmente atrajo hacia sí el corazón de los discípulos, las enseñanzas con las que él sustentó sus almas por encima de todas las cosas terrenales, fueron lazos irritantes para el egoísmo de Judas. Y de su codicia opresiva y de su ambición defraudada brotaron la envidia y el rencor y el odio. Fue el odio, no de un hombre fuerte, sino de un hombre esencialmente débil. En lugar de distanciarse abiertamente de su Señor, él siguió siendo aparentemente uno de sus seguidores, y este contacto continuo con una bondad a la que él rehusaba rendirse (compárese con Swete sobre Marcos 14:10), y la amargura por los reproches de su Maestro dieron fácil entrada a "Satanás en su alma." Pero si él "conocía el bien y no lo hizo" (compárese con Juan 13:17), también fue débil en el cumplimiento de sus viles propósitos. Fue esta indecisión, más que una astucia diabólica, la que lo indujo a permanecer hasta último momento en el aposento alto, lo que provocó el comentario de Jesús: "Apresúrate a hacer lo que vas a hacer" (Juan 13:27). Una muestra de su debilidad de espíritu fue su intento de echarle la culpa a los jefes de los sacerdotes y a los ancianos (compárese Mateo 27:3, 4). Buscó enmendarse a sí mismo, no con el inocente Jesús a quien él había traicionado, sino con sus cómplices en el crimen; y debido a que ese mundo, que el egoísmo había hecho su dios, le falló al final, se fue y se ahorcó. Fue el fin de alguien que había apoyado una gran causa con un espíritu de especulación y una ambición egoísta, y que no sopesó las aterradoras consecuencias a las que podían llevarlo esos motivos impuros (compárese también con [A. B.] Bruce, *Training of the Twelve [El entrenamiento de los doce]*; [Henry] Lathan, *Pastor Pastorum*; [James] Stalker, *Trial and Death of Jesus Christ [Juicio y muerte de Jesucristo]*.[1]

Existe escaso material sobre Judas en cualquiera de las fuentes apócrifas. En la obra *El evangelio árabe de la infancia*, se relata que Judas estaba poseído por un demonio desde su niñez. A lo largo de toda la historia, los hombres han procurado psicoanalizar la mente de Judas. En *The Dictionary of Christ and the Gospels [El diccionario de Cristo y los Evangelios)]*, J. G. Tasked cita dos veredictos sobre Judas. Lavater dice de Judas: "Judas obraba como Satanás, pero como un diablo que tenía en él la posibilidad de ser un apóstol." Pressence dijo de Judas: "Ningún hombre podía ser más semejante a un demonio que un apóstol pervertido."

Una guía de Jerusalén declara:

Acéldama (Campo de Sangre) es el nombre dado al presunto "Campo del Alfarero" que fue comprado con las 30 piezas de plata que Judas había ganado por traicionar a Jesús. Judas, arrepentido de su acto, lanzó el dinero a los pies de los sacerdotes, quienes no estuvieron dispuestos a aceptarlo porque era "precio de sangre." Luego de que Judas se suicidara, el dinero fue usado para comprar un campo que sirviera de sepultura para los extranjeros (Mateo 27:3-10). En la actualidad, el convento griego de San Onipruis indica el sitio que está plagado de tumbas talladas en piedra llenas de cráneos y huesos de los peregrinos que han sido enterrados a lo largo de los años en el campo del alfarero, el Campo de Sangre. El lugar de escondite tradicional de los Apóstoles durante el juicio de Jesús se muestra dentro del convento en una tumba excavada en la roca que ha sido adecuadamente llamada la "Cueva de los Apóstoles."[2]

CAPÍTULO 15

MATÍAS

Todos ellos oraron: "Oh Señor, tú conoces cada corazón. Muéstranos a cuál de estos hombres has elegido como apóstol para que tome el lugar de Judas en este ministerio. . . ." Entonces echaron suertes, y Matías fue elegido para ser apóstol con los otros once. Hechos 1:24-26

Este apóstol se mantiene como una figura misteriosa. No era uno de los doce originales, y fue elegido posteriormente para ocupar el lugar de Judas. Algunos eruditos como David Smith y G. Campbell Morgan han cuestionado la manera de su elección. Debido al silencio de las Escrituras en cuanto a su posterior ministerio, han deducido que los Once se precipitaron en su elección de Matías. Su razonamiento dice que Pablo debería haber sido elegido y que los discípulos estaban adelantándose a la dirección del Espíritu. Debemos rechazar esa idea como poco realista.

Durante este tiempo, Jacobo el Grande también había sido asesinado por Herodes, dejando así otra vacante entre los Doce. Pablo nunca fue aceptado como uno de los apóstoles originales; ni tampoco podría haberlo sido ya que no conoció personalmente a Cristo. El perfil de un apóstol fue anunciado por Pedro durante la elección de Matías:

> *"Entonces ahora tenemos que elegir a alguien que tome el lugar de Judas entre los hombres que estaban con nosotros todo el tiempo mientras viajábamos con el Señor Jesús, desde el día que Juan lo bautizó hasta el día que fue tomado de entre nosotros. El*

*que salga elegido se unirá a nosotros como testigo de la
resurrección de Jesús.". . . Después todos ellos oraron: "Oh Señor,
tú conoces cada corazón. Muéstranos a cuál de estos hombres has
elegido.". . . Entonces echaron suertes, y Matías fue elegido para
ser apóstol con los otros once.* Hechos 1:21-26

Años después, el apóstol Juan se refirió a la Nueva Jerusalén como
una ciudad con una muralla que "estaba fundada sobre doce piedras,
las cuales llevaban escritos los nombres de los doce apóstoles del Cordero" (Apocalipsis 21:14). Implícitamente, esto afirma claramente la
importancia de Matías.

Edgar Goodspeed dice que fue Santiago, el hermano de Jesucristo,
quien ocupó en realidad el lugar de Judas, al ser mencionado por
Pablo (en Gálatas 1:19; 2:9) como un líder y "pilar" de la iglesia.
Pero esto no es aceptable por dos razones. Primero, la identificación
de Santiago como apóstol no reúne las condiciones expuestas (arriba)
por Pedro, ya que Santiago el hermano de Jesús no fue convertido
sino hasta después de la resurrección y, por tanto, no pudo haber sido
testigo de las enseñanzas de Jesús.

En segundo lugar, las teorías de la identidad de la autoría del libro
de Santiago del doctor Goodspeed se oponen con la mayoría de las
de comentaristas igualmente competentes y, por lo tanto, es probable
que su identificación de Santiago el hermano de Jesús como apóstol,
en el sentido que lo fueron los otros once, es discutible, aunque este
Santiago también fuera un apóstol en el mismo sentido en que lo
fueron otros que no eran de los Once.

Lo que han dicho los primeros escritores cristianos sobre Matías

Clemente de Alejandría identifica a Matías con Zaqueo. Esto es imposible, ya que Zaqueo jamás fue discípulo de Jesús en el sentido en que
lo fueron los demás apóstoles. Y además, Zaqueo no podría haber sigo
testigo de las enseñanzas de Jesús "desde el día que Juan lo bautizó"
(Hechos 1:22). En *The Lives of the Saints*, Hugo Hoever apunta que

"Clemente escribe que Matías se destacaba por enseñar la necesidad de mortificar la carne con sus pasiones y deseos inconformes."[1]

Eusebio sugiere que Matías había sido uno de los setenta enviados por Jesús (Lucas 10:1). Esto es absolutamente posible. En este rol, Matías debe haber tenido la oportunidad de mostrar cualidades de liderazgo que impresionaron a los Once.

Eusebio sugiere que Matías había sido uno de los setenta enviados por Jesús.

La *Tradición de Matías* es citada por Clemente en 190–210 d.C. El doctor Goodspeed estima que esta obra apócrifa fue escrita poco antes de este período, pero un siglo entero después de la vida de Matías. Esto sólo indicaría un valor tradicional en esta historia apócrifa, pero es interesante saber que comparativamente es temprana y que, al menos, revela que Matías era importante para la opinión de algunos de los primeros cristianos.

Matías es uno de los cinco apóstoles reconocidos por la tradición armenia en evangelizar esa región. Estos fueron Tadeo, Bartolomé, Simón el cananeo, Andrés y Matías.[2]

E. A. Wallis Budge en su libro *The Contendings of the Twelve* toma nota de una tradición apócrifa que dice que Matías fue encarcelado y dejado ciego por los caníbales etíopes.[3] Esta historia afirma que fue rescatado por Andrés.

Es interesante apuntar que en los tiempos bíblicos debió haber existido dos países llamados "Etiopía." El que se encuentra en África es el que conocemos en la actualidad. Allí, las tradiciones locales todavía afirman que el eunuco etíope que fue llevado a Cristo y bautizado por Felipe fue el fundador de la iglesia que sobrevive hasta ahora. Las iglesias etíopes son iglesias coptas que tienen una tradición histórica en común con los coptos de Egipto.

La otra Etiopía, donde se dice que Matías encontró a los caníbales, no es del todo identificable en el presente, pero parece haber sido una de las provincias de Mesopotamia o de Armenia. Existe poca evidencia histórica de que se practicara regularmente el canibalismo en

Etiopía, aunque no hay prueba de que en instancias aisladas no pueda haber sucedido. Hay algunos indicios de que el canibalismo ritual (comer carne humana por el bien de algún supuesto beneficio para quien lo practicaba, por ejemplo, comer el corazón de un guerrero capturado para obtener la valentía de la víctima), era practicado en la antigua Britania y entre los indios mexicanos y americanos antes de la conquista española. Incluso se ha sabido de algunas ocasiones en las que entre americanos hambrientos tuvo lugar el canibalismo. Así que no podemos decir que no hubiera caníbales en esta "Etiopía" de Medio Oriente.

Según el *Martirio de San Matías*, él fue enviado a Damasco y murió en Phaleaon, una ciudad de Judea.[4] Otras fuentes mencionan a Jerusalén como el lugar del ministerio y sepultura de Matías. La tradición dice que fue muerto a pedradas allí por los judíos.[5]

Ireneo se refiere a Matías como siendo "ordenado" en reemplazo de Judas.

No quedan rastros de ningún apócrifo *Evangelio según San Matías*. Fue una obra hereje a la cual se refirió Origen (*Hom. sobre Lucas* i) y Eusebio (Eusebio *HE* iii 25,6).

El gnóstico Basílides (133 d.C.) y su hijo Isidoro afirman basar su doctrina en el *Evangelio de Basílides* sobre la enseñanza que Matías recibió directamente de parte de Jesús (Hippol., 7.20) (compárese Hennecke, *Neutestamentlicke Apokryphen*, 167).

Según una tradición de la iglesia antigua registrada en *Sacred and Legendary Arta*, Matías padeció el martirio en manos de los judíos, ya fuera por lanza o por el hacha.[6] La tradición católico-romana sobre la muerte y el entierro de Matías indica que predicó y fue martirizado en Judea, pero esas fuentes reconocen que algunos de los primeros escritores señalan que Matías fue martirizado en Colchis, y otros en Sebastopol en 64 d.C. También señalan que el cuerpo de

> Según una tradición de la iglesia antigua, Matías padeció el martirio a manos de los judíos, ya fuera por lanza o por hacha.

Matías fue mantenido en Jerusalén y más tarde llevado a Roma por Santa Elena, del cual algunas reliquias (huesos) fueron transportadas después a Tréveris, Alemania.[7]

Los escritos de Dorman Newman en 1685 reconocen muchas de estas tradiciones:

> En el año 51 de nuestro Señor, murió en un lugar llamado Sebastopol y fue sepultado cerca del templo del Sol. Los griegos, en esto registrado por muchos anticuarios, nos dicen que fue crucificado y se dice que su cuerpo fue guardado durante mucho tiempo en Jerusalén, de ahí transportado a Roma por la reina Elena, y en ese lugar algunas partes son veneradas hasta hoy (es decir, 1685), aunque otros con gran entusiasmo afirman que sus reliquias fueron traídas y que todavía se conservan en Tréveris, en Alemania.[8]

Los actuales lugares de sepultura de las reliquias

Las personas que visitan Tréveris pueden conseguir la *Guía de los monumentos* local excelentemente escrita, la cual registra:

> Cuando se encontraron las reliquias del Apóstol Matías en 1127, la veneración de San Eucario fue rápidamente transferida a San Matías. Las crecientes peregrinaciones a la tumba del Apóstol demandaron un nuevo edificio, que fue comenzado en 1127 y consagrado en 1148 por el Papa Eugenio III.
>
> La iglesia de Matías todavía es el centro de peregrinaje a las tumbas de los primeros santos obispos, San Eucario y San Valerio, y al sepulcro del Apóstol Matías recientemente reinstalado bajo la intersección de la nave y los transeptos. De esta manera, esta iglesia conserva las tradiciones de tiempos antiguos hasta la actualidad.[9]

El relicario que contiene los huesos de Matías es una célebre atracción turística en Tréveris. Cuando yo visité esta antigua ciudad romana, encontré que este entierro se mencionaba en las publicaciones de los museos locales como "el único cuerpo de un apóstol enterrado al norte de los Alpes." En mi primera visita a Tréveris me mostraron las reliquias de Matías, que estaban guardadas en un sarcófago de oro ubicado en una capilla lateral adjunta a la iglesia del monasterio de San Matías.

En una visita posterior, encontré que un nuevo sarcófago de mármol blanco y gris oscuro había sido colocado frente al altar principal del más grande edificio de la iglesia. Una imagen de tamaño natural del apóstol está tallada en la parte blanca del nuevo sarcófago, acostado sobre el relicario de mármol gris oscuro que ahora contiene sus huesos. De esta manera, así como también sucede en el caso de la cabeza de Andrés, las reliquias apostólicas fueron movidas de lugar en el término de diez años. Quienes viajan a Europa pueden visitar los dos lugares de sepultura de Matías, ambos descritos como auténticos por las autoridades católico-romanas.

Conociendo la afición de varios grupos religiosos buscadores de reliquias en la Edad Media por fragmentar los cuerpos o las reliquias de los apóstoles, hay poca duda de que tanto Roma como Tréveris contengan partes del cuerpo de Matías, si efectivamente su cuerpo fue conservado y transportado, como indican los documentos. La verdad es que hay un gran espacio para que se cometieran errores en varios de los pasos importantes del transporte de estas reliquias.

La reina Elena, la primera en trasladarlos, fue una de las creyentes más entusiastas de todos los tiempos. Su fe igualaba sus riquezas y su poder. Uno apenas puede creer que fuera ella una coleccionista de reliquias apostólicas y, por ese motivo, de lugares sagrados, tan crítica como podría desear la erudición moderna. Su "descubrimiento" del Santo Sepulcro en Jerusalén, por ejemplo, se basó en una visión que supuestamente tuvo. Uno puede admirar su piedad, su determinación y su celo infatigable por recuperar todo lo que pudiera de los vínculos apostólicos del siglo primero. Pero es seguro que, a veces, estuvo equivocada.

Una breve biografía

Una síntesis de la información sobre Matías indicaría la siguiente biografía:

Como uno de los primeros seguidores de Jesús, Matías fue importante entre los Setenta. Aparentemente, él había acompañado en numerosas ocasiones a los Doce, y muy posiblemente pudo haber sido discípulo de Juan el Bautista, como Juan y Andrés. Desde luego, Matías fue elegido para reemplazar a Judas inmediatamente después de la ascensión de Jesús. Por lo tanto, él estuvo en Jerusalén el día de Pentecostés y tuvo una parte importante en los días turbulentos y estremecedores de la temprana expansión del cristianismo. Como judío, naturalmente habría salido de Jerusalén para ministrar a la porción de la extensa diáspora de Israel. Había colonias de judíos y de otros hebreos que se encontraban prácticamente en todos los centros poblacionales de Medio Oriente. Por lo tanto, no hay dificultad en aceptar la tradición de su apostolado en regiones de Armenia, y la probabilidad de que corriera un gran peligro, lo cual le sucedió en las ciudades de Colchis, Sebastopol y en otros lugares. Es ciertamente posible que alguna vez haya sido asistido por Andrés, ya que a menudo los apóstoles iban de a dos.

Podemos verlo volviendo a Jerusalén, un testigo maltratado de la peligrosa experiencia misionera. Quizás a su regreso encontró mayor antagonismo hacia el cristianismo que cuando se fue. En cualquier caso, el antagonismo demostró ser más peligroso que antes y, al final, fue fatal para él. También podemos aceptar la posibilidad de que luego la reina Elena trasladara sus restos a Roma, aunque fuera más partidaria de Constantinopla que de Roma. En todo caso, ella puede haber dado comienzo a la preservación y traslado del cuerpo de Matías.

> Matías estuvo en Jerusalén el día de Pentecostés y tuvo una parte importante en los días turbulentos y estremecedores de la temprana expansión del cristianismo.

Hay una tradición sistemática del transporte occidental de casi todas las reliquias apostólicas. En esto contribuyen tres factores: (1) el celo recolector de Elena y otros. (2) El peligro inminente para las iglesias cristianas y las reliquias apostólicas bajo las invasiones persas en los siglos quinto y sexto. (3) El valor asignado a las reliquias y la necesidad de salvaguardarlas, que fue compartida universalmente por los clérigos en la Edad Media.

Estos tres factores rescataron reliquias que fueron aceptadas por auténticas y transportadas a zonas que eran consideradas más seguras que las tumbas originales, o las sepulturas secundarias, tales como Constantinopla misma. Uno no puede pasar por alto el hecho de que el Imperio Romano de Oriente frecuentemente procuró fortalecer las alianzas con Roma y con la Iglesia católico-romana. Las reliquias de los apóstoles eran consideradas piezas de ajedrez del más alto valor político; esta es una de las razones por las que fueron tan bien conservadas hasta la actualidad.

> Las reliquias de los apóstoles eran consideradas piezas de ajedrez del más alto valor político; esta es una de las razones por las que fueron tan bien conservadas hasta la actualidad.

En cualquier caso, las reliquias de Matías parecen haber hallado su último lugar de descanso tanto en Roma como en Tréveris, donde todavía pueden verse.

OTROS APÓSTOLES NOTABLES

Aunque estos, y otros hombres como ellos, no formaron parte del grupo original de los doce apóstoles de Jesús, encajan con la definición de apóstol: un mensajero o representante autorizado de Jesús y de su evangelio. Después de la ascensión de Jesús, sus apóstoles fueron llenos del Espíritu Santo y recibieron poderes para cumplir funciones especiales en el crecimiento de la iglesia primitiva.

Juan Marcos
Bernabé
Lucas
Lázaro
Pablo

CAPÍTULO 16

JUAN MARCOS

[Pablo escribe:] Aristarco . . . les manda saludos; y también los saluda Marcos, el primo de Bernabé. . . . ([el] que llamamos Justo) también envía saludos. Ellos son los únicos creyentes judíos entre mis colaboradores; trabajan aquí conmigo para el reino de Dios. ¡Y qué consuelo han sido para mí! Colosenses 4:10-11

En 1972 Luis Cassels, antiguo editor de religión para United Press International, escribió una historia que llamó la atención de los eruditos bíblicos:

El profesor José O'Callaghan, erudito español del Instituto Bíblico Pontifical de Roma, ha identificado 19 pequeños trozos de papiro encontrados en 1947 entre los rollos del Mar Muerto como fragmentos de una copia del evangelio de San Marcos, escrito alrededor de 50 d.C.

La fecha es lo que importa. Durante mucho tiempo, los eruditos bíblicos supusieron que el evangelio de Marcos, basado en los recuerdos del Apóstol Pedro, fue puesto por escrito poco antes de la muerte de Pedro en Roma, que data alrededor de 68 d.C.

Como Jesús fue crucificado alrededor de 33 d.C., la fecha previa del evangelio de Marcos —generalmente considerado como el que se escribió primero— deja una pausa de 35 años en los cuales los detalles históricos de la vida de Jesús fueron transmitidos tanto de manera oral o mediante registros ahora perdidos (como el famoso documento "Q" que los eruditos han postulado durante mucho tiempo, pero que nunca encontraron).

Los fragmentos de los papiros de O'Callaghan, que los métodos científicos establecen que estuvieron en una biblioteca palestina en 50 d.C., indican que el evangelio de Marcos bien pudo haber estado en circulación unos doce años después de la fecha de la muerte de Jesús.

Esto es muy importante, porque significa que el documento de Marcos tuvo que sobrevivir a la prueba de fuego de cualquier escritura periodística o histórica: ser publicado en el momento en que pudiera ser leído, criticado y, de ser falsificado, denunciado por miles de judíos, cristianos, romanos y griegos, quienes estaban viviendo en Palestina en la época del ministerio de Jesús.[1]

El escritor del segundo Evangelio, tal como aparece en el orden de la Biblia, fue una figura de gran importancia en la era apostólica.

Tenía un nombre romano (Marcos, *Marcus*) y un nombre judío (Juan, *Jonás*). El hogar de Marcos estaba en Jerusalén (Hechos 12:12). No se menciona a su padre, de modo que es posible que en esa época estuviera viviendo en un entorno acomodado, en una gran casa, con su madre, María, y su primo Bernabé (Colosenses 4:10), que también era un hombre acaudalado (Hechos 4:36-37).

> En la primera mención de Juan Marcos en Hechos, él y su madre, María, ya eran creyentes. Probablemente fue llevado a Cristo por Pedro.

Se cree que la familia de Marcos, tal vez al morir su padre, se había mudado de Cirenaica, una colonia romana al norte de África, a Jerusalén. Esto quizás implicaría que Marcos tenía un padre romano y, desde luego, una madre judía.

En el año 44 d.C., en la primera mención de Juan Marcos en

Hechos, él y su madre, María, ya eran creyentes. Probablemente fue llevado a Cristo por Pedro, quien afectuosamente se refiere a él como su "hijo" espiritual (1 Pedro 5:13).

Después de la inigualable experiencia en compañía de muchos de los líderes de la iglesia de Jerusalén, que probablemente haya tenido sede en la casa de su madre, Marcos fue elegido para acompañar a Pablo y a Bernabé a Antioquía. Fue con Pablo y Bernabé en su primer viaje misionero desde Antioquía a Chipre, el primer hogar de Bernabé. Cuando siguieron camino hacia Turquía, repentinamente Juan Marcos decidió volver a Antioquía. Sir William Ramsey especula que el posible contagio de la fiebre de Pablo, que ocurrió en Perge antes de que el equipo misionero programara ir tierra adentro hacia Antioquía, más los relatos horrendos de bandidos en las montañas desoladas que tenían por delante, pudieron haber disuadido a Marcos de ir hacia esa agreste región central de Turquía.

Otros han sugerido que Marcos no aceptaba por completo la doctrina paulina de la salvación por gracia y sólo por fe. Esta idea es aludida en Hechos 13:5, 13 con el uso de Lucas del nombre hebreo de Marcos, Juan. Se cree que Marcos pertenecía al grupo judaizante mencionado por Lucas. Quizás esto implique una seria diferencia de doctrina con Pablo, basada en el hecho de que él (Marcos) todavía era un judío devoto, y en ese momento era incapaz de aceptar la doctrina de la salvación por fe. Aparentemente, ninguna falla en este punto doctrinal era aceptable para Pablo. Aún después de este acontecimiento y según dichos de Pablo, el mismo Bernabé tuvo dudas sobre la doctrina de la salvación por fe (Gálatas 2:13). Bernabé obviamente influyó en Marcos, al menos al principio.

Dos años después de la partida de Perge de Juan Marcos, Pablo y Bernabé decidieron emprender otro viaje misionero desde Antioquía. Bernabé quería volver a llevar a Marcos, pero Pablo no estuvo de acuerdo. De manera que Pablo eligió a Silas y salieron por tierra hacia Turquía para visitar las iglesias que él y Bernabé habían organizado en su primer viaje. Bernabé llevó a Marcos y volvió sobre los pasos que él y Pablo habían dado en Chipre. Finalmente, Bernabé murió en Chipre, probablemente en 58 d.C.

Once años después, en Roma, la brecha entre Pablo y Marcos fue sanada. Marcos fue uno de los pocos fieles entre los judíos cristianos que permanecieron junto a Pablo en Roma. En Colosenses Pablo lo describe como un honorable compañero de trabajo y "de mucho consuelo" para él. En esa epístola hay una insinuación de que Marcos quizás pretendía visitar Colosas. Es posible que eso haya sucedido realmente. Él fue con Pedro a Babilonia. En 1 Pedro 5:13 Pedro envía saludos de Marcos desde Babilonia.

Luego, Marcos volvió a Turquía. En la época de su segundo encarcelamiento en Roma, Pablo le pidió a Timoteo que le trajera a Marcos a Roma. En su última carta, Pablo le rindió tributo a Marcos por ser "de ayuda en mi ministerio" (2 Timoteo 4:11).

Mientras estuvo en Roma, Marcos debe haber escrito su Evangelio a solicitud de Pedro. En *Los padres post nicenos* se registra la tradición:

> Marcos, el discípulo e intérprete de Pedro, escribió un evangelio corto a pedido de los hermanos en Roma, expresando lo que le había escuchado decir a Pedro. Cuando Pedro escuchó esto, lo aprobó y lo divulgó a las iglesias para que fuera leído por su autoridad, como registran Clemente, en el sexto libro de su *Hypotyposes*, y Papías, obispo de Hierápolis. Pedro también menciona a este Marcos en su primera epístola, señalando a Roma bajo el nombre de Babilonia. "A la que está en Babilonia elegida junto contigo, te saluda y lo mismo Marcos, mi hijo."[2]

Desde luego, tenemos que discrepar con la idea de que la primera epístola de Pedro fue escrita en Roma. Las tradiciones de las iglesias orientales son unánimes en que fue escrita en Babilonia, que es exactamente lo que dice la epístola. La idea que de se quiera decir *Roma* en lugar de Babilonia es la única interpretación posible similar al lenguaje figurativo y simbólico que Juan usó en el Apocalipsis. Pero no había necesidad de utilizar Babilonia si era Roma lo que se había dado a entender en la primera epístola de Pedro.

Luego de la muerte de Pedro y de Pablo en Roma, hay una clara tradición de que Juan Marcos fue a Alejandría, una ciudad greco-rromana en Egipto con una gran población judía. Él trabajó allí durante un tiempo. Es posible que durante los años anteriores a unirse a Pablo y a Pedro en Roma, al final de sus vidas, pudiera haber visitado Alejandría y ayudado a organizar una iglesia allí. La cronología no es segura, pero no parecen inaceptables dos visitas a Alejandría.

> Luego de la muerte de Pedro y de Pablo en Roma, hay una clara tradición de que Juan Marcos fue a Alejandría.

Eusebio señala la tradición de que Aniano, un convertido por Marcos, lo sucediera como pastor de la iglesia de Alejandría "en el octavo año del reinado de Nerón." Puesto que Nerón sobrevivió a Pablo por menos de dos años, este hecho no concuerda con la idea de que Marcos estuvo en Roma en el lugar o cerca del momento de las muertes de Pedro y de Pablo. Sin embargo, por 2 Timoteo está claro que poco tiempo antes de la muerte de Pablo, Marcos estuvo en Turquía, no en Egipto.

En *A History of Eastern Christianity*, Aziz S. Atiya habla acerca de las tradiciones sumamente detalladas y firmes que hay en Egipto entre las iglesias coptas en cuanto a Marcos:

> San Marcos trajo consigo su Evangelio a Alejandría; y aunque la versión griega pudo haber cumplido su propósito en esa ciudad, se insinúa que se preparó otra versión en el idioma egipcio para bien de los conversos nativos quienes no hablaban en griego.
>
> El verdadero trabajo de Marcos se presenta en África. En primer lugar, cruzó el Mediterráneo hacia Cirenaica, la Pentápolis que había sido la residencia de sus padres en el pasado. Este país estaba colonizado por griegos y por muchos judíos que ofrecieron para su fervor religioso una cosecha madura y esperanzada.

Luego de hacer muchos milagros y de sembrar las semillas de su fe, se marchó a Alejandría por una ruta tortuosa, atravesando los oasis y Babilonia, o el Antiguo Cairo. Alejandría era el homólogo de Roma en Oriente, tanto en importancia como en ser una fortaleza del paganismo, y era imprescindible que el cristianismo ganara a las dos. La tarea era tan encomiable como peligrosa.

Aquí enfrentamos el importante problema de las fechas. *La historia de los patriarcas* menciona explícitamente que la revelación a Pedro y a Marcos de que debían avanzar sobre Roma y Alejandría vino en el año decimoquinto después del Ascenso de Cristo, es decir, en 48 d.C. Otras fuentes añaden su entrada en Alejandría en 55, 58 y 61 d.C. Cualquiera sea la fecha correcta de la aparición de Marcos en la ciudad, el consenso es que fue martirizado en 68 d.C. Entre esas dos fechas, él pudo cumplir su misión y ganar muchos conversos.

La historia dice que al entrar en la ciudad por la puerta oriental, se rompió la tira de su calzado. Entonces fue a un zapatero para que la arreglara. Cuando el zapatero tomó un punzón para trabajar, accidentalmente se perforó la mano y gritó: "Heis ho Teos" (Dios es uno). Marcos se regocijó ante su expresión y, luego de curar la mano del hombre con un milagro, reunió valor y dio la lección a los oídos hambrientos de su primer converso. Este resultó ser Aniano, el sucesor de Marcos como segundo patriarca de Alejandría. La chispa fue encendida, y el zapatero llevó al Apóstol a su casa. Él y su familia fueron bautizados, y muchos otros los siguieron. El movimiento fue tan exitoso que se corrió la voz de que un galileo estaba en la ciudad preparándose para derrocar a los ídolos. El sentimiento popular comenzó a sublevarse y los hombres lo buscaron por todas partes. Percibiendo el peligro, el Apóstol ordenó obispo a Anianus, junto con tres sacerdotes y siete diáconos para que cuidaran a la congregación en caso de que le ocurriera algo.

Luego parece haber emprendido dos viajes. Primero navegó

hasta Roma, donde se encontró con Pedro y con Pablo, y únicamente abandonó la capital después del martirio de ellos, en 64 d.C. Luego permaneció en Aquilea, cerca de Venecia, antes de su regreso a Alejandría. Al hallar su rebaño firme en la fe, decidió visitar la Pentápolis, donde pasó dos años haciendo milagros, ordenando obispos y sacerdotes, y convirtiendo a más personas. Cuando finalmente llegó a Alejandría, se llenó de gozo al ver que los hermanos se habían multiplicado tanto que pudieron edificar una iglesia considerable en el distrito suburbano de Baucalis, donde el ganado pastaba junto al mar.

Los rumores difundidos de que los cristianos amenazaban con derrocar a las deidades paganas enfurecieron al pueblo idólatra. El fin estaba acercándose, y el santo era buscado sin descanso por el enemigo. En el año 68 d.C., la Pascua fue el mismo día que el festival de Serapis. La multitud furiosa se había reunido en el Serapión y entonces cayeron sobre los cristianos mientras ellos estaban celebrando la Pascua en Baucalis. San Marcos fue atrapado, arrastrado por las calles con una soga alrededor del cuello y luego encarcelado por esa noche. A la mañana siguiente, el mismo calvario se repitió hasta que él entregó su espíritu. Su carne estaba rasgada y ensangrentada y pretendieron incinerar sus restos. Pero el viento sopló y la lluvia cayó en torrentes, y el pueblo se dispersó. Por lo tanto, los cristianos se llevaron furtivamente su cuerpo y lo enterraron en secreto en una sepultura que habían cavado en la roca debajo del altar de la iglesia.[3]

Eusebio y otros escritores de la iglesia primitiva no siempre tuvieron precisión en cuanto a las fechas. Pero la tradición del ministerio de San Marcos y su martirio en Alejandría tiene mucha justificación histórica, como demuestra Atiya:

En los siglos subsiguientes, el cuerpo de San Marcos no permaneció intacto. Durante los tiempos posteriores al cisma entre los coptos y los melquitas, quienes ejercían la autoridad, la iglesia donde estaba guardado el cuerpo permaneció en manos de estos últimos. En la época de la invasión árabe a Alejandría en el año 642, la iglesia fue saqueada y las vestiduras y la cabeza del apóstol fueron robadas. Cuando se estableció la paz en la ciudad, esa iglesia y el cuerpo siguieron estando en manos de los melquitas. Pero, de algún modo, la cabeza fue devuelta al gobernador árabe, quien la cedió al patriarca copto Benjamín, el único líder eclesiástico que quedó después de que se fueran los griegos. Según su propia historia, los comerciantes venecianos robaron el cuerpo sin cabeza de San Marcos en el año 828. Lo llevaron de contrabando [a Venecia] en un cubo de cerdo en escabeche para evadir la inspección musulmana. Por este artilugio, Venecia logró su otro título de República de San Marcos.[4]

> Marcos parece haber vivido una vida de gran utilidad, fue un viajero notable y conoció a muchos de los primeros gigantes cristianos de la fe.

E. M. Forster en *Alexandria: A History and a Guide [Alejandría: historia y guía]* explica que el contrabando del cuerpo de San Marcos por los venecianos fue un intento de salvarlo de la profanación sarracena y menciona que la Iglesia de Limours, cerca de París, posee uno de los brazos de San Marcos, mientras que Soissons tiene su cabeza.[5]

Mary Sharp confirma la historia de lo que ocurrió con las reliquias de San Marcos:

> Sus restos fueron enterrados en Alejandría, pero en 828 algunos mercaderes venecianos llevaron sus restos a Venecia, donde la iglesia de San Marcos fue construida para recibirlos. Debajo de la iglesia de Santa Pudenciana en Roma están las ruinas de una casa del primer siglo donde se dice que Marcos pudo haber escrito su Evangelio.[6]

Hay una nota final. El Papa Pablo VI devolvió partes del cuerpo de San Marcos, que habían estado en Venecia en la Catedral de San Marcos, a la iglesia copta de Alejandría. Como su gesto similar a la Iglesia Ortodoxa Griega en Patrás, cuando devolvió la cabeza de su patrono San Andrés a ese lugar, este también fue un acto de reconciliación entre dos ramas muy antiguas del cristianismo organizado.

Tal vez Marcos fue más joven que los apóstoles a los que sirvió. Parece haber vivido una vida de gran utilidad, fue un viajero notable y asimismo acompañó o conoció a muchos de los primeros gigantes cristianos de la fe. Entre ellos estuvieron Pedro, Pablo y Bernabé, sin contar a otros como Timoteo.

Se cree que el descubrimiento de los cimientos de la casa de María, la madre de Marcos, ha sido hecho recientemente en el subsuelo de la iglesia de San Marcos en Jerusalén. Una inscripción antigua descubierta y exhibida allí dice que la iglesia original fue construida en el sitio de la casa de Marcos y María, y que allí estuvo el "aposento alto," que fue el lugar de reunión de los primeros cristianos y también el lugar del bautismo del Espíritu Santo en Pentecostés. Si todo eso es cierto, ¡entonces la experiencia de Marcos es una de las más ricas de todos los personajes del Nuevo Testamento! Y, desde luego, su autoría del Evangelio de Marcos lo inmortaliza para todos los cristianos.

CAPÍTULO 17

BERNABÉ

Cuando [Bernabé] llegó [a Antioquía] y vio las pruebas de la bendición de Dios, se llenó de alegría y alentó a los creyentes a que permanecieran fieles al Señor. Bernabé era un hombre bueno, lleno del Espíritu Santo y firme en la fe. Hechos 11:22-24.

William Smith nos proporciona la siguiente descripción en *Dictionary of the Bible [El diccionario de la Biblia]*:

Su nombre significa *hijo de profecía* o de *exhortación* (o, pero no tan probable, de *consolación*, como A.V.), brindado por los Apóstoles (Hechos 4:36) a *José* (o Joses), un levita de la isla de Chipre, que solamente fue un discípulo de Cristo. En Hechos 9:27 lo vemos presentando al recién convertido Saulo a los Apóstoles en Jerusalén, de una forma que parece indicar una previa relación entre ellos dos. Al llegar a la iglesia de Jerusalén la noticia de que hombres de Chipre y Cirene habían estado predicándoles a los gentiles en Antioquía, Bernabé fue enviado allí (Hechos 11:19-26), y fue a Tarso a buscar a Saulo, como uno levantado especialmente para predicar a los gentiles (Hechos 26:17). Cuando llevó a Saulo a Antioquía, él fue enviado con él a Jerusalén, con ayuda para los hermanos en Judea (Hechos 11:30). En su regreso a Antioquía, fueron ordenados por la Iglesia (Hechos 13:2) para la tarea misionera, y enviados (45 d.C.). Desde esa vez, Bernabé y Pablo gozaron del título y la dignidad de Apóstoles.

Su primer viaje misionero se relata en Hechos 13. Fue reducido a Chipre y a Asia Menor. Un tiempo después de su regreso a Antioquía (en 47 ó 48 d.C.), fueron enviados (50 d.C.) con otros a Jerusalén para decidir con los Apóstoles y los ancianos sobre la difícil cuestión respecto de la necesidad de circuncidar a los gentiles convertidos (Hechos 15:1). En esa ocasión, Pablo y Bernabé fueron reconocidos como los Apóstoles a los Incircuncisos. Luego de otra estadía en Antioquía, a su regreso, hubo una discrepancia entre Pablo y Bernabé sobre la cuestión de llevar con ellos en su segundo viaje misionero a Juan Marcos, el hijo de la hermana de Bernabé (Hechos 15:36). "La controversia fue tan sostenida que se separaron" y Bernabé llevó a Marcos y navegó hacia Chipre, su isla natal. Desde aquí no lo mencionan las Escrituras.

En cuanto a sus otras obras y su muerte, las tradiciones difieren. Algunas dicen que fue a Milán y se convirtió en el primer obispo de la iglesia local. Existe una obra apócrifa, probablemente del siglo quinto, *Acta et Passio Barnabae in Cypro*, e, aún más reciente, un *Encomium* de Bernabé, de Alejandro, un chipriota. Tenemos una Epístola de veintiún capítulos llamada por el nombre de Bernabé. Su autenticidad fue defendida por varios grandes escritores; pero en la actualidad ha sido abandonada y se cree que la Epístola fue escrita a principios del segundo siglo.[1]

Los últimos años de vida de Bernabé

Un documento apócrifo que tal vez date del segundo siglo, llamado *Los reconocimientos de Clemente*, menciona que San Clemente (supuestamente, el mismo Clemente al que Pablo hace referencia en Filipenses 4:3), reivindica que su primera relación con el cristianismo fue a través de la prédica de Bernabé en Roma. Sin embargo, no hay otra confirmación sobre este hecho. Basada en esta tradición, la Iglesia de Chipre (Ortodoxa Griega) mantiene resueltamente que fue en la isla de Chipre donde Bernabé vivió y murió. Robin Parker registra en su excelente guía *Aphrodite's Realm [El reino de Afrodita]* la siguiente tradición histórica bastante bien documentada:

> La Iglesia de Chipre fue fundada por los Apóstoles Pablo y Bernabé en 45 d.C. El segundo fue muerto en su ciudad natal de Salamina durante su segunda misión a la isla, y fue enterrado secretamente fuera de la ciudad por su pariente y compañero, San Marcos. Sus reliquias, junto con una copia del Evangelio de San Mateo con la letra de Bernabé, fueron descubiertas por el Arzobispo de Chipre, Anthemios, durante el reinado del Emperador Zeno (474–491).
>
> Este descubrimiento ayudó a lograr la independencia de la Iglesia de Chipre de los ataques de la Iglesia de Antioquía, la que en ese momento estaba tratando de ponerla bajo su jurisdicción. En una reunión especialmente convenida en Constantinopla, la iglesia de Chipre fue declarada "autocéfala" (que se gobernaba a sí misma) a causa de su base apostólica y se le concedieron ciertos privilegios por parte del Emperador en persona, entre los cuales estaba el derecho de que el Arzobispo de Chipre firmara con tinta roja.[2]

Según la tradición católico-romana, las reliquias de Bernabé han sido esparcidas extensamente. Se dice que su cabeza está en la iglesia de San Sernín en Toulouse, Francia, como lo ha apuntado Mary Sharp en su guía de viajes. "Se dice que su cuerpo fue enterrado cerca de donde fue martirizado; pero en el siglo séptimo, durante la invasión sarracena, su cabeza fue llevada a Milán y luego a Toulouse."[3]

En la actualidad, la mayoría de los eruditos está de acuerdo en que Pablo no fue el autor de Hebreos. Las célebres autoridades Conybeare y Howson argumentan que, en efecto, Bernabé lo fue. Tomando en cuenta su origen judío, su extenso ministerio cristiano y la asociación con Pablo, esta es una teoría muy respetable. Si esto es verdad, quizás Bernabé haya ido a Roma durante un tiempo después de la muerte de Pablo en Roma, hasta que Timoteo fue liberado. Eso no descartaría que Bernabé haya vuelto a Chipre para morir.[4]

CAPÍTULO 18

LUCAS

Como doctor en medicina, Lucas sabía la importancia de ser minucioso. Utilizó sus habilidades de observación y análisis para investigar a fondo las historias sobre la vida de Jesús. ¿Cuál fue su diagnóstico? ¡El evangelio de Jesucristo es verdadero!
—*Life Application Study Bible*

Estamos en deuda con el difunto doctor A. T. Robertson por la siguiente biografía concisa de Lucas.

La leyenda de que Lucas fue uno de los Setenta enviados por Jesús (Epifanio, *Haer.*, ii. 51, 11) es pura conjetura, así como también lo es la historia de que Lucas fue uno de los griegos que acudieron a Felipe para que él les presentara a Jesús (Juan 12:20s), o el compañero de Cleofas en el camino a Emaús (Lucas 24:13). La clara insinuación de Lucas 1:2 es que el mismo Lucas no fue un testigo ocular del ministerio de Jesús.

En Colosenses 4:14 Lucas es distinguido por Pablo de aquellos "de la circuncisión" (Aristarco, Marcos, Jesús el Justo); Epafras, Lucas, Demas del grupo de los gentiles. Los primeros escritores cristianos creían que había venido directamente desde el paganismo al cristianismo. Puede haber sido o no un prosélito judío. Su primera aparición con Pablo en Troas (ver las secciones expresadas como "nosotros," Hechos 16:10-12) armoniza con esta idea. La clásica introducción al Evangelio [de

Lucas] (1:1-4) muestra que fue un hombre culto (compárese Apolo y Pablo). Era un hombre de escuela y su griego tenía el sabor literario al que sólo se aproximan en el Nuevo Testamento los escritos de Pablo y la Epístola a los Hebreos.

Su procedencia es muy incierta. El texto de D (Códice de Beza) y varias autoridades latinas tienen un pasaje de "nosotros" en Hechos 11:27. Si esta lectura, el presunto texto B de Blass, es el original, entonces Lucas estuvo en Antioquía y pudo haber estado presente en el gran acontecimiento registrado en Hechos 12:1s. Pero es posible que el texto Occidental sea una interpolación. De todos modos, no es probable que Lucas sea la misma persona que el Lucio de Hechos 13:1. Ramsay (*St. Paul the Traveller [San Pablo, el viajero]*, 389s) piensa que Eusebio (*HE*, III, iv, 6) no quiere decir que Lucas fuera natural de Antioquía, sino que solamente tenía conexiones familiares con personas de Antioquía. Jerónimo lo llama *Lucas medicus Antichuensis*. Ciertamente, él muestra un interés por Antioquía (compárese Hechos 11:19-27; 13:1; 14:26; 14:22.23.30.35; 18:22). Antioquía, desde luego, jugó un gran papel en las primeras tareas de Pablo. Otras historias tienen a Lucas como que vivió en Alejandría y en Acaya y narran que murió en Acaya o en Bitinia. Pero nosotros sabemos que él vivió en Filipos durante un período considerable.

Se encuentra por primera vez con Pablo en Troas antes de la visión del Hombre de Macedonia (Hechos 16:10-12), y la conversación con Pablo acerca de la tarea en Macedonia bien pudo haber sido el motivo humano de esa visión y ese llamado. Lucas se queda en Filipos cuando Pablo y Silas se van (Hechos 16:40, "Después se fueron"). Allí estaba cuando Pablo regresa de su tercer viaje con rumbo a Jerusalén (Hechos 20:3-5). También muestra él un orgullo natural en las reivindicaciones de Filipos por la primacía en la provincia, como contra Anfípolis y Tesalónica (Hechos 16:12, "una ciudad principal de ese distrito"). En general, entonces, podemos considerar que Filipos era el hogar de Lucas, aunque probablemente habría viajado mucho, y pudo haber estado con Pablo en Galacia antes de ir a Troas. Allí pudo haber servido a Pablo durante su enfermedad (Gálatas 4:14). Pasó sus últimos años principalmente con Pablo, lejos de Filipos (compárese Hechos 20:3–28:31, camino a Jerusalén en Cesarea, en el viaje a Roma y en Roma).

Pablo (Colosenses 4:14) lo llamó expresamente "el médico amado." Fue el consejero médico de Pablo, e indudablemente prolongó su vida y lo rescató de muchas enfermedades graves. Fue un médico misionero y probablemente continuó practicando la medicina general en conexión con su trabajo en Roma (compárese Zahn, *Intro.*, III, 1). Probablemente haya practicado la medicina en Malta (Hechos 28:9s). En sus libros muestra con naturalidad su afición por los términos médicos (compárese Hobart, *The Medical Language of St. Luke [El lenguaje médico de San Lucas];* Harnack, *NT Studies: Luke the Physician [Estudios del NT: Lucas el médico]*, 175–98).

> Lucas fue el consejero médico de Pablo, e indudablemente prolongó su vida y lo rescató de muchas enfermedades graves.

Es posible, y aun probable (véase el artículo de Souter en *DCG*), que en 2 Corintios 8:18 "al hermano" sea equivalente a "el hermano" de Tito recién mencionado, es decir, "su hermano." Si fue así, deberíamos saber que Pablo tomó contacto con Lucas en Filipos en camino a Corinto durante su segundo viaje (compárese también 2 Corintios 12:18). Así se explicaría por qué no se encuentra el nombre de Tito en Hechos, ya que él es el hermano de Lucas, el autor del libro.

Si la lectura de D en Hechos 11:27s es correcta, Lucas conoció a Pablo en Antioquía antes del primer viaje misionero. De otra manera, puede no haber ocurrido sino hasta el segundo viaje, en Troas. Pero él es más o menos el compañero constante de Pablo, desde Filipos en la vuelta hacia Jerusalén en el tercer viaje, hasta los dos años en Roma en el final de Hechos. Aparentemente no estaba con Pablo cuando escribió Filipenses (2:20), aunque, como hemos visto, estuvo con Pablo en Roma cuando escribió Colosenses y Filemón. Por un tiempo, fue el único compañero de Pablo durante su segundo encarcelamiento en Roma (2 Timoteo 4:11). Su dedicación a Pablo en este período de peligro es hermosa.

Una leyenda respecto a Lucas es que él era pintor. Plummer (*Comm. on Luke [Com. sobre Lucas]*, xxif) opina que la leyenda es más vieja de lo que a veces se supone, y que tiene un fuerte componente de veracidad. Es cierto que ha pintado vívidas escenas con sus palabras. Los primeros artistas fueron especialmente aficionados a pintar escenas del *Evangelio de Lucas*. La figura alegórica del buey o becerro en Ezequiel 1 y en Apocalipsis 4 ha sido aplicada al Evangelio de Lucas.

Literatura. —Diccionarios bíblicos, comentarios, vidas de Pablo, intros. Véase también Harnack, *"Lukas, der Artz, der Verfasser"* (1906); *NT Studies: Luke the Physician* (1907); Ramsay, *Luke the Physician* (1908); Selwyn, *St. Luke the Prophet [San Lucas el profeta]* (1901); Hobart, *The Medical Language of St. Luke* (1882); Ramsay, *Was Christ Born in Bethlehem? A Study in the Credibility of St. Luke [¿Nació Cristo en Belén? Un estudio de la credibilidad de San Lucas]* (1898); Maclachlan, *St. John, Evangelist and Historian [San Juan, evangelista e historiador]* (1912).[1]

El Rev. J. A. Fitzmyer, erudito católico, aclara el estilo de los escritos de San Lucas:

> Una tradición que puede ser rastreada hasta Ireneo (c. 185) considera a Lucas como el autor del tercer Evangelio. Esta atribución probablemente también fue conocida por Justino a mediados del siglo segundo. El canon muratoriano le atribuye a Lucas el tercer Evangelio y el libro de Hechos. La auto-

ría lucana de ambos libros es aceptada en general (aunque no universalmente) por los eruditos modernos.

Lucas pertenecía a los círculos helenistas cultos, donde aprendió a escribir con facilidad y correctamente el griego idiomático. Sus escritos revelan un conocimiento de los métodos históricos de la época y los "semitismos" que brillan a lo largo de su estilo griego son a veces sorprendentes. Era un escritor perceptivo y sensible, con talento para contar una historia y representar una escena, y su Evangelio ha sido descrito como "el libro más hermoso" que se haya escrito jamás. Sus dos libros constituyen la historia más temprana de la iglesia cristiana.

> Era un escritor perceptivo y sensible, con talento para contar una historia. Sus dos libros constituyen la historia más temprana de la iglesia cristiana.

El prólogo anti marcionita documenta que Lucas escribió su Evangelio en Grecia, que no se casó y que murió en Beocia (¿o Bitinia?) a los 84 años. Pero los detalles más recientes sobre su vida posterior provienen de las tradiciones o leyendas más tardías.[2]

Muerte y entierro de Lucas

Mary Sharp resume la tradición católica: "Los relatos difieren en cuanto al modo de su muerte; algunos dicen que él murió pacíficamente en Beocia, y otros, que fue crucificado con San Andrés en Patrás o en Elaia en el Peloponeso. En los años 356–357 Constancio II hizo que llevaran sus reliquias desde Tebas en Beocia a Constantinopla y las colocaran en la Iglesia de los Apóstoles, la cual fue construida poco tiempo después. Se dice que más tarde su cabeza fue llevada a Roma, donde está enterrada en la Basílica de San Pedro."[3]

En 1685 Dorman Newman en su *Lives and Deaths of the Holy Apostles* dijo con seguridad que "Lucas está enterrado en Constantinopla en esa iglesia grande y famosa dedicada a la memoria de los Apóstoles." Jerónimo confirma esto, escribiendo que Lucas "fue enterrado en Constantinopla a cual ciudad fueron trasladados sus huesos junto con los restos de Andrés el Apóstol, en el año vigésimo de Constantino."[4]

He visitado Tebas, en Grecia central, donde, dentro de la iglesia de un cementerio, todavía se puede ver la tumba original de Lucas. Es el típico sarcófago romano tallado en mármol blanco pentélico de las canteras de mármol que no quedan lejos de allí, las cuales todavía se utilizan. En la iglesia donde se encuentra este sarcófago hay muchos símbolos, inscripciones y recordatorios que confirman que en realidad fue en este antiguo cementerio griego donde Lucas fue enterrado por primera vez. Sin embargo, los encargados de la iglesia parecen no saber acerca del hecho de que el cuerpo fue trasladado a Constantinopla en el siglo cuarto.

En Roma, la cabeza de Lucas está enterrada en un altar importante frente al altar mayor que está puesto sobre la tumba de Pedro. Se le presta poca atención, ya que su eminencia es ensombrecida por los restos mucho más publicitados de Pedro y de otros apóstoles que descansan cerca.

LUCAS ESCRIBE

Muchas personas han intentado escribir un relato de los hechos que se han cumplido entre nosotros. Se valieron de los informes que circulan entre nosotros dados por testigos oculares, los primeros discípulos. Después de investigar todo con esmero desde el principio, yo también decidí escribir un relato cuidadoso para ti . . . para que puedas estar seguro de la veracidad de todo lo que te han enseñado. Lucas 1:1-4

CAPÍTULO 19

LÁZARO

Entonces Jesús gritó: "¡Lázaro, sal de ahí!" Y el muerto salió de la tumba con las manos y los pies envueltos con vendas de entierro y la cabeza enrollada en un lienzo. Jesús les dijo: "¡Quítenle las vendas y déjenlo ir!" Juan 11:43-44

En la *International Standard Bible Encyclopaedia*, G. H. Trever escribió una biografía detallada sobre Lázaro a partir del tiempo que transcurrió después de que fue levantado de la muerte.

Lázaro, laz'a-ro (Lázaros, una forma abreviada del nombre hebreo Eleazar, con una terminación griega): Significa "Dios ha ayudado." En la *Septuaginta* y en Josefo, se encuentran la forma *Eleazár* y *Eleázaros*. Era un nombre común entre los judíos y, en el Nuevo Testamento dos hombres, que no tienen nada que ver uno con el otro, se llaman así.

El hogar de Lázaro mencionado en Juan 11:1 era Betania. Era el hermano de Marta y de María (Juan 11:1, 2; véase también Lucas 10:38-41). Los tres fueron especialmente amados por Jesús (Juan 11:5), y Jesús fue recibido en su casa más de una vez, probablemente a menudo (Lucas 10:38-41; Juan 11).

Es probable que por la cantidad de amigos que vinieron de la ciudad para condoler y quizás por el ungüento costoso que usó María, fuera una familia acomodada. Estando Jesús ausente, Lázaro cayó enfermo, murió y fue enterrado, pero, después de estar muerto en la tumba durante cuatro días, fue resucitado por el Salvador (Juan 11:3, 14, 17, 43-44). Como consecuencia de ello, muchos judíos creyeron en Jesús, pero otros fueron y se lo contaron a los fariseos, quienes a continuación llamaron al consejo para acelerar el decreto de la muerte del Maestro (Juan 11:45-53).

Luego, seis días antes de la Pascua, en un festín en alguna casa de Betania donde Marta estaba sirviendo, Lázaro estaba sentado a la mesa como uno de los invitados, cuando su hermana María ungió los pies de Jesús (Juan 12:1-3). Gran parte de la gente común había ido hacia allí, no sólo para ver a Jesús, sino también al resucitado Lázaro, creyeron en Jesús y se entusiasmaron con ser testigos de él durante su entrada triunfal, y atrajeron a más personas hacia la ciudad para conocerlo (Juan 12:9, 11, 17-18).[1]

La vida posterior de Lázaro

En la isla de Chipre existe una tradición muy firme y antigua de que Lázaro huyó de Jerusalén alrededor del año 60 d.C. Parecería una fecha innecesariamente tardía, aunque tenemos poco más que las tradiciones para avanzar en la determinación de la misma.

Un panfleto publicado por la Iglesia de San Lázaro en Larnaca, Chipre, registra la tradición local:

No sabemos los nombres de sus padres porque las *Sagradas Escrituras* no mencionan nada sobre este punto. Lo único que sabemos de ellos es que Lázaro tuvo dos hermanas, Marta y María. Nuestro Señor visitó muchas veces su hogar en Betania y se sabe que entre ellos había una verdadera amistad. Los sentimientos de Cristo por Lázaro se describen en el Evangelio de Juan, donde nos enteramos de que, cuando nuestro Señor supo de la enfermedad y de la muerte de su amigo, se apuró por llegar a Betania y resucitó a Lázaro de la muerte, alegrando con esta acción a las afligidas hermanas, que habían recibido un golpe terrible al morir su hermano.

Por causa de este incidente, los judíos buscaron a Lázaro para matarlo, porque muchas personas creyeron en Cristo. Para evitar su venganza, Lázaro fue obligado a visitar Chipre y Larnaca, alrededor de 60 ó 63 d.C., según una vieja tradición en la que se puede confiar.

En Larnaca, Lázaro se convirtió en el líder espiritual de la ciudad, donde fue obispo durante treinta años. Según la misma tradición, Lázaro murió en Larnaca, donde su tumba se conserva hasta la actualidad.

Cuando Leo el Sabio fue emperador de Bizancio, el cuerpo sin vida de San Lázaro fue hallado y llevado a Constantinopla (890 d.C.).[2]

> Los judíos buscaron a Lázaro para matarlo, porque muchas personas creyeron en Cristo [quien levantó a Lázaro de entre los muertos].

La guía de Chipre de Robin Parker, que es completa y está bien escrita, afirma que "Según la tradición, San Lázaro, luego de ser levantado de la muerte por Cristo, vino a Chipre, donde se convirtió en el primer obispo de la Sede de Larnaca. La tumba vacía, donde se descubrieron las reliquias del santo, ha sido conservada y puede verse en el piso del *bema*."[3]

Cuando visité la tumba de Lázaro en Chipre, el sacerdote griego que había allí explicó que alguna vez en el pasado, el cuerpo de Lázaro había sido llevado a Marsella, en Francia. No parecía conocer los detalles ni la fecha. Es probable, como dijo Patsides, que realmente los huesos de Lázaro fueran sacados de Constantinopla en el siglo noveno y llevados a Marsella. Las reliquias han desaparecido de Marsella, pero existe cierta documentación de que alguna vez estuvieron ahí.

Efectivamente, tan firme es la tradición, que abre una pregunta: ¿Pudo haber viajado Lázaro desde Chipre a Marsella y haber servido allí? Esto no quiere decir que no pueda haber finalmente vuelto a

Chipre y muerto allí, pero hay algo más que un pequeño indicio de que Lázaro pasó algún tiempo predicando en Marsella. Conociendo los típicos movimientos de quienes vivían en los tiempos apostólicos, uno apenas puede esgrimir una objeción seria al hecho de que Lázaro ministrara en Chipre, como lo hicieron Pablo y Bernabé, y de que luego haya ido a Marsella. Pero tampoco es imposible que pueda haber vuelto a Chipre para retirarse y morir allí.

Más tarde, lo más seguro es que sus huesos hayan sido llevados a Constantinopla y luego hayan regresado, no a Chipre, sino a Marsella, ciudad con la cual él tuvo una temprana asociación. J. W. Taylor, un escritor fascinante, describe la historia de Lázaro en Marsella de la siguiente manera:

> Si aterrizas en Marsella y vas por el Quai de la Jolliette hasta el final de la Rue de la Cannabiere, y luego tomas cualquiera de las calles hacia la derecha, descubrirás que estás rodeando el viejo muelle de Marsella, y que cuando vuelves a doblar a la derecha y sigues la Rue Sainte a escasa altura sobre el mar, directamente frente a ti, en un lugar sobresaliente, está la vieja iglesia de San Víctor.
>
> Se parece más a un calabozo o a una fortaleza antiguos que a una iglesia, pero la iglesia a la que entras sólo es de una importancia secundaria. Allí debajo hay oculto algo mucho más interesante. Una puerta en el ala sur de la nave lleva hacia abajo, a una iglesia subterránea, grande y magnífica, que data del siglo cuarto. Fue construida por los monjes casianitas, y gracias a su posición ha permanecido intacta y no pudo ser destruida a lo largo de todos los siglos que pasaron.
>
> Esta vasta iglesia del siglo cuarto fue visiblemente construida alrededor de una cueva o gruta natural aún más vieja, conocida como la iglesia original del siglo primero o refugio de San Lázaro.
>
> Cerca de la entrada a este lugar, hay una escultura de hojas de parra que data del siglo cuarto, y agrupados cerca de ella

están las viejas capillas dedicadas a San Casiano, San Víctor y a otros santos. Sin embargo, los cuerpos de los santos han sido retirados. Dos sarcófagos de piedra, que se dice que datan del siglo segundo, eran demasiado sólidos para ser saqueados, y todavía perduran.

La gran altura de esta abadía subterránea, su oscuridad, su tranquilidad, los escasos pilares dispersos pero perfectamente redondos que sostienen el techo, y la 'capilla del siglo primero' que está consagrada por ella, todo combinado resulta en un cuadro de la vida cristiana primitiva y la arquitectura; es impresionante e irresistible.

No conozco explicación que haya sido, o pueda ser, ofrecida, más de la que brinda la tradición: que este fue el lugar donde Lázaro de Betania vivió, predicó, ministró y murió, y que por lo tanto, en el término de doscientos o trescientos años después, esta iglesia fue construida en honor a su memoria y para consagrar su cuerpo que por aquel entonces estaba aquí.

Y a partir de entonces, y través de todos los tiempos, esta fe ha sido firmemente sostenida y hoy en día es tan fuerte como siempre. Si regresamos desde la cripta o desde la iglesia subterránea a la iglesia (superior) de San Víctor, en el extremo oeste de la nave, bajo el estrado del órgano, encontramos una estatua tamaño real de San Lázaro que sostiene en su mano izquierda el báculo, su rostro vuelto hacia el cielo, y debajo de la estatua, dos piezas de piedra sacadas del viejo sepulcro en Betania de donde lo levantó nuestro Salvador.[4]

Esto parece haber sido tomado de una biografía escrita por los monjes de la Abadía de Betania, una iglesia y un monasterio que fueron erigidos en Betania antes de los estragos de los sarracenos, para proteger la tumba de donde se dice que nuestro Señor resucitó a Lázaro.

Según Faillon (*Monuments In-edits*, vol. ii, p. 114, etc.), los extractos dicen:

La tradición asegura que, después de la ascensión de Jesucristo, San Lázaro permaneció un tiempo en compañía de los Apóstoles, con quienes se encargó de la iglesia de Jerusalén. Después de esto, fue a la isla de Chipre para escapar de la persecución que se desató por Esteban. [Esto indicaría una fecha anterior a 60 d.C. en cuanto a la llegada de Lázaro a Chipre —ed.].

Habiendo mantenido allí el oficio de sacerdote misionero durante varios años, se subió a un barco y, atravesando el mar, por la gracia de Dios llegó a Marsella, la ciudad más célebre de Provence. Aquí, ejercitando las funciones de su sacerdocio, sirvió a Dios, a quien había consagrado completamente su vida, en rectitud y verdadera santidad. Predicó la obra de Vida a los que todavía no la habían recibido y logró convertir a muchos a Jesucristo . . . Nosotros, quienes ocupamos su antigua casa en Betania, es decir, su primera tumba, y practicamos nuestros deberes religiosos en el sitio de su primer internación, humildemente oramos a Jesucristo, por mérito de San Lázaro, nuestro patrono y amigo especial de Jesús, que él se digne a guiarnos mediante su bondad, para que podamos regocijarnos en su ayuda en la vida presente y permanezcamos unidos a él en las alegrías de la vida eterna en el más allá.[5]

JUAN ESCRIBE

Jesús le dijo [a Marta]:
—Tu hermano resucitará.
—Es cierto —respondió Marta—, resucitará cuando resuciten todos, en el día final.
Jesús le dijo: —Yo soy la resurrección y la vida. El que cree en mí vivirá aun después de haber muerto. Todo el que vive en mí y cree en mí jamás morirá. Juan 11:23-26

No cabe duda de que esta tradición, dada en el contexto de la vida de Rabano, fue aceptada por la Iglesia latina durante más de mil años. Como prueba de ello basta con ir al Breviario del Día de Santa Marta, el 29 de julio. Allí encontramos una lección para el segundo nocturnal que relata la manera en que María, Marta y Lázaro, con su sirvienta Marcela, y Maximino, uno de los setenta y dos discípulos, fueron apresados por los judíos, colocados en un barco sin velas y sin remos, y llegaron a salvo al puerto de Marsella. Conmovidos por ese notable hecho, la gente de las tierras vecinas se convirtió rápidamente al cristianismo; Lázaro llegó a ser obispo de Marsella, Maximino de Aix, María vivió y murió como anacoreta en una montaña elevada de esa región, en tanto que Marta fundó un convento para mujeres y murió el cuarto día previo a las calendas de agosto, y fue enterrada con gran honra en Tarascon. [La fecha de esta tradición no es del primer o segundo siglo ya que la referencia a un anciano como "sacerdote," o a María como "anacoreta" es, cuanto más, propia del tercer siglo. —ed.]

El oratorio y la catedral de Arles (1152), que conmemora a San Trófimo, la iglesia de Santa Marta en Tarascon (1187–1192), y la cripta de la antigua Abadía de San Víctor en Marsella, que data del siglo IV y constituye un monumento perdurable a San Lázaro, todos dan testimonio de la fe y la devoción de quienes los construyeron.[6]

Roger de Hovedon, en su tercer volumen dedicado a los sucesos que ocurrieron entre 1170 y 1192, ofrece una buena descripción de Marsella, y escribe: "Marsella es una ciudad episcopal bajo el dominio del rey de Aragón. Aquí se encuentran las reliquias de San Lázaro, hermano de Santa María Magdalena y de Marta, quien ejerció el obispado aquí durante siete años después que Jesús lo levantó de entre los muertos."[7]

Hay otra mención en la literatura antigua de la Iglesia. En el año 1040, en la bula de Benedicto IX (referida a la institución de la Abadía de San Víctor, en Marsella, después de la expulsión de los sarracenos), encontramos la historia de la fundación de la Abadía de San Víctor, en Marsella, en tiempos del emperador Antonino, de su construcción dirigida por San Casiano, y de la preservación de los sufrimientos y reliquias de San Víctor, de sus compañeros, Hermes y Adrián, y de "San Lázaro, quien fue levantado de entre los muertos por Jesucristo."[8]

George F. Jowett escribe en *The Drama of the Lost Disciples:*

> Los antiguos archivos de la iglesia y los de Lyon confirman los mismos datos:
>
> Lázaro regresó a la Galia desde Britania, a Marsella, trayendo consigo a María Magdalena y a Marta. Fue el primer obispo designado allí. Murió en ese lugar siete años más tarde.
>
> Fue el primer Obispo de Marsella y construyó la primera iglesia en el mismo lugar donde hoy se levanta la catedral. En los pocos años que vivió y enseñó en Marsella, fundó otras iglesias. El celo de su prédica y su actitud amable dejó una profunda impresión en la Galia, al punto de que es mejor recordado en Francia que es Felipe, a pesar de que este último permaneció mucho más tiempo en la Galia. En muchos lugares se lo considera hoy como el Apóstol a los Galos, y sus reliquias son atesoradas hasta la fecha. En Marsella, Lyon, Aix, San Maximino, La Sainte Baume y en otros lugares todavía se mantienen numerosos monumentos, liturgias, reliquias y tradiciones a su memoria inmortal. Fue el primero en morir del grupo original de Betania vinculado con José. Como registran los relatos, murió de muerte natural a los siete años de haber regresado a Marsella . . . lo cual ubicaría la fecha de su muerte en 44–45 d.C.[9]

Las fechas sugeridas arriba no son compatibles con otras tradiciones, que tienen más aceptación entre los estudiosos de la tradición.

La información ofrecida por Taylor y por Jowett no se acepta ampliamente entre los historiadores de la iglesia, pero dado que contiene documentación valiosa que no puede encontrarse fácilmente en otro lugar, se los ha citado por su posible utilidad.

Más allá de lo que pudiera ser cierto, lo que sí puede decirse acerca de Lázaro es que estuvo firmemente vinculado tanto con Chipre como con Marsella, Francia.

CAPÍTULO 20

PABLO

Les escribo, yo, el apóstol Pablo. No fui nombrado apóstol por ningún grupo de personas ni por ninguna autoridad humana, sino por Jesucristo mismo y por Dios Padre, quien levantó a Jesús de los muertos. Gálatas 1:1

Este célebre apóstol, aunque no fue parte de los Doce, no podría ser descrito como un sub-apóstol, sino de una clase especial. La conversión de Pablo no tuvo lugar sino hasta mucho después de la elección de Matías para reemplazar a Judas Iscariote. Además, Pablo tuvo que soportar años de oscuridad en Tarso, después de su conversión, antes de llegar a ser misionero. Casi todas las bibliotecas teológicas tienen biografías detalladas y completas sobre Pablo. Por tanto, solamente presentaremos aquellas tradiciones sobre Pablo que no son comúnmente conocidas o que no son adecuadamente abordadas en las biografías normales.

Pablo en Petra

Acerca del hecho de que Pablo fuera a Arabia después de escapar de Damasco, se da fe en Gálatas 1:17. Hay una posibilidad muy real de que la Arabia mencionada sea el área al sur de Amán, Jordania, cuya ciudad principal era Petra. Esta era la ciudad capital del rey Aretas, quien es mencionado de una manera muy significativa por Pablo en 2 Corintios 11:32. Es difícil imaginar que Pablo pasara tiempo en Arabia Petrea (como se la conocía), sin quedarse en la gloriosa ciudad de Petra misma. Era la única ciudad digna de ese nombre en aquella época, en una zona desértica e inhóspita. Aquí, dijo él, recibió de Jesucristo aquellas revelaciones especiales del evangelio de la gracia que otorgaron tal libertad y poder a las iglesias que organizó.

Pablo en España

En su carta a los Romanos, Pablo señaló la intención de visitar Roma "de camino a España" (Romanos 15:28), pero su primer encarcelamiento se lo impidió. Si fue liberado después de su primer juicio, también pudo haber ido allí y aún más lejos. ¿Por qué querría ir a España? Porque era la porción más occidental de Europa y allí había colonias de judíos. Algunos eran esclavos encarcelados como prisioneros políticos por Herodes Antipas. La *Epístola de Clemente* y el *Fragmento muratoriano* implican esta posibilidad y afirman que Pablo visitó España. Eusebio menciona, como también observa Sir William Ramsey, una brecha en la vida de Pablo entre 61 y 65 d.C. Durante este período él pudo haber ido a España y a algunos otros lugares también.

La conversión de Pablo no tuvo lugar sino hasta mucho después de la elección de Matías para reemplazar a Judas Iscariote. Pablo tuvo que soportar años de oscuridad antes de llegar a ser misionero.

"Los *Hechos*, sin embargo, de todos los Apóstoles están escritos en un libro, *Lucas*, al excelentísimo Teófilo, incluye eventos porque sucedieron en su presencia, así como él muestra claramente al no incluir la pasión de Pedro, y tampoco la partida de Pablo de la Ciudad rumbo a España."[1]

The Life and Epistles of the Apostle Paul [La vida y las epístolas del apóstol Pablo], una biografía reconocida, escrita por W. J. Conybeare y J. S. Howson, la cual es tan ampliamente aceptada como cualquier otra biografía sobre Pablo, afirma enfáticamente que Pablo en efecto fue a España, y pasó allí por lo menos dos años.[2]

Pablo en Roma

El primer encarcelamiento de Pablo, en realidad, no consistió en estar dentro de una prisión. El capítulo 28 de Hechos dice más bien que Pablo vivió dos años en su propia casa, sirviendo a todos los que iban a visitarlo, que deben haber sido muchos. Después de su liberación, de sus viajes y su segundo arresto, fue encerrado en la prisión Mamertina, construida para los presos políticos cien años antes del encarcelamiento de Pablo. Es un edificio lúgubre que todavía existe en Roma.

"San Pablo fue enviado a Roma durante el segundo año de Nerón [es decir, en 56 d.C.], con tal fecha concuerdan Beda, Ivo, Freculfo Platina, Scaligero, Capelto, Cave, Stillingfleet, Alford, Godwin *De Proesulibus*, Rapin, Bingham, Stanhope, Warner, Trapp. Creemos que esta es la verdadera fecha."[3]

W. J. Conybeare y J. S. Howson coinciden:

> La evidencia en este tema, aunque (como hemos dicho) no es copiosa, es concluyente tanto como surge, y va toda *en una misma dirección*.
>
> La porción más importante de ella es suministrada por Clemente, el discípulo de Pablo mencionado en Filipenses 4:3, quien luego fue obispo de Roma. Este autor, al escribir desde Roma a Corinto, afirma expresamente que Pablo había predicado el evangelio "en Oriente y en Occidente," que "había enseñado en *el mundo entero* [es decir, el *Imperio Romano*, al cual comúnmente se denominaba de esa manera] en rectitud," y que "había ido al extremo de Occidente" antes de su martirio.
>
> Ahora, para un autor romano, el extremo de Occidente no puede significar menos que España, y la expresión a menudo es utilizada por los escritores romanos para señalar a España. Aquí, entonces, tenemos el expreso testimonio del propio discípulo de Pablo de que este logró alcanzar su intención original (mencionada en Romanos 15:24-28) de visitar la península española y, por consiguiente, que fue liberado de su primer encarcelamiento en Roma.

La siguiente prueba que poseemos sobre el tema está contenida en el canon del Nuevo Testamento, compilado alrededor del año 170 d.C. por un cristiano desconocido, al que se denomina el *Canon de Muratori*. En este documento se dice que en el relato de los Hechos de los apóstoles "Lucas le cuenta a Teófilo hechos de los cuales él fue testigo ocular, así como, en un lugar separado (semote) [viz. Lucas 22:31-33], con claridad describe el martirio de Pedro, pero (omite) el viaje de Pablo de Roma a España."

A continuación, Eusebio nos dice: "Después de defenderse a sí mismo con éxito, actualmente se informa que el Apóstol volvió a salir para proclamar el evangelio, y después de eso vino a Roma por segunda vez, y fue martirizado bajo el reinado de Nerón."

Luego tenemos la exposición de Crisóstomo, quien menciona como un hecho histórico indudable que "Pablo, después de su residencia en Roma, partió hacia España."

En la misma época, Jerónimo aporta el mismo testimonio, diciendo que "Pablo fue liberado por Nerón, para que pudiera predicar el evangelio de Cristo en Occidente."

No hay evidencia externa que se oponga a este testimonio unánime de la iglesia primitiva. Quienes dudan de la liberación de Pablo de su encarcelamiento están obligados a recurrir a una hipótesis gratuita o a argumentos inconclusos de probabilidad.[4]

En cuanto a Pablo y a Nerón, Jerónimo nos dice:

Se debe decir que en la primera defensa, al no haber sido confirmado aún el poder de Nerón ni su maldad expuesta al grado de lo que las historias dicen acerca de él, Pablo fue liberado por Nerón para que el evangelio de Cristo pudiera ser predicado también en Occidente. Como él mismo escribe en la segunda epístola a Timoteo, en la época que estaba a punto de ser ejecutado, dictando su epístola como lo hizo mientras estaba encadenado: "En mi primera defensa, nadie participó en ella, sino que todos me abandonaron: que no les sea tenido en cuenta. Pero el Señor estuvo conmigo y me dio fuerzas; para que, a través de mí, el mensaje pudiera ser completamente proclamado y para que todos los gentiles escucharan, y yo fue librado de la boca del león," indicando claramente que Nerón era un león a causa de su crueldad. . . . [Pablo] entonces, en el decimocuarto año de Nerón, el mismo día que Pedro, fue decapitado en Roma por la causa de Cristo y fue enterrado en la Vía Ostia, en el año vigésimo séptimo posterior a la pasión de nuestro Señor.[5]

Algunos detalles relativos al lugar de residencia de Pablo en Roma durante su primera visita están incluidos en *St. Paul in Britain [San Pablo en Britania]* de R. W. Morgan:

Baronio tiene la siguiente nota sobre el Titulus: "Por medio de la firme tradición de nuestros antepasados, se nos hace saber que la casa de Pudente fue la primera en recibir a San Pedro en Roma, y que los cristianos ahí reunidos formaron la iglesia, y que de todas nuestras iglesias, la más antigua es aquella que recibe el nombre de Pudente."

Todos los historiadores coinciden que el palacio de Claudia fuera el hogar de los Apóstoles en Roma; hasta el jesuita Robert Parsons lo reconoce: "Claudia fue la primera anfitriona o recibidora tanto de San Pedro como de San Pablo cuando vinieron a Roma." Véase *Three Conversions of England [Tres conversiones de Inglaterra]* de Parsons, vol. I., pág. 16.[6]

George F. Jowett amplía nuestro conocimiento de las tradiciones históricas de Pablo en Roma cuando apunta:

Podemos incluso recorrer las páginas de las *Martirologías de Roma, Las menologías griegas* y *Las martirologías de Ado, Usuard y Esquilinus*, y en ellas leer sus gloriosas historias, observando el día del natalicio de cada una, ahí descritas. Son las siguientes:

17 de mayo. Día del nacimiento del bendito Pudente, padre de Práxedes y Pudentiana. Fue revestido con el bautismo de los

apóstoles y cuidó y mantuvo su túnica pura y sin arruga para coronar una vida intachable.

17 de mayo. Día del nacimiento de Santa Pudentiana, la virgen, de la más ilustre ascendencia, hija de Pudente y Discípula del Santo Apóstol San Pablo.

20 de junio. Día del nacimiento de San Novato, hijo del Bendito Pudente, hermano de San Timoteo el Mayor y de las Vírgenes de Cristo, Pudentiana y Praxedes. Todos ellos fueron instruidos en la fe por los Apóstoles.[7]

El documento más auténtico de los que todavía pueden verse y leerse está en el muro del antiguo ex Palacio de los Británicos, la iglesia santificada de Santa Pudentiana. El monumento conmemorativo fue tallado en sus muros después de la ejecución de Práxedes en el siglo segundo, el último miembro sobreviviente del grupo cristiano original, y la hija menor de Claudia y Pudente.

Inscripto en estas pocas palabras, se relata la noble y trágica historia: "En esta iglesia sagrada y de las más antiguas, conocida como la del Pastor (Hermas), consagrada por el Santo Pío Papa (San Pablo), antiguamente la casa de San Pudente, el Senador, y hogar de los santos Apóstoles, descansan los restos de tres mil mártires benditos que Pudentiana y Práxedes, vírgenes de Cristo, enterraron con sus propias manos."[8]

Las Martirologías nos informan que Pudente, luego de recuperar el cuerpo de Pablo, lo enterró en su finca en la Vía Ostia. Por los documentos históricos del Emperador Constantino, el primer Emperador cristiano de Roma, tenemos conocimiento de que él, sabiendo donde yacía el cuerpo mutilado de Pablo, hizo que fuera excavado. Lo colocó en un ataúd de piedra, y sobre el lugar levantó una iglesia, todavía conocida como San Pablo extramuros, queriendo decir que la iglesia y su cuerpo están fuera de las murallas de Roma. La iglesia original pereció y en el lugar fue construida una más grande. Un incendio la destruyó en 1823. En la iglesia actual construida después del incendio, que todavía lleva su antiguo nombre, un sacerdote benedictino está siempre de guardia delante de una reja en el piso del Altar Mayor. A veces, en beneficio de visitas especiales, el sacerdote saca la reja, y bajando una luz hacia el interior de una celda, deja a la vista una primitiva loza de piedra en el piso que lleva el nombre de "Pauli."[9]

LUCAS ESCRIBE

[Pablo dijo:] "Cuando iba de camino, ya cerca de Damasco . . . , de repente una intensa luz del cielo brilló alrededor de mí. Caí al suelo y oí una voz que me decía: 'Saulo, Saulo, ¿por qué me persigues?' . . . Y el Señor me dijo: 'Levántate y entra en Damasco, allí se te dirá todo lo que debes hacer.' [En Damasco un hombre llamado Ananías] me dijo: . . . 'Tú serás [el] testigo [de Dios]; les contarás a todos lo que has visto y oído.'"
Hechos 22:6-7, 10, 14, 15

Ninguna otra tradición sugiere otro lugar para el martirio de Pablo que en Roma. El libro de Hechos ciertamente deja a Pablo en Roma. Un intervalo entre su primer y los últimos encarcelamientos está claramente indicado y avalado por los primeros padres de la Iglesia.

Igualmente claro es que Constantino erigió una iglesia sobre el lugar donde él volvió a sepultar a San Pablo, y las reliquias del cuerpo del apóstol parecen ciertamente haber sido colocadas en la cripta debajo del altar de San Pablo Extramuros en la Vía Ostia, no muy lejos del lugar de su martirio en Tre Fontana.

Según la tradición, San Pablo, quien padeció el martirio en un lugar conocido como las *Aquae Salviae* (actualmente la Abadía de las Tres Fuentes), fue sepultado en el *praedio Lucinae*, es decir, en un pequeño cementerio junto a la Vía Ostia, a unos mil pasos de la puerta del mismo nombre. Probablemente sobre su tumba haya sido erigida una "cella memoriae." Constantino transformó estas "cellae memoriae" de los Apóstoles Pedro y

Pablo en basílicas; el Liber Pontificalis, de hecho, documenta que el emperador "fecit basilicam Sancto Paulo Apostolo cuius corpus recondidit et conclusit in arca sicut Sancti Petri."

Se dice que el Papa Silvestre I consagró la iglesia el mismo día que fue consagrada la basílica de San Pedro, el 18 de noviembre de 324. En los *Hechos de San Silvestre* también están registradas las generosas donaciones realizadas a la iglesia por Constantino; probablemente la primera iglesia haya sido bastante pequeña y mirara hacia la Vía Ostia.

En el año 386, un edicto imperial de Valentiniano II, Teodosio y Arcadio al prefecto de Roma planteaba que la iglesia tenía que ser agrandada, de acuerdo con la santidad del lugar, la concurrencia de los peregrinos y su devoción. Este añadía que la nueva iglesia "si placuerit tam populo quam Senatui" tenía que ser ampliada hacia la llanura en vez de hacia la ladera cercana. La construcción fue encargada a cierto Ciriades, conocido como el "mechanicus" o "Profesor de mechanicus," quien construyó una iglesia con cinco naves, ochenta columnas y una enorme entrada, probablemente similar a la de la antigua basílica de San Pedro. La iglesia fue consagrada por el Papa Siricio en el año 390. Según la inscripción que tiene en el arco de triunfo, cuyo ornamento de mosaico fue encargado y pagado por Galla Placidia, fue terminada bajo Honorio en el año 395 y restaurada por el Papa Leo el Grande, después de haber sido severamente dañada por un terremoto y por el fuego. Una inscripción menciona las restauraciones llevadas a cabo por el Papa Leo el Grande por medio del sacerdote Félix y el diácono Adeodato, y otra documenta obras importantes encargadas por un tal Eusebio.

La Confesión ha permanecido a lo largo de los siglos en el sitio donde Constantino había erigido la primera basílica, sobre la tumba de San Pablo, que fue visible hasta el siglo IX, cuando fue tapiada y recién volvió a salir a la luz durante las tareas de restauración realizadas en el siglo XIX. El sarcófago que contiene el cuerpo del Apóstol a los Gentiles está cubierto por una loza de mármol que lleva la inscripción "Paulo-Apostolo Mart" que, según los famosos eruditos que han estudiado la grafía, data del siglo IV.[10]

Mary Sharp presenta la versión católica de la muerte de San Pablo:

> La historia de San Pablo está completamente documentada en el Nuevo Testamento (excepto su visita a España, la cual está implícita en la *Epístola de Clemente* y declarada en el fragmento muratoriano, y la leyenda poco le ha agregado a la misma). Se cree que fue martirizado a las afueras de la Puerta Ostia el mismo día que crucificaron a San Pedro, y que cuando le cortaron la cabeza, esta rebotó tres veces sobre el suelo y que en cada uno de esos lugares surgió una fuente de agua, la primera caliente, la segunda tibia y la tercera fría. El lugar todavía es venerado como Tre Fontane, y siguen estando las tres fuentes, aunque hay poca diferencia en su temperatura. Originalmente fue enterrado en la Vía Ostia, donde ahora se levanta la basílica San Pablo Extramuros. Cuando las tumbas cristianas fueron amenazadas con ser profanadas en la persecución valeriana, se dice que los cuerpos de San Pablo y San Pedro fueron llevados, el 29 de junio de 258, a un lugar llamado Ad Catacumbas, en la Vía Apia. Si esto fue así, posteriormente el cuerpo de San Pablo volvió a ser puesto en su lugar original, pero su cabeza, junto a la de San Pedro, fue llevada a la basílica de San Juan de Letrán.[11]

¿Pablo en Inglaterra?

La idea de que Pablo y otros apóstoles puedan haber visitado y servido en Inglaterra no halla una consideración muy seria, ni siquiera interés, entre la mayoría de los historiadores de la iglesia. Puede que estén acertados, pero existe demasiada evidencia de la sola posibilidad de viajes apostólicos como para que los eruditos serios descarten de plano todo el asunto.

Lo menos que puede hacer un erudito con una mente inquisitiva es examinar toda evidencia, tradición y leyenda que exista, y determinar qué validez, si es que existe alguna, pueden tener.

Como ha sido apuntado en el capítulo trece, Britania era un país con un desarrollo relativamente alto para la época en que los primeros fenicios lo visitaron, más de un milenio antes de la Era Apostólica. Descubrimientos recientes en la Grecia continental revelan la importancia británica firmemente fechada en 1500 a.C.[12]

Durante el período romano, Britania era tierra de minas, ciudades, caminos, escuelas, gobierno, ejércitos con tecnología de avanzada, etc. Séneca, el mentor de Nerón, hizo grandes inversiones en Britania durante la temprana era apostólica. ¿Por qué *no* habrían ido allí algunos de los apóstoles? Ciertamente fueron a otros lugares distantes y extraños en la misma medida, tales como Rusia, la India y los países balcánicos.

Durante mi visita a Bath, Inglaterra, compré una moneda de plata de Nerón que había sido encontrada en los baños romanos allí, en Bath. La existencia de semejante firme evidencia por su acuñación se había difundido ampliamente en Britania bastante antes del momento máximo de la era de las obras apostólicas. Tal hallazgo no *demuestra* que los apóstoles, ni siquiera algunos cristianos, hayan estado en Inglaterra en esa época, pero queda más allá de cualquier objeción que tal cosa fuera totalmente *posible*. "De India a Britania," escribe San Jerónimo (378 d.C.), "en todas las naciones resuena la muerte y la resurrección de Cristo."[13]

R. W. Morgan dice: "En 320 d.C., Eusebio, Obispo de Cesarea, habla de las misiones apostólicas a Britania como una cuestión de notoriedad: 'Los Apóstoles fueron más allá del océano a las islas llamadas Británicas.'"[14]

Morgan continúa:

Hay seis años de la vida de San Pablo por las que tenemos que dar cuenta, entre la liberación de su primer encarcelamiento y su martirio en Aquae Salviae en la Vía Ostia, cerca de Roma.

Ciertamente, una parte, quizás la más grande, de este período la pasara en Britania, en Siluria o en Cambria, fuera de los límites del Imperio Romano, y de ahí el silencio de los escritores griegos y latinos al respecto.[15]

Tal vez los entusiastas de esta interpretación de la historia estén yendo demasiado lejos. Sus citas de apoyo van desde los primeros padres de la Iglesia a los escritores modernos menos conocidos de la historia cristiana. Aquí hay ejemplos de ambos:

San Clemente resume con elocuencia la magnitud de las hazañas del Apóstol a los Gentiles. Al ser uno de los de la banda original de Betania que vivía en Avalón con José, conocía a San Pablo íntimamente y, mucho tiempo antes de que imitara en oficio a su amado amigo Lino, como Obispo de Roma. Él escribe:

"Para abandonar los ejemplos de la antigüedad y llegar a los más recientes, permítannos tomar los nobles ejemplos de nuestros propios tiempos. Permítannos poner ante sus ojos al buen Apóstol, Pedro, siendo injustamente odiado, padeció no uno o dos sino muchos sufrimientos; y habiendo sufrido su martirio, fue al lugar de la gloria que le correspondía. También Pablo, habiendo estado siete veces en cadenas, perseguido y apedreado, recibió el premio a su perseverancia. Por cuanto era heraldo del Evangelio en Occidente tanto como en Oriente, y disfrutaba de una ilustre reputación en la fe al enseñar a todo el mundo a ser piadoso. Después de haber estado en los extremos de Occidente, sufrió el martirio ante los soberanos de la humanidad; y liberado de este modo del mundo, partió a su lugar sagrado, siendo el ejemplo más brillante de fidelidad que tenemos."

"Los extremos de Occidente" era la expresión usada para referirse a Britania.

Capellus, en *History of the Apostles [Historia de los Apóstoles]*, escribe: "No conozco un solo autor desde la época de los Padres en adelante que no sostenga que San Pablo, después de su liberación, predicó en todos los países de Occidente, en Europa, incluida Britania."[16]

Sin embargo, contamos con una evidencia más sólida para la tradición cristiana temprana de la evangelización apostólica en Britania, posiblemente del propio Pablo.

Tertuliano (155–222 d.C.), uno de los Primeros Padres, el primer gran genio entre los escritores cristianos después de los apóstoles, dijo en 192 d.C.: "Los extremos de España, las diversas regiones de la Galia, las regiones de Britania, que nunca fueron invadidas por las Armas romanas, han recibido la religión de Cristo" (Tertuliano, *Def. Fidei*, 179).[17]

En el mismo libro, Lewis cita a Orígenes.

Orígenes, otro de los Primeros Padres (185–254 d.C.), escribió que "La divina bondad de Nuestro Señor y Salvador está igualmente difundida entre los británicos, los africanos y otras naciones del mundo."[18]

Gladys Taylor, en *Our Neglected Heritage, The Early Church [Nuestra herencia olvidada, la iglesia primitiva]*, señala:

San Clemente habla de que Pablo fue a "los extremos de Occidente, regresó a Roma y sufrió allí el martirio ante los soberanos de la humanidad."

Jerónimo y Crisóstomo relatan que Pablo viajó al extremo de Occidente y Teodoro, obispo sirio del siglo V, nos dice que "predicó el Evangelio de Cristo a los británicos y a otros en el Occidente."

Aun el Papa, con el deseo de complacer a algunas visitas importantes de Inglaterra, en 1931, "Apoyó la teoría de que fue el propio San Pablo, y no el Papa Gregorio, quien primero llevó el cristianismo a ese país." Saludamos con deleite a esa noticia publicada en *The Morning Post*, el 27 de marzo. Nosotros conocíamos la verdad, pero aquí la estaba expresando el Papa también, lo cual era un hecho sin precedentes.[19]

¿Qué aspecto tenía Pablo?

No hay ninguna prueba del aspecto físico de ninguno de los personajes bíblicos con excepción de algunos pocos Césares cuyas monedas o estatuas han sobrevivido. Sin embargo, se ha hecho un estudio acerca de Pablo y se elaboraron algunos conceptos interesantes. Por ejemplo, Boyce W. Blackwelder escribió lo siguiente:

> El libro apócrifo *Hechos de Pablo y de Tecla,* escrito en el siglo III, tiene un retrato de Pablo que lo describe como 'una persona de estatura baja, calvo (o rapado), de muslos combados, piernas elegantes, ojos hundidos; nariz torcida, lleno de gracia; pues a veces parecía un hombre, y en ocasiones tenía el semblante de un ángel. (1:7)

Esta es la descripción más antigua que tenemos de la apariencia de Pablo en la literatura cristiana. Callan dice: "En el siglo IV se ridiculiza a Pablo en el *Philopatris* del Pseudo-Lucian como 'el galileo pelado y de nariz ganchuda que se elevó por el aire hasta el tercer cielo y descubrió las cosas más hermosas' (Philopat. 12). Cone observa que Juan de Antioquía, escribiendo en el siglo VI, preserva la tradición de que Pablo era 'de espaldas cargadas, con canas en su cabeza y en la barba, nariz aguileña, ojos agrisados, cejas abundantes, de piel mezcla de pálido y rojizo . . ."

Algunos biógrafos están seguros de que Pablo debió haber sido excepcionalmente fuerte, porque de lo contrario no hubiera resistido los rigores del trabajo misionero.

Los estudiosos por lo general coinciden en que la perspectiva tradicional sobre la apariencia de Pablo es correcta. Holzner habla de "la figura pequeña y frágil del hombre de Tarso." Giordani describe a Pablo como una persona "de escasa estatura y mucha energía"; un hombre "enfermizo" con "una constitución física miserable." Describe a "Pablo con los ojos ulcerados," de aspecto "repulsivo." Shaw, citado por Callan, habla de "la estatura insignificante de Pablo, sus ojos dañados, su estructura débil y a menudo torcida." Stalker observa que Pablo parece haber sido de escasa estatura y que su constitución corporal era débil. Dice que "Su debilidad parece haberse agravado a veces a causa de una enfermedad deformante."

Callan escribe: "De acuerdo con la tradición persistente en la Iglesia, el aspecto de San Pablo no era para nada hermoso ni imponente. Sin embargo, no cabe duda de que podían percibirse de vez en cuando atisbos del extraordinario espíritu que había en su interior, tal vez percibido con frecuencia por sus amigos, así como los rayos del sol pueden verse a través de las fisuras de las paredes de una cárcel; pero aun así el aspecto físico del hombre era pobre y común."

La idea de que Pablo era de escasa estatura puede confirmarse, de alguna manera, en las referencias que se encuentran en sus propios escritos. En 2 Corintios 10:10 Pablo dice que sus oponentes decían de él que sus cartas "son exigentes y fuertes, ¡pero él en persona es débil y sus discursos no valen nada!" Probablemente esta afirmación no carecía de fundamento, ya que ni siquiera los rivales de Pablo se atreverían a hablar de él de ese modo en alguna de las congregaciones sin tener un respaldo en la realidad.

¿Y qué de su salud? Los estudiosos tienen opiniones contrarias respecto a este tema. Algunos biógrafos están seguros de que Pablo debió haber sido excepcionalmente fuerte, porque de lo contrario no hubiera resistido los rigores del trabajo misionero realizado en una amplia región, durante un lapso de unos treinta años. Craig dice: "Un hombre que podía recorrer montañas y valles día tras día, resistir el naufragio y la cárcel, las pruebas y las persecuciones, no podía ser un debilucho."

Otras autoridades, por el contrario, están convencidas de

que Pablo fue físicamente débil y frágil toda su vida. Callan, siguiendo a Hayes, cree que Pablo era un discapacitado crónico, pero que la gracia de Dios estuvo de tal manera sobre él que pudo superar las deficiencias físicas.

Si Pablo no tenía una apariencia fuerte esto debió haberle significado un problema cuando trabajaba entre personas de tradición griega, quienes sostenían que el cuerpo vigoroso era un aspecto esencial de la personalidad normal.

No hay duda de que los sufrimientos físicos que soportó Pablo (ver 2 Corintios 11:23-27) dejaron en él defectos físicos permanentes (Gálatas 6:17; 2 Corintios 4:10). Deben haberle quedado terribles cicatrices ocasionadas por los azotes y por el apedreamiento en Listra, el cual fue tan severo que los atacantes creían que Pablo había muerto (Hechos 14:19).[20]

Pablo y los escritos de Lucas

Eusebio tiene una interesante observación acerca del vínculo entre estas dos grandes figuras apostólicas:

> . . . Pero en algunos estuvo presente, y de eso dejó constancia.

El tercer Evangelio, el según Lucas, fue compilado bajo su propio nombre con la autoridad de Pablo por Lucas el médico, cuando, después de la ascensión de Cristo, Pablo lo había llevado consigo como experto en derecho. Sin embargo, él *tampoco* vio al Señor en la carne; y en la medida que fue capaz de confirmar los hechos, comienza su relato con el nacimiento de Juan.[21]

Apóstoles en la Biblia

ANDRÉS
apóstol. Mateo 4:18; Marcos 1:29; Marcos 13:3; Juan 1:40, 6:8, 12:22; Hechos 1:13.

BERNABÉ (HIJO DE EXHORTACIÓN)
levita de Chipre, vende sus tierras. Hechos 4:36.
predica en Antioquía. Hechos 11:22.
acompaña a Pablo. Hechos 11:30, 12:25, 13:14; 1 Corintios 5:6.
su disputa. Hechos 15:36.
su error. Gálatas 2:13.

BARTOLOMÉ (NATANAEL)
hijo de Talmay. **apóstol**. Mateo 10:3; Marcos 3:18; Lucas 6:14; Hechos 1:13.

JACOBO
hijo de Zebedeo, llamado. Mateo 4:21; Marcos 1:19; Lucas 5:10.
apóstol, *ordenado uno de los doce.* Mateo 10:2; Marcos 3:14-15; Lucas 6:13.
presenció la transfiguración de Cristo. Mateo 17:1-9; Marcos 9:2; Lucas 9:28.
presente durante la Pasión. Mateo 26:36-37; Marcos 14:33.
ejecutado por Herodes. Hechos 12:1-2.

JACOBO
apóstol, *hijo de Alfeo.* Mateo 10:3; Marcos 3:18; 6:3; Lucas 6:15; Hechos 1:13, 12:17.
su opinión acerca de lo ceremonial. Hechos 15:13-29; Gálatas 2:9.
su enseñanza. Santiago 1–5.
mencionado. Hechos 21:18; 1 Corintios 15:7; Gálatas 1:19.

JUAN
apóstol, *llamado.* Mateo 4:21; Marcos 1:19-20; Lucas 5:10.
ordenado. Mateo 10:2; Marcos 3:17.
pregunta a Jesús. Marcos 13:3.
reprendido. Mateo 20:20-28; Marcos 10:35-40; Lucas 9:49-50.

enviado a preparar la Pascua. Lucas 22:8.
declara la divinidad y la humanidad de Jesucristo. Juan 1; 1 Juan 1, 4, 5.
el amor de Cristo hacia él. Juan 13:23, 19:26, 21:7, 20, 24.
su cuidado de María la madre del Señor. Juan 19:25-27.
se reúne a orar. Hechos 1:13.
acompaña a Pedro ante el concilio. Hechos 3, 4.
exhorta a la obediencia y advierte contra los falsos maestros. 1 Juan 1–5.
es testigo de la gloria de Cristo en los cielos. Apocalipsis 1:13.
escribe el Apocalipsis. Apocalipsis 1:19.
se le prohíbe adorar al ángel. Apocalipsis 19:10, 22:8.

JUDAS

el hermano del Señor. Mateo 13:55; Marcos 6:3; Judas 1.
compendio de Judas. Judas 1.
recomienda perseverancia. Judas 20-21.
denuncia a los falsos discípulos. Judas 4.

JUDAS ISCARIOTE

apóstol. Mateo 10:4; Marcos 3:19; Lucas 6:16; Juan 6:70.
traiciona a Jesús. Mateo 26:14-25, 47; Marcos 14:10, 41-45; Lucas 22:3-6, 47-48; Juan 13:21-30, 18:2-4.
se ahorca. Mateo 27:5 (Hechos 1:18).

JUDAS (TADEO)

Judas, Lebeo Tadeo, **apóstol**, *hijo de Jacobo.* Mateo 10:3; Marcos 3:18; Lucas 6:16; Hechos 1:13.
pregunta a nuestro Señor. Juan 14:22.

LÁZARO

hermano de María y de Marta.
levantado de los muertos. Juan 11:1-44, 12:1.

LUCAS

el médico amado, compañero de Pablo. Colosenses 4:14; 2 Timoteo 4:11; Filemón 1:24 (se incluye en el "nosotros" en Hechos 16:12; 20:5).

MARCOS (JUAN MARCOS)

evangelista. Hechos 12:12.

viaja con Pablo y Bernabé. Hechos 12:25; 13:5.
se separa de ellos en Perge. Hechos 13:13.
discusión acerca de él. Hechos 15:37–39.
aprobado por Pablo. 2 Timoteo 4:11.

MATEO (LEVÍ)
apóstol *y evangelista, llamado.* Mateo 9:9; Marcos 2:14;
Lucas 5:27.
enviado. Mateo 10:3; Marcos 3:18.

MATÍAS
apóstol. Hechos 1:23, 26.

PABLO
perseguidor. Hechos 7:58, 8:1, 9:1-2, 22:4-5, 26:9-11; 1 Corintios
15:9; Gálatas 1:13; Filipenses 3:6; 1 Timoteo 1:13.
convertido al evangelio. Hechos 9:3-18, 22:6-13, 26:12-19.
predicador. Hechos 9:3-18, 29; 13:1, 4, 14; 17:18.
apedreado en Listra. Hechos 14:19.
discute con Bernabé. Hechos 15:36.
perseguido en Filipos. Hechos 16:19-24.
*los discípulos de Juan en Éfeso reciben el Espíritu Santo por su
intervención.* Hechos 19:6.
restaura a Eutico. Hechos 20:10.
encomienda a los ancianos de Éfeso, en Mileto. Hechos 20:17-36.
regresa a Jerusalén y sufre persecución. Hechos 21.
se defiende ante el pueblo y ante el consejo. Hechos 22, 23.
ante Félix, Hechos 24; *Festo,* Hechos 25; *y Agripa,* Hechos 26.
apela al César en Roma. Hechos 25:10-12.
su viaje y naufragio. Hechos 27.
sus milagros en Malta. Hechos 28:3-6, 8-9.
en Roma, debate con los judíos. Hechos 28:17.
su amor a las iglesias. Romanos 1:8-9; 15; 1 Corintios 1:4;
4:14, 2 Corintios 1, 2, 6, 7; Filipenses 1; Colosenses 1;
1 y 2 Tesalonicenses.
sus padecimientos. 1 Corintios 4:9; 2 Corintios 11:23; 12:7;
Filipenses 1:12; 2 Timoteo 3:11.
revelaciones divinas. 1 Corintios 12:1.
defiende su apostolado. 1 Corintios 9; 2 Corintios 11, 12.

alaba a Timoteo, y otros. 1 Corintios 16:10-11; Filipenses 2:19-23; 1 Tesalonicenses 3:2.

alaba a Tito. 2 Corintios 7:13-15, 8:23.

reprocha a Pedro. Gálatas 2:14-15.

ruega por Onésimo. Filemón.

sus Epístolas mencionadas por Pedro. 2 Pedro 3:15.

PEDRO (SIMÓN PEDRO)

apóstol, *llamado.* Mateo 4:18-20; Marcos 1:16-18; Lucas 5:1-11; Juan 1:40-42.

enviado. Mateo 10:2; Marcos 3:16; Lucas 6:14.

intenta caminar con Jesús sobre el mar. Mateo 14:28.

confiesa que Jesús es el Cristo. Mateo 16:16; Marcos 8:29; Lucas 9:20.

está presente en la transfiguración. Mateo 17:1–13; Marcos 9:2–12; Lucas 9:28–36; 2 Pedro 1:16.

su autoconfianza recibe reproche. Lucas 22:34; Juan 13:38.

niega tres veces a Jesús. Mateo 26:69–75; Lucas 22:54–62; Juan 18:17.

su arrepentimiento. Mateo 26:75; Marcos 14:72; Lucas 22:62.

se dirige a los discípulos reunidos. Hechos 1:15.

predica a los judíos. Hechos 2:14; 3:12.

es llevado ante el concejo. Hechos 4.

condena a Ananías y a Safira. Hechos 5.

acusa a Simón el brujo. Hechos 8:18.

restaura a Eneas y a Tabita. Hechos 9:32, 40.

Cornelio lo manda a buscar. Hechos 10.

instruido en una visión a no menospreciar a los gentiles. Hechos 10:9.

encarcelado, y liberado por un ángel. Hechos 12.

su decisión acerca de la circuncisión. Hechos 15:7.

reprochado por Pablo. Gálatas 2:14.

respalda las enseñanzas de Pablo. 2 Peter 3:15.

consuela a la iglesia y la exhorta a vivir en santidad. 1 y 2 Pedro.

su martirio anticipado por Cristo. Juan 21:18; 2 Peter 1:14.

FELIPE

apóstol, *llamado.* Juan 1:43.

enviado. Mateo 10:3; Marcos 3:18; Lucas 6:14; Juan 12:22; Hechos 1:13.

amonestado por Cristo. Juan 14:8.
elegido diácono. Hechos 6:5.
predica en Samaria. Hechos 8:5.
bautiza al eunuco. Hechos 8:27.

SIMÓN PEDRO (VER PEDRO)

SIMÓN EL CANANITA
hermano de Cristo. Mateo 13:55; Marcos 6:3.
el Zelote, **apóstol**. Mateo 10:4; Marcos 3:18; Lucas 6:15.

TADEO (VER JUDAS)
forma griega de Teudas
apóstol. Mateo 10:3.

TOMÁS
apóstol, Mateo 10:3; Marcos 3:18; Lucas 6:15; Hechos 1:13.
su celo. Juan 11:16.
su incredulidad y su confesión. Juan 20:24.

TIMOTEO
acompaña a Pablo. Hechos 16:3, 17:14–15; Romanos 16:21; 2 Corintios 1:1, 19.
alabado. 1 Corintios 16:10; Filipenses 2:19.
recibe instrucciones en las cartas de Pablo. 1 y 2 Timoteo.

Notas

INTRODUCCIÓN

1. "Constantino celebró el trigésimo aniversario de su ascensión en el verano del año 335. Probablemente las ceremonias más importantes ese año en Roma fueron las que acompañaron el solemne traslado de los huesos venerados como reliquias de los Apóstoles San Pedro y San Pablo desde las catacumbas de San Sebastián, donde habían sido veneradas desde el año 258, a las basílicas construidas en su honor en los lugares tradicionales de sus martirios, en el Vaticano y en la Vía Ostia" (*Constantine the Great [Constantino el Grande]*, John Holland Smith, 286; ver también *Liber Pontificalis*, ed. Duchesne, vol. 1, 172ss.).

2. J. Stevenson, *A New Eusebius [Un Eusebio nuevo]* (Londres:William Clowes & Sons, Ltd., S.P.C.K., 1957, 1960), 395.

3. John Holland Smith, *Constantine the Great* (Nueva York: Charles Scribner's & Sons, 1971), 301–302.

4. Robert M. Grant, *Augustus to Constantine: The Thrust of the Christian Movement into the Roman World [De Augusto a Constantino: El impulso del movimiento cristiano dentro del mundo romano]* (Londres: William Collins Sons & Co., Ltd., 1971), 277.

5. Comisión Intereclesial del Centenario, conferencia titulada "La tradición cristiana armenia en Irán," 1.

CAPÍTULO UNO: EL MUNDO DE LOS APÓSTOLES

1. *The Bible Research Handbook [La guía de investigación bíblica]*, vol. II (Londres: Covenant Publishing Co., Ltd., segunda impresión, 1969), páginas no numeradas.

CAPÍTULO DOS: ¿CUÁNDO SALIERON LOS APÓSTOLES DE JERUSALÉN?

1. Jean Danielou y Henri Marrou, *The Christian Centuries [Los siglos cristianos]* (Londres: Datton, Longman, & Todd, 1964), 39.

CAPÍTULO TRES: SIMÓN PEDRO

1. Baruch Sapir y Dov Neeman, *Capernaum [Capernaúm]*, vol. NI/9 (Tel-Aviv: The Historical Sites Library [La biblioteca de sitios históricos], 1967), 22.

2. Virgilio Corbo, *New Memoirs of Saint Peter by the Sea of Galilee [Nuevas memorias de San Pedro al lado del mar de Galilea]*, (Jerusalén: Franciscan Printing Press, 1969), 10–11.

3. Ibid., 21–22.

4. Baldi, OFM., *Enchiridion Locorum Sanctorum,* 293, 299 citado en Ibid., 53.

5. Virgilio Corbo, *The House of Saint Peter at Capharnaum [La casa de San Pedro en Capernaúm]* (Jerusalén: Franciscan Printing Press, 1969), 54, 70.

6. Ibid., 71.

7. Danielou y Marrou, *The Christian Centuries,* 51.

8. Eusebio, *Eusebius' Ecclesiastical History [La historia eclesiástica de Eusebio]* (Grand Rapids: Baker Book House, 1962), 120.

9. Danielou y Marrou, *The Christian Centuries, 50.*

10. Hugo Hoever, *Lives of the Saints [La vida de los santos],* (Nueva York: Catholic Book Publishing Co., 1967), 82.

11. V. K. George, "The Holy See of Seleucia—Ctesiphon [La Santa Sede de Seleucia-Ctesiphon]," *Souvenir of India, in Honour of the Visit to India of His Holiness Maran Mar Eshai Shimun XXIII [Recuerdo de la India, en honor a la visita a la India de Su Santidad Maran Mar Eshai Shimun XXIII]* (Junta editorial del comité de publicidad e información del comité de recepción de S. S. el Patriarca, Ernakulam, Estado de Kerala, India, 1962).

12. Aziz S. Atiya, *A History of Eastern Christianity [Una historia del cristianismo oriental]* (Londres: Mechuen & Co., Ltd., 1968), 172.

13. George F. Jowett, *The Drama of the Lost Disciples [El drama de los discípulos perdidos]* (Londres: The Covenant Publishing Co., Ltd., 1970), 174–175.

14. J. W. Taylor, *The Coming of the Saints [La venida de los santos]* (Londres: The Covenant Publishing Co. Ltd., 1969), 61.

15. Danielou y Marrou, *The Christian Centuries,* 28.

16. Ibid., 166.

17. Jowett, *The Drama of the Lost Disciples,* 176.

18. Anna Jameson, *Sacred and Legendary Art [Arte legendario y sagrado],* vol. 1 (Boston y Nueva York: Houghton, Mifflin & Co., 1957), tercera edición, 209.

19. Ibid.

20. Ibid., 215.

21. Eusebio, *Ecclesiastical History,* 80.

22. Asbury Smith, *The Twelve Christ Chose [Los doce elegidos de Cristo]* (Nueva York: Harper and Brothers, 1958), 221–222.

23. Dorman Newman, *The Lives and Deaths of the Holy Apostles [La vida y la muerte de los santos apóstoles]* (Londres: Kings Arms in the Poultry, 1685), 20.

24. Ibid., 21.

25. Robert M. Grant, *Augustus to Constantine,* 166.

26. J. B. de Toth, *The Cathedral of the Pope [La catedral del Papa],* (Roma: Tipografia Poliglotta Vaticana), 18–19.

27. Aubrey Menen, "St. Peter's [De San Pedro]," *National Geographic,* vol. 140, no. 6 (Diciembre 1971), 872–73.

28. Edgar J. Goodspeed, *The Twelve [Los doce],* (Filadelfia: The John C. Winston Company, 1967), 157.

CAPÍTULO CUATRO: ANDRÉS

1. Josefo Flavio citado en Neeman y Sapir, *Capernaum,* vii. La descripción se encuentra en *Las Guerras Judías,* libro 3, cap. VI, 8.
2. E. A. Wallis Budge, *The Contendings of the Apostles [Las disputas de los apóstoles]* (Londres: The British Museum, edición 1899, edición 1901, edición 1935).
3. Edgar J. Goodspeed, *The Twelve,* 99.
4. Michael Maclagan, Thomas Hudson, *City of Constantinople [La ciudad de Constantinopla]* (Nueva York: Frederick A. Praeger Publishing, 1968), 50.
5. Dorman Newman, *The Lives and Deaths of the Holy Apostles,* 43–45.
6. Mary Sharp, *A Traveller's Guide to Saints in Europe [Guía del viajero de los santos en Europa]* (Londres: The Trinity Press, 1964), 15.
7. El Muy Reverendo Archimandrita Hariton Pneumatikakis, *The First-Called Apostle Andrew [El apóstol Andrés, llamado primero]* (Atenas: Alexander Macsoukis, Inc., 1971).
8. Anna Jameson, *Sacred and Legendary Art,* 238.
9. Nota del editor: Las reliquias de San Andrés en Patrás se conservan en la Nueva Iglesia de San Andrés en una tumba especial, y son reverenciadas en una ceremonia especial cada 30 de noviembre. La cruz de San Andrés, sobre la cual fue martirizado, también se conserva en la Nueva Iglesia de San Andrés, cerca de las reliquias del santo. Se construyeron dos templos en su honor: una antigua basílica de estilo bizantino, y una nueva iglesia monumental que fue terminada en 1979.

CAPÍTULO CINCO: JACOBO, HIJO DE ZEBEDEO

1. Anna Jameson, *Sacred and Legendary Art,* 238ss.
2. Vera y Helmut Hell, *The Great Pilgrimage of the Middle Ages [El gran peregrinaje de la Edad Media]* (Nueva York: Clarkson N. Poner, Inc., 1964), 13–14, 16, 28–29.
3. Ibid., 31, 34–35.
4. William Barclay, *The Master's Men [Los hombres del Maestro]*(Londres: SCM Press Ltd., 1970), 100.
5. Asbury Smith, *The Twelve Christ Chose,* 40–41, 45.
6. J. W. Taylor, *The Coming of the Saints,* 57–58.
7. The *International Standard Bible Encyclopaedia [Enciclopedia internacional estándar de la Biblia],* vols. I–V (Grand Rapids: William B. Eerdmans Publishing Co;, 1960), vols. III, IV
8. Hugo Hoever, *The Lives of the Saints,* 282.
9. Mary Sharp, *A Traveller's Guide to Saints in Europe,* 120.

10. *Encyclopaedia Brittanica*, vol. II (sin fecha de impresión), 120.

11. Sin datos de autoría, *Brief Notes on the Armenian Patriarchate of Jerusalem [Notas breves sobre el Patriarcado Armenio de Jerusalén]* (Jerusalén: St. James Press), 10.

12. Arpag Mekhitarian, *Treasures of the Armenian Patriarchate of Jerusalem [Tesoros del Patriarcado Armenio de Jerusalén]* (Jerusalén: Armenian Patriarchate, 1969), 9.

13. Ibid., 5.

CAPÍTULO SEIS: JUAN

1. Naci Keskin, *Ephesus [Éfeso]* (Estambul: Keskin Color Ltd., Co. Printing House) y Cemil Toksoz, *The Glories of Ephesus [Las glorias de Éfeso]* (Estambul: Basildigi Tarih: Nisan, Apa Ofset Basimevi, 1967), 16.

2. Ver Ireneo, *Adv. Haer.,* II, 22, 59.

3. S. Papadopoulos, *Patmos* (Atenas: Monasterio de San Juan el Teólogo, 1962), 3–4.

4. Eusebio, *Ecclesiastical History*, 103.

5. Ibid., 104–107.

6. Asbury Smith, *The Twelve Christ Chose*, 58–60.

7. J. Stevenson, *A New Eusebius*, 145.

8. Eusebio, *Ecclesiastical History*, 114.

9. *The Nicene and Post-Nicene Fathers: Theodoret, Jerome, Gennadius, Rufinus [Los padres nicenos y post nicenos: Teodoreto, Jerónimo, Genadio, Rufino]*, Philip y Henry Wace, eds., 2a serie, vol. III, (Grand Rapids: Wm. B. Eerdmans Publishing Company, 1953), 364–365.

10. William Steuart McBirnie, *What Became of the Twelve Apostles? [¿Qué fue de los doce apóstoles?]* (Upland, CA, 1963), 30–31.

11. Ver Budge, *The Contendings of the Apostles*, 213; ver también Asbury Smith, *The Twelve Christ Chose*, 58.

12. Clemente de Alejandría, *Quisdives*, 42.

13. Ireneo, *Contra herejías V*, 33–34; Danielou, *The Christian Centuries*, 41.

14. Cemil Toksoz, *Ephesus*, 16, 18.

15. Naci Keskin, *Ephesus,* sin numeración.

16. Ibid.

17. Eusebio, *Ecclesiastical History*, 31.

CAPÍTULO SIETE: FELIPE

1. Anna Jameson, *Sacred and Legendary Art*, 249.

2. Jean Danielou, *The Christian Centuries*, 40.

3. Robert Grant, *Augustus to Constantine*, 166.

4. Isidoro, Arzobispo de Sevilla, *De ortu et obit Patrum*, cap. LXXIII, 131.

5. Cardenal Baronio, *Annales*: Tom I, Ann. Christi Claudii Imp. 2, Sec. 32.

6. *British Ecclesiastical Antiquities [Antigüedades eclesiásticas británicas]*, cap. 11.

7. Ibid., cap. 2.

8. Freculfo, *Tom posterior Chronicorum*, Lib. II, cap. IV.

9. *Memoire de l'Apostolat de St. Mansuet* (*vide*, 83) par l'Abbe Guillaume, p. II.

10. Lionel Smithett Lewis, *St Joseph of Arimathea at Glastonbury [San José de Arimatea en Glastonbury]* (Londres: James Clarke & Co., Ltd., 1964), 112–114.

11. *The Nicene and Post-Nicene Fathers: Jerome*, segunda serie, 372.

12. Emma Zocca, *La Basilica Dei S. S. Apostoli In Roma* (Roma: 1959), 8–9, 23.

CAPÍTULO OCHO: BARTOLOMÉ (NATANAEL)

1. Dorman Newman, *The Lives and Deaths of the Holy Apostles* (1685).

2. "The Armenian Apostolic Church in Iran [La iglesia armenia apostólica en Irán]," conferencia de John Hananian, Iglesia Consolata, Teherán, 1969.

3. Aziz S. Atiya, *A History of Eastern Christianity*, 316.

4. Edgar J. Goodspeed, *The Twelve*, 97–98.

5. Alexander Roberts y James Donaldson, *Ante-Nicene Fathers [Padres prenicenos]*, 10 vols. (Grand Rapids: Wm. B. Eerdmans Publishing Company, sin fecha), 370.

6. William Barclay, *The Master's Men*, 104.

7. *Brief Notes on the Armenian Patriarchate of Jerusalem*, 3, 5.

8. Arpag Mekhitarian, *Treasures of the Armenian Patriarchate of Jerusalem [Tesoros del Patriarcado Armenio de Jerusalén]* catálogo no. 1 (Jerusalén: Museo Helen y Edward Mardigian, Patriarcado Armenio, 1969).

9. Mary Sharp, *A Traveller's Guide to Saints in Europe*, 29.

10. John Julius Norwich y Reresby Sitwell, *Mount Athos [Monte Athos]* (Londres: Hutchinson, 1966), 142.

11. Otto Hophan, *The Apostles [Los apóstoles]* (Londres: Sands & Co., 1962), 167.

12. Hugo Hoever, *Lives of the Saints*, 333.

13. Mary Cable y editores de Newsweek, departamento de libros, *El Escorial: The Wonders of Man [El Escorial: Las maravillas del hombre]* (N. York: Newsweek Books, 1971), 91.

14. Alban Butler, *Butler's Lives of the Saints [Vida de los santos de Butler]*, vol. III, revisado y ampliando por Herbert Thurston, S. J., y Donald Attwater (N. York: P.J. Kenedy & Sons, 1963), 391–392.

CAPÍTULO NUEVE: TOMÁS

1. *Souvenir of India, in Honour of the Visit to India of His Holiness Maran Mar Eshai Shirrmn XXIII*, 49, 53.

2. Ibid., del prefacio, 19.

3. Edgar J. Goodspeed, *The Twelve*, 97.

4. John Stewart, *Centers of Christian Activity [Centros de actividad cristiana]* (Trichur, Estado de Kerala, India: Narsai Press, 1928, 1961), 27.

5. Ibid.

6. "Ancient Jewish Colony in India Disappearing [Desaparición de una antigua colonia judía en la India]," *Los Angeles Times*, Agosto 25, 1971, 1-A.

7. A. Mathias Mundadan, *Sixteenth Century Traditions of the St. Thomas Christians [Tradiciones del siglo XVI de los cristianos de San Tomás]* (Bangalore, India: Dharmaram College, 1970), 38–173.

8. Asbury Smith, op. cit., 103–107.

9. A. Mathias Mundadan, *Sixteenth Century Traditions of the St. Thomas Christians*, 11.

10. Helen Homan, *By Post to the Apostles* (Nueva York: All Saints Press Inc., 1967), 62.

11. Mary Sharp, *A Traveller's Guide to Saints in Europe*, 207.

12. D. Balduino Bedini, *The Sessorian Relics of the Passion of Our Lord [Las reliquias sesorianas de la Pasión de nuestro Señor]*, Aloysius Traglia Archiep. Caesarien, Vic., Ger. (Roma: Tipografia Pio X, Via Etruschi 7–9, 1956), 62–63.

CAPÍTULO DIEZ: MATEO

1. Clemente de Alejandría, *Strom.*, 49.

2. *The Nicene and Post-Nicene Fathers*, 362.

3. Merrill Tenney, *New Testament Survey [Estudio del Nuevo Testamento]* (Grand Rapids: Wm. B. Eerdmans Publishing Company, 1961), 151.

4. William Barclay, *The Master's Men*, 66–68.

5. Arturo Carucci, *Il Duomo di Salerno e il suo Museo*, III ed. (Salerno: Linotypografia Jannone, 1960), 66, 69.

6. Ibid., 11.

7. Anna Jameson, *Sacred and Legendary Art*, 142–143.

8. Mary Sharp, *A Traveller's Guide to Saints in Europe*, 152.

CAPÍTULO ONCE: JACOBO, HIJO DE ALFEO

1. Dorman Newman, *The Lives and Deaths of the Holy Apostles*, (1685).

2. Judith Erickson, *Dome of the Rock [Cúpula de la Roca]* (Jerusalén: Israel Publication Services, Ltd., 1971).

3. William Barclay, *The Master's Men*, 115.

4. Ibid.

5. Asbury Smith, *The Twelve Christ Chose*, 116–117.

6. Aziz S. Atiya, *A History of Eastern Christianity*, 239.

7. E. A. Wallis Budge, *The Contendings of the Apostles*, 264–266.

8. Edward Gibbon, *The Decline and Fall of the Roman Empire [La decadencia y caída del Imperio Romano]* (Nueva York:Random House, Inc., sin fecha de publicación), 510.

9. Ibid., 508.

10. Mary Sharp, *A Traveller's Guide to Saints in Europe*, sin referencia de página.

CAPÍTULO DOCE: JUDAS TADEO

1. Ver *Encyclopaedia Brittanica*, vol. II, 120.

2. Constantin von Tischendorf, *Acta Apostolorum Apocrypha* (1851), 261.

3. *Souvenir of India*, 125.

4. Assadour Antreassian, *Jerusalem and the Armenians [Jerusalén y los armenios]* (Jerusalén: St. James Press, 1969), 20.

5. Aziz S. Atiya, *History of Eastern Christianity*, 315–316.

6. *Armenian Patriarchate of Jerusalem*, 3.

7. Arpag Mekhitarian, *Treasures of the Armenian Patriarchate of Jerusalem*, 3.

8. Mary Sharp, *Traveller's Guide to Saints in Europe*, 129.

9. C. M. Kerr, *The International Standard Bible Encyclopaedia*, 2964.

CAPÍTULO TRECE: SIMÓN EL CANANITA (EL ZELOTE)

1. Dorman Newman, *The Lives and Deaths of the Holy Apostles*, 94.

2. *Alkhrida*, Precious Jewels (Egipto: Iglesia Copta, 1915), 56.

3. Otto Hophan, *The Apostles*, 285.

4. Eusebio, *Demonstration Evang.*, citado en The Bollandistes [Los bolandistas], vol. 12 (París: Sociedad de Bollandistas, *Acta Sanctorium* De. S. Simone Apostolo et Martyre, 1867), 421–426. Se cita el Capítulo 5, Sección 112, Libro 3.

5. Ibid., 428.

6. Jean Danielou, *The Christian Centuries*, 151.

7. Rt. Rev. Samuel Fallows, *The Popular and Critical Bible Encyclopaedia [La popular y crítica enciclopedia bíblica]* (The Howard-Severance Company, 1910), 1590.

8. Dorman Newman, *The Lives and Deaths of the Holy Apostles* (1685).

9. Lionel Smithett Lewis, *St. Joseph of Arimathea at Glastonbury*, 117.

10. George F. Jowett, *The Drama of the Lost Disciples*, 157–159.

11. Teodoreto, *Historia eclesiástica*, libro iv., cap. iii.

12. I. A. Richmond, *Roman Britain [Britania romana]*, vol. 1 (Aylesbury, Gran Bretaña: Hunt Barnard & Co., Ltd., 1970), 156.

13. Leonard Cottrell, *Seeing Roman Britain [Vea la Britania romana]* (Londres: Pan Books, Ltd., 1967), 186.

14. Ibid., 206.

15. Mary Sharp, *A Traveller's Guide to Saints in Europe*, 198.

16. Anna Jameson, *Sacred and Legendary Art*, 261.

17. Mary Sharp, *A Traveller's Guide to Saints in Europe*, 198.

CAPÍTULO CATORCE: JUDAS ISCARIOTE

1. C. M. Kerr, *The International Standard Bible Encyclopaedia*, vol. III (Grand Rapids: Wm. B. Eerdmans Publishing Co., 1960), 1765–766.

2. Herbert Bishko, *This is Jerusalem [Esta es Jerusalén]* (Tel Aviv: Heritage Publishing, 1971), 44.

CAPÍTULO QUINCE: MATÍAS

1. Hugo Hoever, *Lives of the Saints*, 84–85.

2. *The International Standard Bible Encyclopaedia*, "Matthias."

3. E. A. Wallis Budge, *The Contendings of the Twelve [Las discusiones de los doce]* (Londres: British Museum, edición de 1901), 163–164, 267–288.

4. Ibid., 289–294.

5. *Encyclopaedia Britannica*, "Matthias."

6. Anna Jameson, *Sacred and Legendary Art*, 263.

7. Mary Sharp, *A Traveller's Guide to Saints in Europe*, 153.

8. Dorman Newman, *The Lives and Deaths of the Holy Apostles* (1685).

9. Eberhard Zahn, *Trier: A Guide to the Monuments [Tréveris: Una guía de los monumentos]* (Tréveris: Cusanus-verlag, Volksfreund-Druckerei Nik Koch), 49, 51.

CAPÍTULO DIECISÉIS: JUAN MARCOS

1. Louis Cassels, *Glendale News Press* (15 de abril de 1972).

2. Jerónimo, *Los padres nicenos y post nicenos*, vol. III (Grand Rapids: Wm. B. Eerdmans Publishing Company, 1969), 364.

3. Aziz S. Atiya, "Origins of Coptic Christianity [Orígenes del cristianismo copto]," *A History of Eastern Christianity*, (Londres: Methuen & Co., Ltd., 1968), 25–28.

4. Ibid., 28.

5. E. M. Forster, *Alexandria: A History and a Guide [Alejandría: Una historia y una guía]* (Garden City, NJ: Doubleday Anchor Books, 1961), 86–87.

6. Mary Sharp, *A Traveller's Guide to Saints in Europe*, 148–149.

CAPÍTULO DIECISIETE: BERNABÉ

1. William A. Smith, *Dictionary of the Bible [Diccionario de la Biblia]* (Hartford, CT: S. S. Scranton and Co., 1900, 98–99.

2. Robin Parker, *Aphrodite's Realm [El reino de Afrodita]* (Nicosia, Chipre: Zavallis Press, 1969), 13.

3. Mary Sharp, *A Traveller's Guide to Saints in Europe*, 28.

4. Para un desarrollo más completo de esta teoría, ver W. J. Conybeare y

J. S. Howson, *The Life and Epistles of St. Paul [La vida y las Epístolas de San Pablo]* (T.Y. Crowell & Co., 1895), 718.

CAPÍTULO DIECIOCHO: LUCAS

1. A. T. Robertson, *International Standard Bible Encyclopaedia* (Grand Rapids:Wm. B. Eerdmans Publishing Co., 1960), 1936.
2. Joseph Augustine Fitzmyer, S. J., *Encyclopaedia Brittanica*, 475–476.
3. Mary Sharp, *A Traveller's Guide to Saints in Europe*, 144.
4. Jerónimo, *Los padres nicenos y post nicenos*, 364.

CAPÍTULO DIECINUEVE: LÁZARO

1. G. H. Trever, *The International Standard Bible Encyclopaedia* (Grand Rapids: Wm. B. Eerdmans Publishing Co., 1960), 1860.
2. A. Patsides, *San Lázaro y su iglesia en Larnaca* (Larnaca, Chipre: Iglesia de San Lázaro), 2.
3. Robin Parker, *Aphrodite's Realm*, 108.
4. J. W. Taylor, *The Coming of the Saints*, 188–189.
5. Ibid., 121–122.
6. Ibid., 106–107.
7. Roger de Hovedon, W. Stubbs, ed., vol. III, Longmans, 1868, 51.
8. J. W. Taylor, *The Coming of the Saints*, 108.
9. George F. Jowett, *The Drama of the Lost Disciples*, 163–164.

CAPÍTULO VEINTE: PABLO

1. J. Stevenson, *A New Eusebius*, 145.
2. W. J. Conybeare y J. S. Howson, *The Life and Epistles of the Apostle Paul*, 679.
3. R. W. Morgan, *St. Paul in Britain [San Pablo en Britania]* (Londres: The Covenant Publishing Company, Ltd., 1860), 60.
4. W. J. Conybeare y J. S. Howson, *The Life and Epistles of the Apostle Paul*, 679–680.
5. Jerónimo, *Los padres nicenos y post nicenos*, 363.
6. R.W. Morgan, *St. Paul in Britain*, 59.
7. George F. Jowett, *The Drama of the Lost Disciples*, 130.
8. Ibid., 128.
9. Ibid., 179–180.
10. Cecilia Pericoli Ridolfini, *St. Paul's Outside the Walls [San Pablo Extramuros]* (Rome: Pfligrafici il Resto del Carlino, Bologna, 1967), 3, 16.
11. Mary Sharp, *A Traveller's Guide to Saints in Europe*, 173.
12. Ver *National Geographic* (mayo de 1972), 707.
13. Jerónimo, En *Isaiam*, c. liv.; también *Epistol.*, xiii. ad Paulinum.

14. Eusebio, *De Demonstratione Evangelii,* lib. iii., citado en R. W. Morgan, *St. Paul in Britain*, 108.

15. Ibid., 175.

16. George F. Jowett, *The Drama of the Lost Disciples*, 196.

17. Lionel Smithett Lewis, *St. Joseph of Arimathea at Glastonbury*, 129–130.

18. Ibid.

19. Gladys Taylor, *Our Neglected Heritage—The Early Church [Nuestra herencia olvidada, la iglesia primitiva]* (Londres: TheCovenant Publishing Co. Ltd., 1969), 67.

20. Boyce W. Blackwelder, *Toward Understanding Paul [Hacia el entendimiento de Pablo]* (Anderson, IN: The WarnerPress, 1961), 15–17.

21. J. Stevenson, *A New Eusebius*, 144.

Bibliografía

Alkhrida (Joyas preciosas). Egipto: Iglesia copta, 1915, 1925.

Antreassian, Assadour. *Jerusalem and the Armenians [Jerusalén y los armenios]*. Jerusalén: St. James Press, 1969, segunda edición.

Arnold, Eberhard. *The Early Christians—After the Death of the Apostles [Los cristianos primitivos: Después de la muerte de los apóstoles]*. Rifton, NY: Plough Publishing House, 1970.

Atiya, Aziz S. *A History of Eastern Christianity [Una historia del cristianismo oriental]*. Londres: Methuen & Co. Ltd., 1968.

Badger, George Percy. *The Nestorians and Their Rituals [Los nestorianos y sus rituales]*. Hants, England: Gregg International Publishers, Ltd.

Barclay, William. *The Master's Men [Los hombres del Maestro]*. Londres: SCM Press Ltd., 1970.

Bede, *A History of the English Church and People [Una historia de la iglesia y pueblo ingleses]*. Londres: Penguin Books, Ltd., 1970.

Bedini, D. Balduino. *The Sessorian Relics of the Passion of Our Lord [Las reliquias sesorianas de la pasión de nuestro Señor]*. Aloysius Traglia Archiep. Caesarien., Vic. Ger., 1956, Tipografia Pio X, Via Etruschi, 7-9 Roma.

Benton, William. *Encyclopaedia Britannica*, vol. 14. Chicago:Encyclopaedia Britannica, Inc., 1962.

The Bible Research Handbook [La guía de investigación bíblica], vols. 1 & 2. Londres: Covenant Publishing Co., Ltd., 1969.

Bishko, Herbert. *This Is Jerusalem [Esta es Jerusalén]*. Tel Aviv: Heritage Publishing, 1971.

Blackwelder, Boyce W *Toward Understanding Paul [Hacia el entendimiento de Pablo]*. Anderson, IN: The Warner Press, 1961.

Los bolandistas, sociedad de bolandistas Acta Sanctorum De S. *Simone Apostolo Et Martyre, vol. 12*. Paris, 1867.

Brief Notes on the Armenian Patriarchate of Jerusalem [Notas breves sobre el Patriarcado Armenio de Jerusalén]. El Patriarcado Armenio de Jerusalén. Jerusalén: St. James Press, 1971.

Brownrigg, Ronald. *Who's Who in the New Testament [Quién es quién en el Nuevo Testamento]*. Londres: Weidenfeld & Nicolson, Ltd., 1971.

Budge, E. A. Wallis. *The Contendings of the Apostles [Las discusiones de los apóstoles]*. Londres: The British Museum, ediciones1899, 1901 y 1935.

Butler, Alban. *Lives of the Saints [Vida de los santos]*, vol III, revisado y ampliado por Hetbert Thurston, S. J., & Donald Atrwater. Nueva York: P. J. Kenedy & Hijos.

Cable, Mary y editores de la división de libros de *Newsweek*. *El Escorial, The Wonders of Man [El Escorial: Las maravillas del hombre]*.

Carucci, Arturo. *Il Duomo di Salerno e il suo Museo, III edizione*. Salerno: Linotypografia Jannone, 1960.

Cassels, Louis. "Two Historical Finds Back Mark's Gospel [Dos hallazgos históricos respaldan al Evangelio según Marcos]," *Glendale News Press* (15 de abril de 1972): 7-A.

Christian Life (noviembre 1954).

Clayton, Rev. P.B. Servicio de acción de gracias por la cosecha llevado a cabo en la Iglesia de All Hallows-by-the-Tower, 1º de octubre de 1954.

Clemente de Alejandría, Strom.

Connon, F.Wallace. *London through the Ages [Londres a través de los siglos]*. Londres: Covenant Books, 1968.

Conybeare, W. J. y J. S. Howson. *The Life and Epistles of St. Paul [La vida y las Epístolas de San Pablo]*. Nueva York: Thomas Y. Crowell & Co.

Corbo, Virgil. *The House of Saint Peter at Capharnaum [La casa de San Pedro en Capernaúm]*. Jerusalén: Franciscan Printing Press, 1969.

———. *New Memoirs of Saint Peter by the Sea of Galilee [Nuevas memorias de San Pedro al lado del mar de Galilea]* Jerusalén: Franciscan Printing Press.

Cottrell, Leonard. *Seeing Roman Britain [Ver la Britania romana]*. Londres: Pan Books, Ltd., 1967.

Danielou, Jean y Henri Marcou. *The Christian Centuries [Los siglos cristianos]*. Londres: Datton, Longman & Todd, 1964.

Davis, John D. *The Westminster Dictionary of the Bible [El diccionario Westminster de la Biblia]*. Filadelfia: The Westminster Press, 1944.

De Toth, J. B. *The Cathedral of the Pope [La catedral del Papa]*. Roma: Tipografia Poliglotta Vaticana, 1967.

Dickie. *The Lower Church of St. John Jerusalem [La iglesia inferior de San Juan Jerusalén]*. Fondo de Exploración de Palestina, Extracto trimestral, 1899.

Doppelfeld, Otto. *The Dionysian-Mosaic at Cologne Cathedral [El dionisiano-mosaico en la catedral de Colonia]*. Colonia: Greven & Bechtold, 1967.

Elder, Isabel Hill. *Celt, Druid, and Culdee [Celta, druido y culdee]*. Londres: The Covenant Publishing Co., Ltd., 1962.

Erickson, Judith B. *Dome of the Rock [La Cúpula de la Roca]*. Jerusalem: Israel Publication Services, Ltd., 1971.

Eusebius. *Eusebius' Ecclesiastical History [Historia eclesiástica de Eusebio]*. Grand Rapids: Baker Book House, 1962.

Fallows, Rt. Rev. Samuel. *The Popular and Critical Bible Encyclopaedia [La popular y crítica enciclopedia bíblica]*. The Howard-Severance Company, 1910.

Gibbon, Edward. *The Decline and Fall of The Roman Empire [La decadencia y caída del Imperio Romano]*. Nueva York: Random House, Inc.

Goodspeed, Edgar J. *The Twelve [Los doce]*. Filadelfia: The John C. Winston Company, 1967.

Grant, Robert M. *Augustus to Constantine, The Thrust of the Christian Movement into the Roman World [Augusto a Constantino: El impulso del movimiento cristiano dentro del mundo romano]*. Londres: William Collins Sons & Co., 1971.

Patriarcado Ortodoxa Griega. *Short History of the Monastery of Saint John the Baptist [Breve historia del monasterio de San Juan el Bautista]*. Jerusalén: Greek Convent Press.

Hananian, John. "The Armenian Apostolic Church in Iran [La iglesia apostólica armenia en Irán]" (Conferencia). Iglesia Consolata en Teherán, 1969.

Hell, Hellmut & Vera. *The Great Pilgrimage of the Middle Ages [El gran peregrinaje de la Edad Media]*. Nueva York: Clarkson N. Potter, Inc., 1964.

Henderson, Arthur E. *Glastonbury Abbey, Then and Now [La abadía de Glastonbury, antes y ahora]*. Londres: The Talbot Press (S.P.C.K.), 1970.

Henneke, *Neutestamentliche Apokryphen*.

Hoade, Eugene. *Jerusalem and Its Environs [Jerusalén y sus alrededores]*. Jerusalén: Franciscan Printing Press, 1966.

Hoever, Rev. Hugo. *Lives of the Saints [Vida de los santos]*. Nueva York: Catholic Book Publishing Co., 1967.

Homan, Helen Walker. *By Post to the Apostles [Por correo a los apóstoles]*. Nueva York: All Saints Press, Inc., 1962.

Hophan, Otto. *The Apostles [Los apóstoles]*. Londres: Sands & Co., 1962.

The International Standard Bible Encyclopaedia [La enciclopedia bíblica internacional estándar], 5 vols, Grand Rapids: Wm. B. Eerdmans Publishing Co., 1960.

Jameson, Anna. *Sacred and Legendary Art [Arte legendaria y sagrada]*, vol. 1. Boston y Nueva York: Houghton, Mifflin & Co., 1957.

Jowett, George F. *The Drama of the Lost Disciples [El drama de los discípulos perdidos]*. Londres: The Covenant Publishing Co., Ltd., 1970.

Kaloyeropoulou, Athena G. *Ancient Corinth, the Face of Greece [Corinto antiguo, la cara de Grecia]*. Atenas: M. Pechlivanides & Co., S.A.

Keskin, Naci. *Ephesus [Éfeso]*. Estambul: Keskin Color Ltd. Co. Printing House.

Koch, Sharon Fay. "Catch Up on History in Greece [Póngase al día con la historia en Grecia]." *Los Angeles Times* (23 de abril de 1972), sec. H 17.

Koumas, M. *Saint Barnabas [San Bernabé]*. Chipre: Nicosia, 1962.

Los Angeles Times. "Ancient Jewish Colony in India Disappearing [Una antigua colonia judía en la India está desapareciendo." (25 de agosto de 1971), Parte I-A.

Lewis, Lionel Smithett. *St. Joseph of Arimathea at Glastonbury [San José de Arimatea en Glastonbury]*. Londres: James Clarke & Co., Ltd., 1964.

The Life of St. Bartholomew [La vida de San Bartolomé], material obtenido del Museo Británico, Londres, pp. 162–163, 178–179, 196–197.

Lokmanoglu, Hayreddin, Rakim Ziyaoglu y Emin Erer. *Tourist's Guide to Istanbul [Guía turística de Estambul]*. Istanbul–HALK–Basimevi: 1963.

Maedagen, Michael y Thomas Hudson. *City of Constantinople [La ciudad de Constantinopla]*, 1968.

McBirnie, William Steuart. *What Became of the Twelve Apostles? [¿Qué fue de los doce apóstoles?]* Upland, California: 1963.

Mekhitarian, Arpag. *Treasures of the Armenian Patriarchate of Jerusalem [Tesoros del Patriarcado Armenio de Jerusalén]*. Jerusalén: Patriarcado Armenio, 1969.

Meyer, Karl E. *The Pleasures of Archaeology [Los placeres de la arqueología]*. Nueva York: Kingsport Press, Inc., 1970.

Mommsen, Theodor. *The History of Rome [La historia de Roma]*, vol. II, bk. iii. Edición 1913.

Morgan, R. W. *St. Paul in Britain [San Pablo en Britania]*, versión *abreviada*, Londres: The Covenant Publishing Company, Ltd., 1860.

Mundadan, A. Mathias. *Sixteenth Century Traditions of St. Thomas Christians [Las tradiciones del siglo XVI de los cristianos de San Tomás]*. Bangalore, India: Dharmaram College, 1970.

Menen, Aubrey. "St. Peter's [De San Pedro]." *National Geographic,* vol. 140, no. 6 (diciembre, 1971).

Newman, Dorman. *The Lives and Deaths of the Holy Apostles [La vida y la muerte de los santos apóstoles].* Kings Arms in the Poultry, Londres, 1685.

Norwich, John Julius y Reresby Sitwell. *Mount Athos [Monte Athos].* Londres: Hutchinson, 1966.

Papadopoulos, S. *Patmos.* Atenas: *El Monasterio de San Juan el Teólogo,* 1962.

Parker, Robin. *Aphrodite's Realm [El reino de Afrodita].* Nicosia, Chipre: Zavallis Press, 1969.

Patsides. *San Lázaro y su iglesia en Larnaca.* Larnaca, 1961.

Pneumatikakis, El Muy Reverenciado Archimandrita Hariton. *The First-Called Apostle Andrew [El apóstol Andres, llamado primero].* Atenas: Alexander Matsoukis, Inc., 1971.

Richmond, I. A. *Roman Britain [Britania romana],* vol. 1. Aylesbury, Inglaterra: Hunt Barnard & Co., Ltd., 1970.

Ridolfini, Cecilia Pericoli. *St. Paul's Outside the Walls [San Pablo Extramuros].* Bolonia: Rome Pfligrafici il Resto del Carlino, Septiembre 1967.

Roberts, Alexander y James Donaldson. *Ante-Nicene Fathers [Los padres prenicenos].* 10 vols. Grand Rapids: Wm. B. Eerdmans Publishing Company.

Scott, Thomas. *The Twelve Apostles [Los doce apóstoles].* Londres: Shelf-Mark 4014 bbb 48 (9) del Museo Británico, 1870.

———. *The Apostles [Los apóstoles].* Londres: Shelf-Mark 4419 b 34 del Museo Británico, 1849.

———. *Gospel of the 12 Apostles [El evangelio de los 12 apóstoles].* Londres: Shelf-Mark 753 e 27 del Museo Británico, 1900.

———. *The 12 Apostles* (12 Brief Biographies) *[Los 12 apóstoles* (12 biografías breves)*],* Londres: Shelf-Mark 4419 aaa 59 del Museo Británico, 1874.

Travel Studies on the Apostolic Heroes [Estudios de viaje sobre los héroes apostólicos]. Londres: Shelf-Mark 03127 E 9 del Museo Británico, 1909.

Sapir, Baruch y Dov Neeman. *Capernaum [Capernaúm],* vol. NI/9. Tel Aviv: The Historical Sites Library, 1967.

Sharp, Mary. *A Traveller's Guide to Saints in Europe [Una guía del viajero a los santos en Europa]*. Londres: The Trinity Press, 1964.

Sieveking, G. de G. *Prehistoric and Roman Studies [Estudios prehistóricos y romanos]*. Oxford: The British Museum, 1971.

Smith, Asbury. *The Twelve Christ Chose [Los doce elegidos de Cristo]*. Nueva York: Harper & Brothers, 1958.

Smith, John Holland. *Constantine the Great [Constantino el Grande]*. Nueva York: Charles Scribner's Sons, 1971.

Smith, William A. *Dictionary of the Bible [Diccionario de la Biblia]*. Hartford, CT: S. S. Scranton and Co., 1900.

Souvenir of India, in Honour of the Visit to India of His Holiness Maran Mar Eshai Shim un XXIII [Recuerdo de la India, en honor a la visita a la India de Su Santidad Maran Mar Eshai Shimun XXIII]. Estado de Kerala, India: Junta editorial de la Comisión de Publicidad e Información del Comité de Recepción de S. S. el Patriarca, Ernakulam, 1962.

Stevenson, J. *A New Eusebius [Un nuevo Eusebio]*. Londres: William Clowes and Sons, Ltd., S.P.C.K., 1957, 1960.

Stewart, John. *Centers of Christian Activity [Centros de actividad cristiana]*. Trichur, Kerala State, India: Narsai Press, 1928, 1961.

Taylor, Gladys. *Our Neglected Heritage—The Early Church [Nuestra herencia olvidada, la iglesia primitiva]*. Londres: The Covenant Publishing Co. Ltd., 1969.

Taylor, J. W. *The Coming of the Saints [La venida de los santos]*. Londres: The Covenant Publishing Co., Ltd., 1969.

Tenney, Merrill. *New Testament Survey [Estudio del Nuevo Testamento]*. Grand Rapids: Wm. B. Eerdmans Publishing Company.

Tertullian, *Def Fidei*.

Teodoreto, Jerónimo, Genadio, Rufino. *The Nicene and Post-Ntcene Fathers [Los padres nicenos y post nicenos]*, vol. III. Grand Rapids: Wm. B. Eerdmans Publishing Company, 1969.

———. *Ecclesiastical History [Historia Eclesiástica]*. Libro IV, Cap. iii.

Toksoz, Cemil. *The Glories of Ephesus [Las glorias de Éfeso]*. Estambul: Basildigi Tarih, Nisan, Apa Ofset Basimevi, 1967.

Vacant, A., E. Mangenot y E. Amann. *Dictionnaire De Theologie Catholeque*. Paris Librarie, 1931.

Vorágine, Santiago de la. *Leyenda dorada*.

Watts, John. *The Lives of The Holy Apostles [La vida de los santos apóstoles]*. Londres: 1716.

BIBLIOGRAFÍA

Zahn, Eberhard. *Trier, A Guide to The Monuments [Tréveris: Una guía a los monumentos]*. Tréveris: Cusanusverlag, Volksfreund-Druckerei Nik Koch.

Zocca, Emma. *La Basilica Dei S. S. Apostoli In Roma*. Roma: 1959.

Acerca del autor

El doctor William Steuart McBirnie se graduó en Southwestern Theological Seminary y obtuvo siete títulos académicos. Sus cincuenta y ocho años en el ministerio incluyeron el pastorado de una iglesia en Glendale, California, durante veintisiete años. El doctor McBirnie fue ordenado caballero dos veces (La Orden de Caballeros de Malta y La Orden de San Juan) y fue la segunda persona en recibir la Medalla del Peregrino (Israel) desde su institución. Realizó trabajos arqueológicos en México y en Medio Oriente. Fue presidente y fundador de la California Graduate School of Theology y de World Emergency Relief, una organización que ha servido a la gente en cincuenta y dos países.

Acerca de las ilustraciones

Las ilustraciones incluidas en esta edición de *En busca de los doce apóstoles* son obra del pintor y grabador francés del siglo XIX Gustave Doré. Doré fue un niño prodigio autodidacta; a los dieciséis años fue el ilustrador más altamente pagado en Francia. Su obra fue extensa: sus grabados literarios adornan la obra de Byron, de Rabelais, de Balzac y de Dante. En 1865 Doré comenzó una serie de dibujos bíblicos que eventualmente ilustraron *Doré's Bible [La Biblia de Doré]*, publicada un año más tarde. Aunque Doré luego se distinguió como pintor al óleo y como escultor, sus grabados sobre temas bíblicos son su legado más perdurable.

Índice de referencias